明治維新史という冒険

青山忠正著

佛教大学鷹陵文化叢書 18

思文閣出版

明治維新史という冒険

その魅力

幕末や明治維新という時代については、一定の見解が、すでに成立しているように見える。たしかに「幕末」あるいは「明治維新」という言葉を冠した書物や研究は、数限りないほどあるし、さらには、小説やテレビ番組などを通じて、より一般化された幕末イメージが、ほとんど日常的に人々の間で再生産されている。

しかし、研究であれ、小説であれ、こうした幕末イメージには、かなりうさん臭いところがあると思った方がよい。なぜかといえば、幕末に限らず明治維新という変革についての歴史認識には、これまで常に政治主義的な観点から作り出されてきたものという側面が強いからである。

そのことを説明するため、少しだけ例をあげてみよう。たとえば、明治維新を中心になって実現させたのは薩長だ、という〈常識〉がある。結論だけを言えば、こういう〈常識〉は、明治十年代の半ば以降、薩長藩閥政治が進展する中で流布《るふ》されたものだ。政府のなかで薩長藩閥が成立するに伴って、彼らは自らの藩閥支配を歴史的に正当化するため、幕末以来、維新の主体だったことを強調した。そうした意味での〈史実〉が、小学校教育を含むマスメディアによって、社会に浸透させられていったのである。あくまでも説明のための譬《たと》え話だが、かりに明治十年代前半までの藩閥抗争で、土佐や肥前が勝利していれば、明治維新は土肥がやったということになっていただろう。

幕末ないし明治維新に対する歴史認識の上には、こうした形での、いわば〈不純物〉が、いやというほど堆積《たいせき》している。その〈不純物〉を取り除き、基層まで掘り下げながら研究を進める作業は、まだ始まったばかりである。明治維新史に固有の魅力があるとすれば、そうした冒険の作業がもたらす新鮮な発見の感動だと言えるだろう。

関心とテーマ

少し断っておかねばならないのは、私は必ずしも「幕末史」を研究しているつもりはない、ということだ。それは、私自身がみずからの研究の内部で、「幕末」なるテーマを、どう位置付けているかに関わる。

私にとって最も基本的な関心は、「近代」というパラダイム(枠組み)を、どう捉《とら》え直していくか、という点にある。この場合の「近代」とは、現在の私たちを取り巻く政治・経済・社会・文化のすべての生活領域に及ぶ規範であり、それから逃れて生きることが不可能な制約である。そうした意味での「近代」が、私たちの周りに、どのようにして成立し、どのような機能を発揮しているのか、またそれは歴史的に見て必然的な過程なのか、といった問いに対する回答を、私は自分の手で得ようとしているのである。

したがって関心は、当然ながら現代に及ぶが、今述べたような意味での「近代」の起点を、日本の場合、どこに求めるか、ということも念頭に置かざるを得ない。それを私は、今のところ十九世紀に求めているのであり、さらに時期を絞って設定すれば、一八五〇～六〇年代になるだろう。それが、いわゆる幕末に当たることになるだけだ。

以上のことを断った上で言うとすれば、私の当面の具体的なテーマは、十九世紀の半ばに、日本において国家意志を統合するシステムが、どのように形成されたのかを、ヨーロッパ・モデルを評価基準としない、日本固有の「近代」化の観点から捉え直してゆくことである。

学びかたについて

幕末に限らず、またおそらくはすべての学問に共通することだろうが、ものごとの本質を捉える力を養うことが大切だ。もっとも、そのためにはどうすればよいか、と言われると困るけれど、狭い意味での勉強に限らず、すべての事柄に対して、真剣に自分の頭脳と精神に頼って対処することを積み重ねるほかはないだろう。

先に触れたように、それでなくとも「幕末」認識には、政治主義的な権威によって色付けされた側面が強い。それは例にあげた明治時代だけでなく、戦後の一九五〇～六〇年代においても、戦前とは別の意味で、そうだったのだから、「権威」ある書物をいくら読んでも、それだけではむしろ百害あって一利なしとさえ言える。過去の研究を参考にすること自体は良いが、それに頼るのではなく、それを対象化する姿勢が必要なのである。

明治維新史という冒険＊目次

佛教大学鷹陵文化叢書18

明治維新史という冒険

Ⅰ　維新の足跡――フィールドノートより――

Ⅰ　維新の足跡——フィールドノートより——

維新史を歩こう

今年平成二十年（二〇〇八）はちょうど、戊辰《ぼしん》戦争（慶応四年・一八六八）から数えて百四十周年、通商条約調印（安政五年・一八五八）から百五十周年にあたる。考えてみれば、それらの出来事は、それほど遠い過去ではない。七十五歳の人物が二代続けば、届いてしまうほどの距離である。

そう思いながら、辺りを見回すと、当時の人々が住んだり、歩き回ったり、時には戦ったりした跡を、いたるところに見出すことができる。それらは、史蹟として石碑などが建てられていたり、当時のままの様子を伝える建築や町並みだったり、あるいは苔むした墓標だったりする。

そのような、いわば維新の足跡は意外と知られていない場合が多い。たしかに私たちが街の中を歩いているとき、それらをいちいち意識しているわけではないから、気づかないのも当然である。まして、その史蹟類のよって立つ背景までをすべて知っているわけではないから、たとえ眼に触れることがあっても何気なく見過ごしてしまうことのほうが多いだろう。

それにまた「史蹟」として、国や市町村などをはじめ、各種の公式的な団体によって指定されている記念碑類の場合は、そこに建設者による価値判断が働いている。その意味で分かりやすいのは、「勤王志士」に関する史蹟類である。それらはおおむね昭和初期に指定され、建立《こんりゅう》されていることが多い。昭和三年（一九二八）に京都で昭和天皇の即位大礼が行なわれるのだが、その年は「昭和戊辰」の年であり、昭和維新が明治維新と重ねあわされて唱導されたころであった。すなわち、当時の国家と社会を支える思想的な基盤として、「勤王志士」の事蹟顕彰が図られたのである。その反面で、「勤王」側でないと認定された人物については、少なくとも顕彰の対象にはされなかった。

しかし、「勤王」であれ、「佐幕」であれ、あるいは明治の御世《みよ》に時めいた人物であれ、市井《しせい》に埋もれた人物であれ、のちの時代の価値判断とは関わりなく、当時の人々は、混迷の時代をそれぞれの立場で懸命に生きた。その証しは、何気ない町並みや、朽ちかけた標柱や、大層な記念碑の間から、ほのかに垣間見えてくる。

この章では、そのような維新の足跡を、実際にその現場に立ちながら見てみることにしよう。そうすることによって、明治維新という変革の、いままで見過ごしていた別の顔に気がつくかもしれない。

京都の町並みのなかに

桂小五郎と木屋町

幾松とのロマンス

京都を舞台として、このあとしばらくは長州の木戸孝允について述べてみよう。もっとも彼が木戸の姓を名乗るのは慶応元年（一八六五）九月からであり、それまでは桂小五郎といった。幕末に活躍した「勤王の志士」としてのイメージは、もっぱらこの桂小五郎のほうが強いだろう。

その小五郎と、のちに正妻になる京都三本木の芸妓幾松《いくまつ》とのロマンスは、あまりにもよく知られている。現在、京都の木屋町通御池上ルに、「幾松」という料亭がある。ここは、門前に建つ「桂小五郎幾松寓居跡」という碑が示すように、小五郎と幾松が一緒に暮らしたと伝えられるところだ。

場所は、高瀬川に沿う木屋町通を、御池通との交差点から少し北に上がった東側で、もともとは、すぐ西側にある京都長州邸の控え屋敷だったという。内部に入ると、二人が住んだという座敷があり、木戸の書などが掲げられている。

しかし、実際に小五郎が京都で活躍した期間は、意外と短い。小五郎は和田昌景《まさかげ》という長州毛利家臣の医者の家に生まれ、八歳のとき隣にあった百五十石取りの家臣桂家に養子に行った。やがて嘉永五年（一八五二）二十歳のころ、剣術修行のため江戸に上り、神道無念流の斎藤弥九郎道場に入門し、早くも翌年には塾頭になった。

つまり若いころは剣術書生という感じだったのだが、斎藤道場の塾頭になった、ちょうどその年にペリー来航があって、これが彼にとっても一つの転機となった。小五郎は、このとき主君にあてて海防論に関する建白を出すのだが、これをきっかけに政治に目覚めて行くのである。

小五郎はそのまま江戸に滞在を続け、水戸家臣らとの交流を通じて次第に活動家としての地位を高めていった。初めて家中の役職についたのは、安政五年（一八五八）のことで、大検使という役だった。

その後、一時帰国するがまた江戸に戻り、あの文久二年（一八六二）四月、島津久光の率兵上京の時も江戸にいて、毛利家として対策を練る際の中心人物となっていた。その直後、五月二十二日、小五郎は上京を命ぜられ、初めて京都に上る。

このあと、途中しばらく京都を離れるときもあるが、だいたい在京、八月に江戸行き、十月ごろ上京、十一月末江戸に戻り、と往復を繰り返す。ついで翌文久三年二月に京都に来てから九月に山口に帰るまで、七ヵ月にわたって京都に滞在したのが最長記録である。

さらに翌元治元年正月から七月まで京都にいるが、その後は明治元年になるまで、一時薩摩の京都邸に潜伏したことを除けば京都にはいない。小五郎が幾松と深い仲にあったのは確かだが、そうそう落ち着いて暮らせたわけではないのである。

京都の長州屋敷

料亭幾松から高瀬川をはさんですぐ西側、河原町御池に京都ホテルオークラがある。ここが長州邸のあった場所で、御池通に沿った南側に「長州屋敷」の碑が建ち、河原町通に面した西側に「桂小五郎像」がある。ブロンズ像の小五郎はいすに腰を掛け、左手を膝に置き、右手には床に突いた長剣の柄を握って、通りを行く人々にやさしいまなざしを投げかけている。

ここを拠点に、小五郎が最も政治活動に集中したのは、文久二年(一八六二)五月から翌三年九月まで、一年四ヵ月間のことだ。もっとも先に触れたように、その間に二回、通算半年間ほど江戸に行っているから、ずっと京都に滞在していたわけではない。

この頃長州は、薩摩の国制改革方針に対抗して、破約攘夷を唱えていた。そのリーダーの一人が小五郎である。文久二年七月六日、この長州邸で毛利敬親《たかちか》・定広《さだひろ》の当主父子を前にした御前会

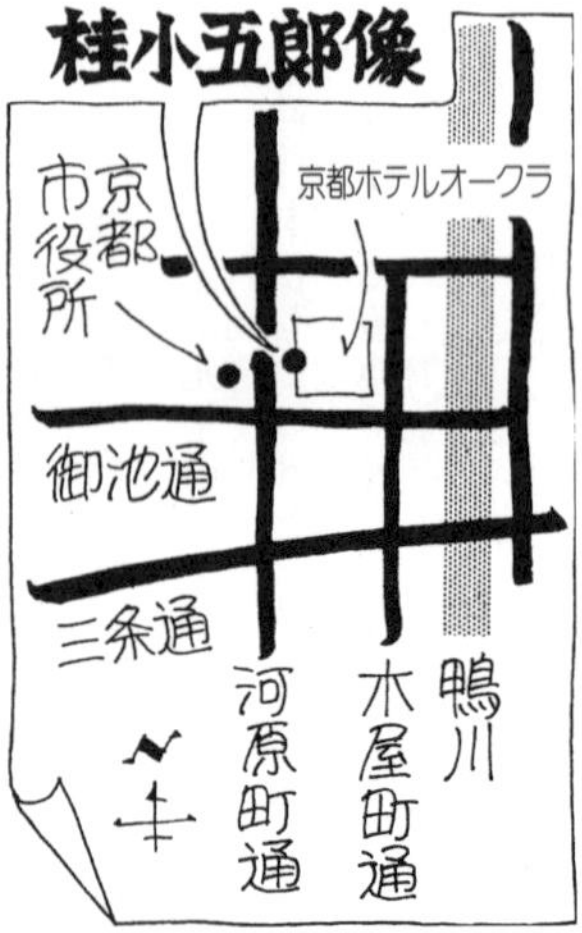

図1　桂小五郎像

議が開かれ、藩論は破約攘夷に統一された。

これは、安政五年（一八五八）に結ばれた諸列強との条約を破ってでも、攘夷を決行するという論である。長州は朝廷に対して、少壮公家の三条実美《さねとみ》らを通じて猛烈な働きかけを行い、朝廷をも破約攘夷論でまとめあげた。

こう書いてくると、それはいかにも無謀な方針のように見えるが、長州の唱える破約攘夷論の内容はその言葉から与えられる印象ほど単純ではない。文久二年九月二十三日、江戸で政事総裁職松平春嶽《しゅんがく》と会談した小五郎らは、次のように述べている。

天皇のお考えは申すまでもなく、朝廷では上下ともに攘夷でなくてはならないとのことですから、幕府も速やかに、その議を決定していただきたい。もっともいったん攘夷に決し

図２　高瀬川一之舩入
手前が高瀬川、向かって右手が上流。奥の掘り込みが長州邸の北面にあたる船着き場。最も上流にあったので「一之舩入」という。

たうえ、さらに我より交わりを海外に結ぶべきはもちろんであります。

「攘夷」という語句を額面どおりに、対外関係を拒絶することと受け取ると、右の言葉は意味が通じなくなる。つまり小五郎らの言うところは、現行の条約は将軍が独断で結んだもので、日本全国の一致した意見を踏まえたものではなく、その意味で不正な条約だから、いったんこれを破ってでも、正しい関係を諸外国との間に結び直すべきだ、というものなのである。

こうした意味での破約攘夷論は、一時は完全に政局をリードした。だが、この方針を貫くと本当に諸列強と戦争になりかねない。これを危険と見た薩摩は、当主の松平容保《かたもり》が京都守護職を務める会津松平家と組んで、朝廷内部の政変を決行し、長州の勢力を京都から追い払った。文久三年（一八六三）八月十八日の政変がそれである。九月十九日、小五郎も京都に別れを告げて、帰国の途についた。

池田屋事件

八月十八日の政変のあと、京都長州邸には、わずかに公式の邸員だけが残ることを認められた。それ以前には市内各所に分屯して、二千人以上の兵がいたが、すべて退京させられてしまったのである。

明けて元治元年（一八六四）正月、小五郎は京坂地方の情勢探索を命ぜられ、山口から上京した。京都に着いたのは二十日頃だが、邸員ではないから長州邸に入れず、そこから少し南に下った対馬邸に潜伏した。小五郎が京都留守居の辞令を受けて長州邸に入れるようになるのは、ようやく五月二日のことである。

当時、長州国内では兵力をもって京都に上り、去年と反対に薩摩・会津両者を追い払って勢力を回復しようという、進発論が盛んに唱えられていた。その主唱者は、吉田松陰の門下で小五郎の弟分にあたる久坂玄瑞《くさかげんずい》や、奇兵隊とならぶ諸隊の一つ、遊撃軍を率いる来島又兵衛《きじままたべえ》らである。

一方、小五郎や高杉晋作などは、こうした進発論に反対だった。国内の態勢を固めることが先で、いま京都で兵力を用いることは、かえって墓穴を掘る結果にしかならない、というのである。

とくに高杉は、「ウワの進発など聞くだけで腹が立つ」と、来島と大げんかをしたぐらいだった。

しかし、小五郎や高杉の心配をよそに京都では、諸国の浪士を含めて、京都守護職松平容保を狙った過激な計画が進められていた。中心になっていたのは、肥後浪士宮部鼎蔵《みやべていぞう》で、長州側では吉田稔麿《としまろ》らがこれに加担していた。

六月四日、一味の古高俊太郎《ふるたかしゅんたろう》が新選組に捕らえられると、翌五日夜、宮部らは対策を練るため旅宿池田屋に集まった。そこを新選組に襲われ、宮部や吉田らが斬られて死んだ事件についてはよく知られているとおりである。

小五郎もこの会合に出席する予定だったが、危うく難を免れた。本人がのちに書いている手記によれば、池田屋に行ったものの時間が早すぎてまだだれも来ていなかったので、対馬邸まで出掛けている間に新選組が襲ったという。

しかし、これはつじつま合わせの感じが強い。実際には危ないとみて避けたのだろう。小五郎は実践的な活動家らしく、危なそうな場面で身をかわすのが得意だった。「逃げの小五郎」とあだ名されたゆえんである。

高瀬川にかかる三条小橋の西詰め、かつてはパチンコ店であったビルの前に、「維新史跡　池田屋騒動之址」という石碑が建っている。喧騒に満ちた周囲の雰囲気は、百四十年前の修羅場を偲ぶには、あまりふさわしくない。

池田屋事件が起きたのは、元治元年（一八六四）六月五日の夜だが、その第一報が長州政庁のある山口に届いたのは十二日である。この当時だと、京都・山口間の連絡は、急いでも数日かかるのだ。

事件で即死した者は七人、捕縛された者は二十三人で、死者のうち吉田稔麿・杉山松助の二人が長州人だった。詳しいことが分かるにつれて、憤激した長州政府はついに十四日、家老益田右衛門介《ますだうえもんのすけ》に上京を命じた。このあと、来島又兵衛・久坂玄瑞の率いる遊撃手軍と浪士隊、さらに家老の福原越後・国司信濃の部隊が京都に向けて出発する。

こうして七月十四日までに、京都郊外の山崎・伏見・嵯峨の三ヵ所に総勢約二千の長州兵が屯集した。

上京の名目は朝廷に対する嘆願だが、実際の目的は、会津・薩摩両者を京都から追い払うことである。しかし朝廷はこの長州の動きを認めず、十八日未明には「今日中にすべて撤退せよ」という命令を達した。

京都の長州邸側で、こうした公式の折衝にあたっていたのは、留守居役の乃美織江《のみおりえ》という人物である。小五郎はというと、どうもこの時は表立った活動をしていない。乃美と小五郎はもともと進発には反対で、撤退命令が出された時もそれを受け、兵を引き揚げさせようとしていた。

乃美の手記によると、命令を伝えるため、嵯峨の天龍寺にいる来島のもとへ行こうとして小五郎に同行を求めると、小五郎は「来島は自分を臆病者とみているから、行けばごたごたが起きる」と言って断ったという。

一方の屯集部隊側では、ぐずぐずしていてもラチが明かないとみて、会津討伐を掲げ、十八日夜半から三方面の部隊とも京都市内への侵入を開始した。もっとも途中でさえぎられた隊もあり、御所まで到達したのは、天龍寺の国司隊と山崎にいた久坂の率いる隊だけである。

十九日明け方から、会津が守る蛤御門《はまぐりごもん》のあたりで激戦が繰り広げられた。御所の西北にある蛤御門には当時の弾丸の跡が今も残っている。

戦いは、薩摩勢が会津の救援に駆けつけたのをきっかけに長州側の惨敗に終わり、久坂や来島は戦死した。この時、小五郎は戦いに加わっていない。長州に同情的な鳥取池田家と、共同行動をとるための工作にあたっていたようだが、それも戦いが始まってしまえば意味がなかった。留守居役の乃美は、邸に火を放って全員退去を命じた。

このあと小五郎は、数日間京都にとどまって、事態の成り行きを見守っていた。三条大橋の下に潜み、幾松がひそかに握り飯を運んだ、という伝説が残るのはこの時の話である。やがて京都を脱出した小五郎は徳川方の追及を避け、知り合いの商人広戸甚助の手を借りて但馬の出石《いずし》（兵庫県豊岡市出石町）に潜伏した。

京都で病没

元治元年（一八六四）七月末、禁門の変のあと、京を脱出した小五郎は、中国山地の山里、但馬国出石に潜み、翌年四月に帰国するまでの九ヵ月間をそこで過ごす。この間、小五郎は失意と焦燥にさいなまれた。「かりそめの夢と消えたき心地かな」。出石で詠んだというこの一句が、小五郎の心情を余すところ無く語っている。

毛利家は、御所に向かって発砲したという理由で「朝敵」にされてしまった。朝廷からの命を受けた将軍は、長州征討を掲げ、西国三十四大名に出兵を命じた。国境を征討軍に取り囲まれた長州領内では、対処方針をめぐって、内乱が生ずるありさまだった。その模様については、「馬関攘夷戦争」（本書II所収）で触れたので、参照していただきたい。

こういう事態を招いた責任の一半は、それまで国政をリードしてきた小五郎にもある。それに、行動を共にしてきた久坂玄瑞はじめ、多くの同志は戦死してしまった。彼としては、生きておめおめ国に戻れたものではないのだ。

しかし、征長出兵も妥協的にケリがついて、翌慶応元年（一八六五）二月頃には国内の混乱にも、ひととおり収拾のメドがたった。それとともに、高杉晋作や伊藤博文らの間で小五郎を迎えようという動きが出てくる。国元でも、小五郎の消息は不明に近い状態だったが、二月上旬にはやっと連絡がついた。長州にとって、彼はやはりかけがえのない人材だった。

その直後、あの幾松が出石にやって来た。幾松は、いったん難を避けて京都を逃れ、対馬まで落ち延びていたが、伊藤博文たちの計らいで、二月に小五郎のもとに来たのだ。四月八日、幾松をともなって出石をたった小五郎は、その月の二十六日、ようやく下関に帰り着いた。それにしても、この大事な時期に九ヵ月間逃げ隠れしていた、という心の負い目は、死ぬまで彼を悩ませることになる。

長州に戻った小五郎は、五月には「政事堂用掛兼国政方用談役心得」を命ぜられた。これは、毛利家政府の事実上のトップの地位である。さらに九月、徳川方の嫌疑をはばかって木戸と改姓した小五郎は、内外ともに長州を代表する存在として、王政復古への動きをリードして行くのである。

図3　木戸孝允旧跡
位置は京都ホテルオークラから真北へ500メートル。明治期の木戸の京都別邸。この地で病没した。

しかし、新政府ができたのちの木戸孝允は、どうも冴えない。すでに健康を損なっていたせいかもしれないが、政府の政策に不満を漏らすばかりで、自ら実務を担当することもほとんどなかった。彼の日記には、「勤王の義を挙し時の友人、ことごとく骨となる」といった記述がよく現れる。木戸自身も、すでにエネルギーを使い果たしたかのようだった。

彼が京都で病死したのは、ちょうど西南戦争のさなか、明治十年（一八七七）五月二十六日のことである。遺骸は遺言にしたがって、京都東山に葬られた。

現在、霊山《りょうぜん》護国神社には、維新の際、国事に殉じた人々の霊が祀られている。総数約千五百といわれる墓標の中で、山の中腹にひときわ大きくめだつのが木戸の墓であり、そのかたわらに寄り添うように、「木戸孝允妻松子」の墓が並ぶ。ともに青春の血を燃やした京都の街を見下ろしながら、二人は永遠の眠りについているのだった。

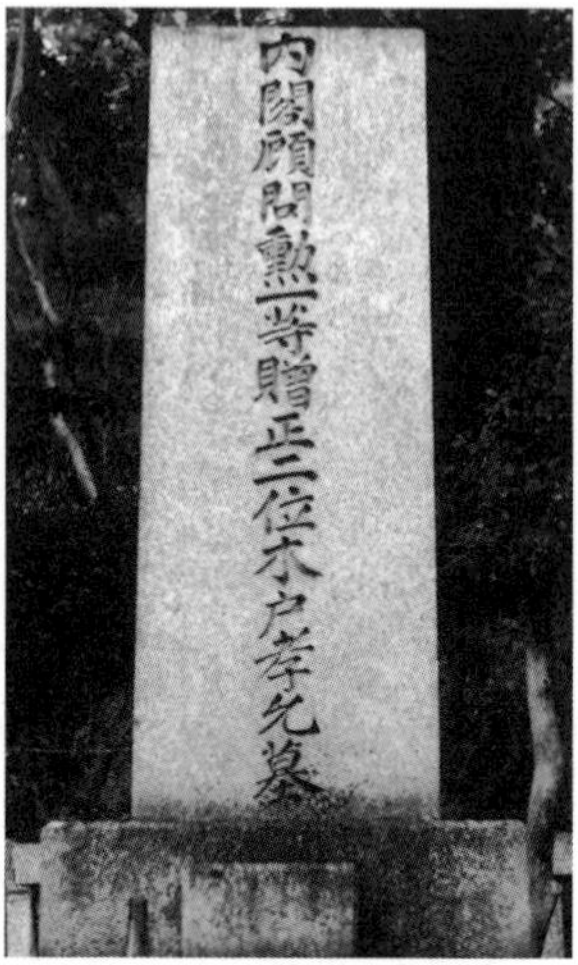

図４　木戸孝允墓
向かって左に「贈正二位木戸孝允妻岡部氏松子墓」が建つ。

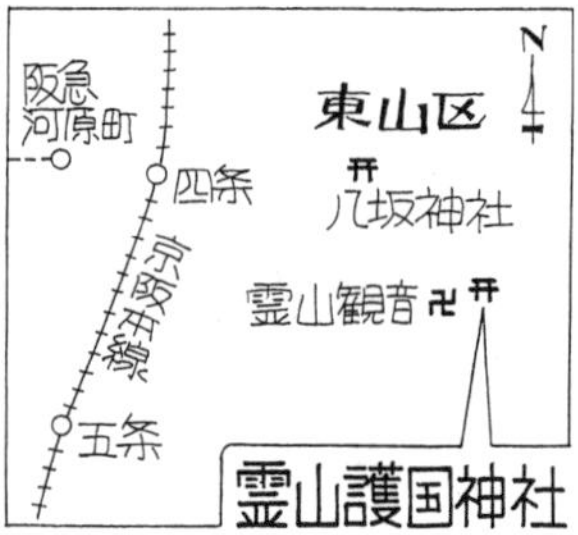

近藤勇と壬生の屯所

壬生寺かいわい

桂小五郎の次は、新選組と近藤勇にスポットをあててみよう。京都市街のほぼ中央部にあたる四条大宮から、四条通を西に向かって三百メートルほど進み、坊城通と呼ばれる狭い小路を南に少し下ると、八木邸がある。門前に建つ「新選組遺蹟」の碑が示すように、ここは新選組の屯所だったところだ。

幕末のころ、この辺りは御土居《おどい》の内側で洛中ではあるが、山城国《やましろのくに》葛野郡《かどののぐん》壬生《みぶ》村《むら》と呼ばれる農村だった。周囲はほとんどが畑で見通しがきき、北に二条城のやぐらをのぞみ、夜になると南に島原遊郭の灯が霞んで見えたという。

八木家は、代々この土地の郷士《ごうし》で、そのころの当主は源之丞といった。現在も建物はほぼ当時のままで、いかにも由緒のありそうな堂々たる構えの屋敷である。今は源之丞から数えて四代目にあたるご当主一家がお住まいで、石畳が敷かれた門前はきれいに整備され、そこで営まれている和菓子店では「屯所餅」が名物になっている。

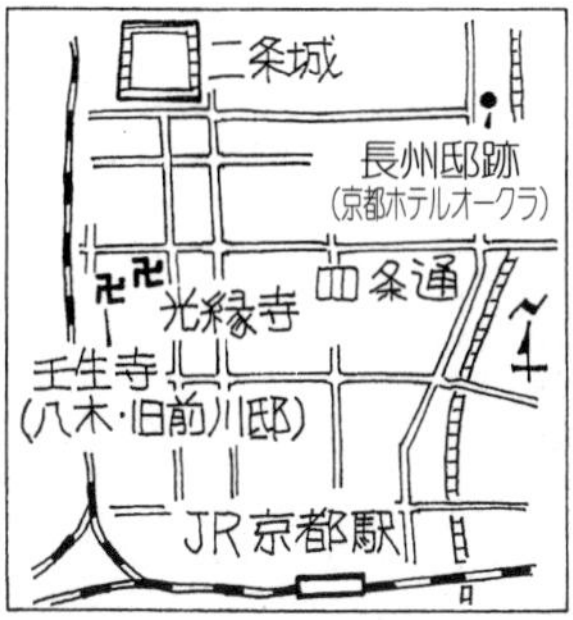

図５　八木邸
現在も子孫が住まわれている。

八木邸に限らず、この一帯は江戸時代以来の家並みがよく保存されている地域だ。八木邸と並びの南側が、壬生狂言で名高い壬生寺で、あとで触れるように隊士の墓がある。坊城通を隔てた向かい側には、今は所有者が変わっているが、同じく郷士の旧前川荘司邸があり、ここにも隊士が分宿していた。古写真を見ると、旧前川邸の西（坊城通）側は出窓のある板壁になっていて、その出窓のある部屋で、隊士の一人山《やま》南敬助《なみけいすけ》が切腹したと伝えられる。もっともこの出窓は、昭和三十年代ころ、車の通行が多くなるにつれて邪魔になり、改築されたため今は残っていない。

新選組は、幕末史の中でも不思議なほど有名になっている。小説や映画などでよく取り上げられるようになるのは、だいたい昭和の初め頃

図6　旧前川邸
向かって右側の坊城通に面する板壁に出窓が張り出していた。

からと思われる。新選組が大衆の人気を集めたのは、ひとつには「勤王の志士」にとっての「敵役」という存在感の大きさゆえであり、さらには時流に棹《さお》さして崩れ行く幕府を支えようとした、とされる一種の悲壮感が、人々の心の中にあるヒロイズムを快く刺激したからだろう。

歴史的にいえば、新選組は幕末に数多く結成された草莽隊《そうもうたい》のひとつである。「草莽」とは、もともと〝草むら〟という意味だが、みずからの意志で政治への参加を志す浪士や農民を、在野の活動家といったニュアンスでこう呼んだ。

国事に関わることが出来ない身分だった彼らは、国家の危機という状況の中で、進んで政治活動の渦中に身を投じていった。武州多摩の農民の倅だった近藤勇が、新選組局長として名を残すようになるにはこうした背景があった。

新選組、誕生す

近藤勇は天保五年（一八三四）、武蔵国多摩郡石原村（東京都調布市）の豪農、宮川久次郎の三男に生まれた。この辺りは徳川領だが、農民でも剣術を学ぶ者が多い。天然理心流を初めとする田舎流派の道場主や門弟たちは、面籠手を竹刀に括り付け、肩に担いで近郷の農村を巡回し、土地の豪農屋敷に設けられた稽古場で、集まってくる農村の若者達に稽古をつけたという。

勇は天然理心流三代目の近藤周助に見込まれ、十六歳の時養子となり、やがて四代目を継いだ。江戸小石川にあったこの道場・試衛館に集まっていたのが、土方歳三・沖田総司・山南敬助・原田左之助といった、おなじみの面々である。ほんの十年程も早く生まれていたら、彼らはただの田舎の剣術使いで終わっただろう。

文久二年（一八六二）十二月、将軍の上洛に先立ち、京都の警備を強化するため、浪士組を編成しようとした徳川家が「尽忠報国の志厚き輩」を募集すると、近藤たちはこぞってこれに参加した。こうした動きを裏で画策していたのは、出羽浪士清河八郎である。清河のねらいは的中し、集まった浪士は二百人以上に及んだ。

翌年二月、浪士組は京都に着き、壬生村の新徳寺に本部を置いた。新徳寺は壬生寺の向かい、坊城通の東側にある。多勢の隊士は付近の民家に分宿した。近藤たちが水戸浪士芹沢鴨《せりざわかも》一派とともに入ったのが、八木源之丞邸だった。

ところが、この浪士組は、すぐに分裂してしまう。首謀者の清河は、徳川家による募集との名目で集めた浪士を自らの手兵とし、朝廷直属の親兵隊を作ろうともくろんでいた。徳川方にしても、清河にうまくだまされた格好だが、こうしたやり方に反発した近藤・芹沢らは、脱退を宣言した。清河以下は、三月十三日には壬生を発って江戸へ引き返していった。

残ったのは近藤・芹沢派のメンバーだけで、人数はあわせて二十人ほどである。彼らは、京都守護職（会津藩主・松平肥後守容保）に嘆願し、その「御預かり」という立場で市中の警備にあたることを認められた。現代風に言えば嘱託警備員というところだろうか。彼らは大喜びで、檜《ひのき》の板に「松平肥後守御預　新選組宿」と大書した標札を八木邸の門前に掲げた。文久三年の晩春、三月半ばのことである。

このあと間もなく、隊士は七十人ぐらいに増え、前川荘司邸にも住み込むようになった。組織が大きくなると、派閥による主導権争いが起きるのはいつの時代でも同じだが、現代と異なるのは相手をあっさり殺してしまうことだ。結成から半年後の九月十八日夜、芹沢と腹心の平山五郎が、八木邸の一室で暗殺された。ついで十二月二十八日には芹沢派の残党、野口健司が死んだ。一説には前川邸内で切腹させられたという。こうして、その年の内には近藤と土方が、局長・副長として完全に隊内を掌握するようになった。

武士の出身ではなかった近藤たちは、それだけにかえって、武士らしく振る舞おうとしたのだ

図7　奥澤榮助他合葬墓
古びた墓石が当時の雰囲気を物語る。

ろうか。芹沢一派に対する粛清も、彼らにしてみれば、そうした論理に沿っていたのかもしれない。

新選組から見た池田屋事件

壬生寺の表門を入ってすぐ右側に、小さな池に囲まれた区画があって、「壬生塚」と記された真新しい案内板が立つ。

ここには、近藤勇の胸像をはじめ、隊士の墓が三基集められている。胸像は近年のものだが、墓はだいたい当時のままだ。もっとも、芹沢鴨・平山五郎の墓石は、新しく作り直されている。これらの墓は、新選組や縁者によって建てられ、幕末のころは寺の外の墓地にあった。

うち一基には、文久三年四月から翌元治元年（一八六四）九月までに死んだ隊士、七人の姓名が刻まれている。おそらく死んだ当座は、それぞれ土まんじゅうにでも葬られていたものを、何かきっかけがあって、一基の墓に合祀《ごうし》したのだろう。

死んだ理由はさまざまだが、七人のうち、奥澤榮助・安藤早太郎・新田革左衛門の三人が、池田屋事件での新選組側の死者である。刻まれた日付によると、奥澤が即死、ほかの二人は負傷のため一ヵ月半程のちに死んだことになる。芹沢派の一員だった野口健司の名前も、ここに見える。呉越同舟と言うほどのこともなかろうが、彼の死亡年月日が分かるのは、そのお陰である。

元治元年六月五日夜の池田屋事件によって、新選組は天下にその名を知られるようになった。この事件が起きる背景については、桂小五郎の項でも書いたので、詳しくは繰り返さないが、大枠だけ整理しておけば次のようなことである。

前年の八月十八日の政変で、長州系の攘夷論勢力は京都政界から追放されたが、挽回をねらう動きは翌年になっても続いた。こうした動きには、諸国浪士も大きな力になっていた。徳川側から見れば、彼らは過激派の不穏分子だが、その地下活動を取り締まるための有効な機関は存在しなかった。

新選組の上部組織にあたる京都守護職はもともと軍事力で、いざ戦争になれば出動するが、日常的な取り締まりをやるには不向きである。といって、町奉行所には、浪士を相手に立ち回りができるような戦力はない。新選組が重宝されたのは、両者のすきまを埋める武装警察として頼りにされたからである。

過激派の策動を事前に探索して壊滅させた池田屋事件は、新選組のこうした位置付けを確定させた。これ以降、新選組とその局長近藤は、徳川側からも反徳川側からも無視できない存在となるのだった。

池田屋で切られた浪士側の遺体は事件の直後、近くの三条縄手通（大和大路）にあった三縁寺に運ばれ、その境内に埋葬された。事件の起きた六月五日は、太陽暦では七月八日にあたる。京都の夏は暑く、傷みがひどかったという。

現在の京阪電鉄三条駅の構内にあたるため、その場には跡形もないが、三縁寺は左京区岩倉に移転し、宮部鼎蔵・吉田稔麿らの墓も、本堂裏手の墓地に改葬されている。門前に「池田屋事変殉難烈士之墓　当三縁寺ニ在リ」という標柱が建てられている。「昭和六年六月四日」の日付があるから、いわゆる満州事変の起きる三ヵ月前のころ建てられたものと分かる。

最後の戦い

元治元年（一八六四）六月の池田屋事件以来、新選組は、一つの政治勢力として京都政界で認められるようになった。その勇名を慕って入隊志願者が相次ぎ、隊士の数も増え、やがて最盛期には二百人以上に達する。近藤は、その集団を率いるリーダーとして、政治の場で発言権を持つまでになった。

その年の十月、郷里の縁者佐藤彦五郎にあてた手紙で近藤は、「とかく御用多く、会津公役所または御所、町奉行などへ日々御用に付き、まかり出、寸暇これなく」と書いている。お上の「御用」に携わる身になった、という誇らしげな気分が伝わってくる一節だ。

子母澤寛《しもざわかん》の『新選組始末記』では、近藤は同じ年の暮れに江戸に下った際、老中の松前崇広《まつまえたかひろ》に会って、将軍の上洛を進言した、と書かれている。これがどういう史料によったものか、いま確認できないが、まったくの作り話でもないだろう。農民出身の一浪人剣客が、天下の老中と将軍の行動について直談判《じかだんぱん》するようになる、というのが、この時代の持つ不思議さである。

その地位を高め、隊士も増えた新選組は、屯所を壬生からいったん西本願寺に移し、さらに七条堀川の南に、大名屋敷のような堂々たる建物を新築して本陣とした。時期を確定できないが、慶応三年（一八六七）のことと思われる。現在の位置関係を、おおざっぱに言えば、京都駅の北側、西の端（塩小路通堀川）付近だが、遺跡などは残っていないようだ。ちなみに、「新選組が出て行ってくれたときは、本当にスッとした、というのが、我が家に残る言い伝えです」とは、八木家で伺った談話である。

慶応三年十月、将軍徳川慶喜が大政を奉還し、さらに十二月九日薩摩によって王政復古政変が断行されたとき、薩長側は新選組を、京都守護職の会津藩とならぶ旧幕側の最前衛とみなしていた。実際その後、慶喜が徳川勢を率いて大坂城へ退いたときも、新選組は、京都郊外の旧幕府側拠点である伏見奉行所に残された。

翌慶応四年正月三日、鳥羽・伏見の戦いが始まると、新選組にとって、ここが最後の戦いの場になった。半月ほど前に狙撃されて重傷を負った近藤にかわり、土方が指揮をとる。しかし、白

▶
図8　伏見奉行所跡
団地入口に建つ。昭和43年(1968)11月、京都市による建立。

刃をふるっての突撃も薩長兵の射ち出す銃砲弾の前には無力だった。この戦いで井上源三郎はじめ古参隊士の多くが戦死した。やはり古参の山崎烝《すすむ》は重傷を負い、近藤一行とともに江戸に帰るため、大坂から便乗した軍艦富士山丸の艦上で絶命し、太平洋上で水葬に付された。新選組の隊士で水葬は珍しい例である。江戸に戻った近藤が、進撃してきた新政府軍の手で処刑されたのは四月二十五日のことである。

　伏見奉行所があったのは、いまの近鉄桃山御陵駅のやや東南、国道二十四号の西側一帯である。明治以後は陸軍の駐屯地になっていたが、第二次大戦後に団地が建設されて現在は桃陵団地と呼ばれている。その西側中央の入り口わきに「伏見奉行所跡」という素っ気ない碑が建つばかりで、つわものどもが夢の跡を語る風情は何もない。

徳川慶喜――京都の将軍――

将軍後見職として上京

大老井伊直弼が、通商条約調印によって幕末史の幕を開けた人物とすれば、大政奉還でその幕を下ろしたのが、最後の将軍徳川慶喜《とくがわよしのぶ》だった。一般に、幕末史の評価では薩長をはじめとする勝ち組に点数が甘く、負け組の幕府側に点数が辛い傾向がある。そのせいもあって、慶喜にしてもよく言われることはあまりない。

ものごとの流れとして、自然にそうなってしまう面があるのはやむを得ないが、薩長と徳川との間で、その性格に本質的な差があったわけでもないだろう。徳川にしても、そのままの体制が続くはずはないにせよ、少なくとも薩長に「倒される」という形にはならなかった可能性もあると思える。そうした可能性を秘めた最終段階での徳川家の動きを、中心的に担ったのが、慶喜だった。ここでは慶喜の京都での活動に焦点をあてながら彼の行動を追ってみることにしよう。

慶喜は、天保八年（一八三七）九月二十九日、御三家の一つ水戸の徳川斉昭《なりあき》の七男に生まれた。母親は有栖川宮《ありすがわのみや》の王女で登美宮《とみのみや》。こういう〝血筋〟の良さに加え、子供のころから利発だった慶喜は、父の斉昭からも期待をかけられた。紀州徳川家から養子に迎える、という話があったときも斉昭は「七郎（慶喜）は世子《せいし》の控えに残しておきたいから」と言って承知しなかった。

しかし、弘化四年（一八四七）五月、一橋家を慶喜に相続させる、という十二代将軍家慶《いえよし》からの内命が伝えられたときは、斉昭も喜んでこの話を受けた。ゆくゆくは次代の跡継ぎ、つまり十四代将軍の候補にしたい、との意向が漏らされたからである。

安政四年（一八五七）、いわゆる将軍継嗣問題が起きたとき、慶喜がその第一候補に擬せられたのは、そうした流れから見れば自然なことだったが、翌年になると大老井伊直弼の反対で実現しなかったばかりか、大獄のとばっちりで蟄居の処分を食ってしまった。

慶喜が処分を解かれ、政界に本格約に登場するようになるのは文久二年（一八六二）になってからのことである。この節でもすでに何度か触れたように、この年四月、薩摩の島津久光が兵を率いて上洛し、さらに勅使を擁して江戸に下り、将軍家茂《いえもち》に改革を要求するのだが、その中に慶喜を将軍後見職に就けよ、という項目があった。

将軍はやむを得ず、この要求を容れ、慶喜は七月、後見職になった。将軍家茂はまだ十七歳の少年だから、事実上の将軍代理のような立場に当たる。

自ら望んだ立場とも言えないが、こうして後見職になった慶喜は、翌年に予定されている将軍上洛の先発として、十二月十五日江戸を出立した。慶喜が京都に着き、宿舎の東本願寺に入ったのは、こえて文久三年（一八六三）正月三日である。

京都守護職と金戒光明寺

慶喜が入京する十日ほど前の十二月二十四日、徳川側のもう一人の重要人物が上京していた。その後、慶喜とコンビを組むことになる、会津の松平容保《かたもり》である。

容保は文久二年閏八月、新設の京都守護職という役に任ぜられていた。この時期の京都は長州系攘夷グループの天下である。それに諸国の脱藩浪士らも加わって、「天誅」と称する反対派へのテロの嵐が吹き荒れていた。まるで無法地帯、と言ってはオーバー過ぎるが、徳川公儀の威令が及ばなくなっていたのは確かである。そうした意味で治安の回復は急務であったし、政治的な力関係からいっても、これから将軍が上洛しようというときだから、その前に京都に改めて徳川側の拠点を築いておくことは、どうしても必要だった。

このような目的で新設されたのが京都守護職である。誰がそのポストにつくかが問題だが、白羽の矢を立てられたのが松平容保だった。会津松平家は、徳川将軍家の縁戚にあたる家門大名の家柄で、家来筋にあたる譜代大名よりも格が高いうえ石高二十三万石の大々名である。

もっとも会津にしても、決して喜んでこの職を受けたわけではなかった。今、下手に徳川側の立場に立って京都に乗り込めば、抜き差しならない状態に追い込まれる可能性があるのはだれの目にも明らかである。だから老中からの内命があったとき、会津の家中《かちゅう》でも「まるで薪を背負って火を救おうとするようなものだ」と反対の声があがった。しかし、政事総裁職松平春嶽や慶喜

図９　会津墓地
木洩れ日の中に、苔むした墓碑の群れがたたずむ。

ら、徳川側からの要請を断りかねた容保は、とうとうこれを承諾した。

旧会津藩士山川浩が明治三十年代に著した『京都守護職始末』は、その模様を「このうえは義の重きにつくばかりで、他日のことなどとやかく論ずべきときではない、君臣もろともに京師《けいし》の地を死場所としようと、ついに議は決した」と述べている。何とも言えぬ感慨がこもった言葉というべきだろう。

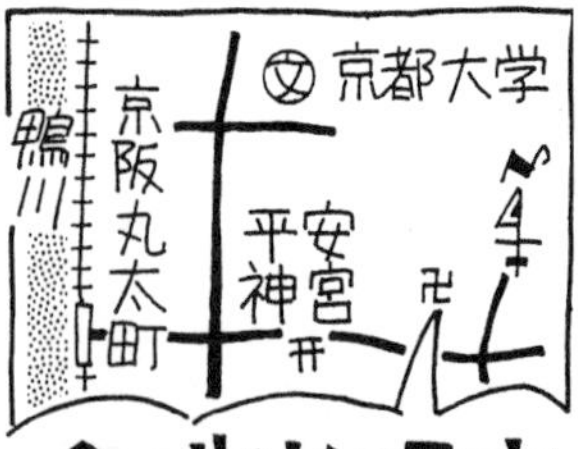

一千人の兵を率いて上京した松平容保が本陣としたのは、京都東山の黒谷《くろだに》にある金戒光明寺《こんかいこうみょうじ》だった。現在の位置で言えば、ちょうど京都大学の東南の裏山にあたる。豪壮な山門や本堂があって、ちょっとした城塞を思わせるような大寺院である。東側の山の上に登ると会津墓地があり、京都で死んだ家臣二百人余りの墓がある。会津は、文字通り京都を死に場所にすることになるのだった。

京都守護職屋敷の新築

京都守護職松平容保に続き、文久三年（一八六三）正月、将軍後見職として京都に入った慶喜が、まずやらねばならなかったのは、やがて行われる将軍上洛のための下準備である。将軍家茂は、朝廷が要求する攘夷を引き受けるため、間もなく上洛する予定だった。

ここでの攘夷とは、安政五年（一八五八）に英米など五ヵ国と結んだ通商条約を破棄し、在留している外国の商人も、すべて本国に追い返すという意味だ。それは現実にはできるはずもないことだが、それをやらねばならない立場に将軍は追い込まれていた。

しかし、将軍にしてもできないものを〝やる〟と答えるからには、それにかわる代償を見込んでいる。それがいわゆる政務委任だった。つまり、攘夷を実行するかわりに、国政にかかわる務めを将軍にすべて委任し、朝廷は口を出さない、という約束を取り付けることである。

そのため、慶喜は三月五日に参内《さんだい》し、「征夷将軍の儀、すべてこれまでどおり御委任あそばさるべし、攘夷の儀、せいぜい忠節を尽くすべきこと」という勅書を、ようやくの思いで手にいれた。そのうえで二日後には家茂が孝明天皇に対し、攘夷実行を回答した。

こうして、いやがおうでも攘夷を実行しなければならなくなった将軍は、五月十日を攘夷実行の期限と定め、その旨を諸大名にも達した。その実現のため、慶喜は四月二十二日京都を発して江戸に下ったが、五月十四日になって朝廷にあて後見職の辞表を提出した。

その理由は、六月十三日付で関白にあてた手紙によると「私のような不学無術の身にとって、期限付きではとても攘夷を実行する自信がない」というものである。あるいは、慶喜はもともとこういう方法で、攘夷実行をかわす作戦だったのかもしれない。

図10　京都守護職屋敷
広大な建物だったが、遺構は残されていない。

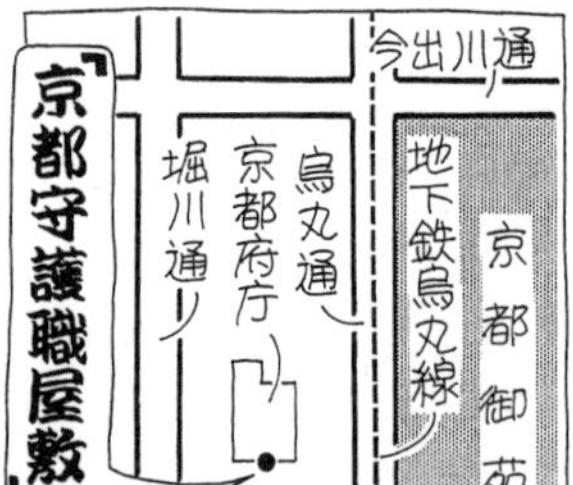

図11　移築された守護職屋敷門
位置は現在の京都市武道センターの南側、平安神宮の西隣にあたる。

こういう局面に将軍を追い込んでいったのは、実は長州系攘夷論勢力であり、必ずしも天皇本人の意志ではなかった。長州攘夷論勢力は、朝廷内急進派の三条実美らと結び付き、朝議をも左右していたのだった。

その状態に危機感を抱いた天皇は、腹心の中川宮とともに、京都守護職松平容保が率いる会津と、長州と対立する薩摩の力に頼って、長州系攘夷論勢力を京都から一掃する政変を決行した。それが、文久三年八月十八日の政変である。

政変の後、御所のすぐ西側に広大な守護職屋敷が新築された。徳川方としては、回復された京都での権力を確固たるものにしようとしたのだろう。

現在の京都府庁がその跡で、正門を入って

すぐ右側の植え込みの中に、「京都守護職屋敷」という石碑が建つ。なお、この屋敷の門は旧武徳殿正門として移築され、現在も残っている。

参予会議と一会桑

文久三年（一八六三）八月十八日政変で長州系攘夷論勢力を追い払ったあと、京都では会津・薩摩・土佐など有力大名が、天子のもとで合議して政策を決定しよう、とする体制を作ることが目指された。

こうした動きをリードしていたのは薩摩島津家である。その結果、文久三年末から翌元治元年はじめにかけ、徳川慶喜・松平容保・越前の松平春嶽・土佐の山内容堂・宇和島の伊達宗城・島津久光の六人が、朝廷から朝議参予という職に任ぜられた。構成から見ると、徳川側が慶喜・容保・春嶽の三人、ほかの三人は外様の国持ち（土佐国など、一国単位を領域とする大規模な大名）である。

この会議で、さっそく議題になったのは横浜鎖港問題である。攘夷断行を主張していた長州系攘夷論勢力が京都から追い払われたとはいえ、朝廷による攘夷の主張そのものは変わらなかった。そこで将軍は、全面攘夷のかわりに、最大の貿易港となっている横浜港のみを閉じることで、朝廷の主張との間に何とか折り合いをつけようとしたのだった。

将軍後見職慶喜はこの横浜鎖港論を主張、「それも無理だ」とする久光や容堂らと対立し、結局のところ参予会議は成果を上げることなく、元治元年（一八六四）三月には解体してしまった。見方によっては、慶喜は参予会議を解体させるために、わざと横浜鎖港を言い出したようにも見える。

このあと慶喜は将軍後見職も辞任し、四月二十五日、朝廷から禁裏守衛総督兼摂海防御指揮《きんりしゅえいそうとくけんせっかいぼうぎょしき》という、長い名前の職に任ぜられた。むろん新設の職で、禁裏は御所、摂海は大坂湾の意味だから、京坂方面の防衛総司令官といったところである。これに任ぜられることによって、慶喜の立場は天子の直接の臣下に近くなった。

ちょうど同じころの四月十一日、新しい京都所司代に、桑名の松平定敬《さだあき》が任じられた。定敬は、京都守護職松平容保の実の弟である。二人は、美濃高須領主松平義建《よしたけ》の六男と七男だった。父義建は、水戸徳川家から高須松平家へ養子に来た身だから、容保と定敬にも慶喜と同じく水戸の血筋が流れている。

こうして京都には、水戸系の慶喜・容保・定敬の三人がトリオを組む勢力ができあがった。ひとまとめにして、一会桑《いちかいそう》と呼ばれる。現在、二条城の北側、丸太町通に沿って待賢《たいけん》小学校の建物がある。ここが所司代上屋敷の跡で、建物の東側に石碑と案内板が建っている。

この一会桑勢力の成立に伴って、京都での徳川側権力は、著しく強化されたように見えた。こうした状況に危機感を持ったのは、前年の八月十八日の政変で、京都から追い払われていた長州勢力である。勢力挽回のチャンスを窺っていた彼らは、六月五日の池田屋事件をきっかけに行動を起こした。すなわち、守護職松平容保の排斥を目標に、家老らが兵力を率いて京都郊外に乗り込んできたのだ。

このとき慶喜は、長州側の言い分を立てて、軍事衝突に至る事態をできるだけ避けようとした。だが、交渉がまとまらないうちに、長州の部隊が京都市内に侵入して来たため、とうとう戦闘になってしまった。七月十八日夜半から十九日にかけてのことで、一般には「禁門の変」と呼ばれる。守衛総督として全般の戦闘指揮にあたったのは、むろん慶喜である。

この戦闘は、政治的にも軍事的にも長州側の惨敗だった。とうとう長州毛利家は、「朝廷に弓を引いた」という理由で「朝敵」にされてしまった。これ以降、長州は慶応三年十二月に復権がなされるまで、政治の表舞台には立てない立場に置かれることになる。

一方、将軍・諸大名側から見ると、「朝敵」長州をどう処置するかということが大きな課題となった。世が世ならこれだけの大事件を引き起こした以上、お家断絶ぐらいは当然なのだが、もうこの時代ではそう簡単にはいかない。そもそも決定方式の段階で、食い違いが生じている。つ

図12　二条城の北門
正門は東側に設けられ、御所の方角に向かっている。

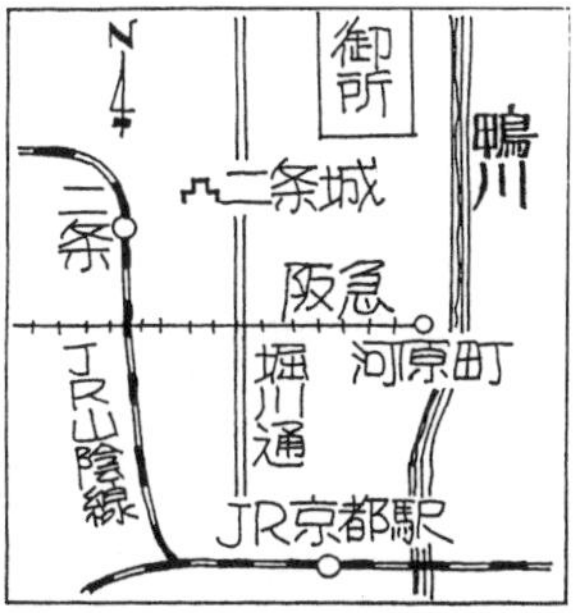

まり、将軍はあくまでもそれを自分の専決事項だとするのに対し、薩摩をはじめとする諸大名側は諸大名の合議で決めるべきだ、と主張する。
　ゴタゴタを引きずったまま、将軍は第一次・第二次の長州出兵を強行したが、諸大名がついてこないため、徹底抗戦方針をとる長州を持て余す結果になった。さらにまずいことに、第二次出兵の最中、慶応二年（一八六六）七月、将軍家茂が大坂城で病死してしまった。家茂は、

慶応元年閏五月以来大坂に来て、形式的とはいえ、出兵の陣頭指揮にあたっていたのである。将軍の後継者はだれが見ても慶喜しかいなかった。松平容保や老中板倉勝静《かつきよ》たちから口説かれた慶喜は、八月に徳川家を継ぎ、十二月になってからようやく将軍職に就いた。

本人がのちに回想しているところでは、すでにこの時から政権を朝廷に返すつもりだったという。慶喜のこうした言葉はあとになっての言い訳と受け取られがちだが、案外本音かもしれない。ともあれ十五代将軍の座についた慶喜は、やがて二条城に移った。ちなみに、慶喜が将軍として江戸城にいたことは、その生涯で一度もなかった。

大政奉還

慶喜が将軍になったのは慶応二年（一八六六）十二月五日だが、その二十日後、孝明天皇が急死した。死因は悪性の天然痘らしい。天皇は頑固な外国嫌いだったから、将軍家茂が列強に対して弱腰であることには不満を持っていたが、その一方で慶喜に対する信頼は厚く、彼が将軍になることにも賛成だった。

したがって、慶喜にとって天皇の死去は後ろ盾を失ったことを意味するが、さほどショックを受けた形跡はない。あとを継いだ明治天皇はまだ十四歳の少年だから、むしろ腕を振るいやすくなったと考えたフシもある。

慶喜が将軍として実績を示す機会はすぐにやってきた。いわゆる兵庫開港勅許問題である。兵庫港（後の神戸港）を貿易港として開港することは、通商条約に定められていたが、条約自体が慶応元年（一八六五）十月に勅許されたときも、兵庫開港だけは場所が京都に近すぎるという理由で不許可となっていたのだった。

五月二十四日、慶喜は薩摩をはじめとする諸大名や、朝廷内部の反発を抑え込み、この勅許を取り付けて、将軍が外交権を持つ政治主体であることを国の内外に見せつけた。薩摩・長州を筆頭とする諸大名側が、将軍職廃止のため武力挙兵を具体的に考えるようになるのも、これが最終的なきっかけである。

だからといって、慶喜が長期的な展望を持って政治権力を握り続けようとしていたのかといえば、そうでもなさそうだ。変わり身の早さは慶喜の身上であり、それと同時に弱みでもあった。

そのことは、大政奉還の際にもっともよく示された。もはや「政権」を朝廷に還し奉るべきだ、ということを慶喜に建白したのは土佐藩だが、建白した方も周囲も、まさか本当に慶喜がそれを受け入れるとは思っていなかった。おおかたの予想に反して、十月十四日、慶喜は大政奉還を朝廷に申し出、朝廷は翌日、それを許可した。この辺りの動きにかかわる慶喜の本心は、いまだに謎としか言いようがない。それに、還した「政権」の内容も、決してはっきりしているわけではないのである。

ともあれ、大政奉還によって、薩長側の武力挙兵計画も頓挫をきたした。しかし、あくまでも武力によって局面の打開を図ろうとした薩摩は、十二月九日「王政復古」政変を決行し、新しい体制から慶喜を排除する方針を貫こうとしたが、土佐・越前・尾張などの抵抗にあって、慶喜を新政府の議定《ぎじょう》に登用することが内定しかかるまでになった。

だが、最後の段階で薩摩の挑発に乗った慶喜は、鳥羽・伏見の戦いに引きずり込まれた。この戦いで敗れたことが、慶喜の政治的命脈を最終的に断ち切ってしまったのだった。

岩倉具視と幽棲旧宅

公家政治家の実力者

これまで登場人物は、もっぱら武士ばかりだったが、ここで少し趣向をかえて、公家を取り上げてみよう。明治維新の変革で大きな画期をなすのは、慶応三年（一八六七）から翌明治元年にかけての政界再編である。この動きは、これまでややもすると〝幕府が倒れた〟という面ばかりが強調されていたように思う。しかし、実際には、朝廷内部の大改革でもあった。象徴的な事実だけを言えば、一千年近く続いた摂政・関白の制度が廃止された、ということだけでも大事件である。

そうした改革を進めた中心的な勢力は薩摩島津家だが、外部からの働きかけだけで実現させるのは不可能であり、朝廷内部でそれに呼応する人物がどうしても必要だった。その役割を担った人物が岩倉具視である。岩倉は、一般には明治四年（一八七一）から六年にかけ、政府が欧米に派遣した使節団の団長として知られているようだが、幕末のころから、公家政治家としては最大級の実力者だったのである。

岩倉は文政八年（一八二五）九月十五日、公卿《くぎょう》で前《さきの》権《ごんの》中納言《ちゅうなごん》堀川康親《ほりかわやすちか》の次男として生まれた。幼名を周丸《かねまる》という。ちなみに「公卿」とは、公家の中でも三位《さんみ》以上の位を持つ者のことである。どの世界でもそうだが、才能のある人物というのは、良かれ悪しかれ子供のころから普通とは違った言動を示すものである。周丸の場合もそうだった。

明経家《みょうぎょうけ》、伏原宣明《ふしはらのぶあき》に入門して『春《しゅん》秋左《じゅうさ》史伝《しでん》』の講義を受けることになったとき、周丸は講義をほったらかして、同門の少年を将棋に誘った。誘われた少年が驚いて断ると、周丸は「『左史伝』の内容は、もう大体分かった。講義など聴くより、将棋を指して知略を磨く方がましだ」と言った。

これを聞いた師の宣明は、怒るよりむしろ感心して、普段から親しい岩倉具慶《ともよし》に向かい「この子は見どころがあるから、養子にしたらどうだ」とすすめた。子供のなかった具慶はよろこんで周丸を貰い受けた。天保九年（一八三八）、周丸が十四歳のときである。

岩倉家は家領百五十石の下級公家で、その屋敷は丸太町富小路東側にあった。現在は公園にな

図13　岩倉邸跡付近
堺町門を入って東側の一帯。鷹司邸のあった辺りでもある。

っている京都御苑《ぎょえん》が、かつて公家屋敷が並んでいた区域である。南側の中央が堺町御門で、やや東側のならびに富小路口がある。岩倉邸はその東脇にあったはずだが、いまは数本の大木が立っているだけだ。この一帯は、元治元年（一八六四）の禁門の変で焼けてしまったところでもある。もし今でも公家屋敷群が残っていたら世界遺産クラスに違いない。

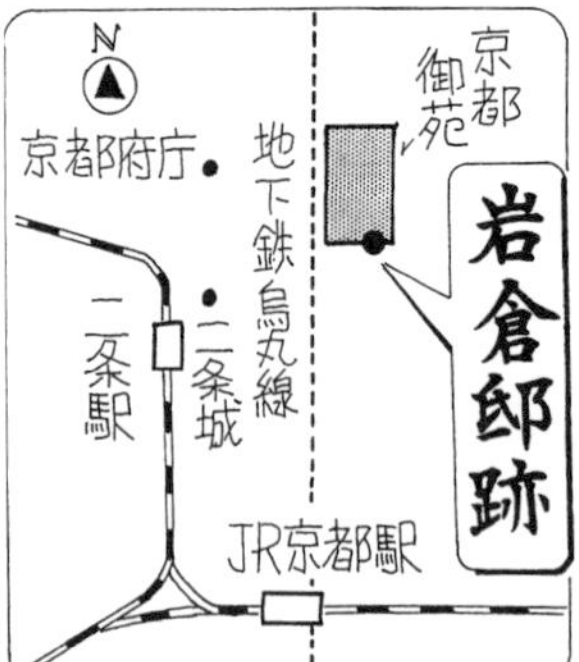

岩倉村に引きこもる

岩倉は若いころ、「岩吉《いわきち》」とあだ名された。こざかしく立ち回る人物、という印象があったのだろう。また「岩倉の切り口上」という言葉も残っている。遠回しな言い回しを好む公家の中で、思ったことをズバリと口に出す性格が、周囲にある種の驚きを与えていたことが分かる。いずれにせよ、岩倉が異能の才を持っていたことは間違いないが、太平の世なら、彼とて一人の下級公家として一生を終えたに違いなかった。

実力はあるが身分は低い、という人間がはい上がっていく手掛かりとして一番手っ取り早いのは、その社会で力のある人物に近付いて目をかけてもらうことだ。こういうところは今も昔もあまり変わらないようである。

岩倉が青年のころ、朝廷の中で最大の実力者だったのは前関白《さきのかんぱく》鷹司政通《たかつかさまさみち》だった。岩倉はつてをたどって、政通に「歌道の門人」という名目で接近するようになった。嘉永六年（一八五三）正月のことである。

それから半年ほどたってペリーが来航したとき、岩倉は政通に向かい、外交の権利は本来天皇が持つべきで、将軍に任せておけるものではない、という意見を述べた。政通はこの意見に感服し、それからというもの、人に向かって「岩倉は異常の器である」と語るようになった。

その岩倉が実際の政治活動で手腕を示したのは、安政五年（一八五八）の条約勅許問題のとき

図14　九条池と拾翠亭
拾翠亭《しゅうすいてい》は唯一、現存する九条邸の一部。和風数寄屋造で江戸後期の建築と言われ、当時から現在まで茶室として用いられる。位置は堺町門内の西側。

だった。将軍からの勅許要請に対し、ときの関白九条尚忠《くじょうひさただ》は、いったん迎合的な回答案を用意したが、中級以下の公家たちは、徒党を組んで関白に迫り、とうとうその案をひっくり返してしまった。これが列参建言《れっさんけんげん》と呼ばれる運動だが、それを主導したのが岩倉だった。

岩倉は、これを機会に朝廷内部で隠然たる力を持つようになり、孝明天皇の信任も厚くなった。やがて文久元年（一八六一）には、天皇の妹、和宮《かずのみや》の将軍家茂《いえもち》への降嫁を進め、翌文久二年に薩摩の島津久光が兵を率いて上洛すると、薩摩と徳川方を両手で操りながら、朝廷の勢力挽回を策するようになった。

しかし、自分自身の勢力基盤を持たず、

外部の力を操って活動するしかないというのが公家政治家、岩倉の弱みだった。文久二年七月を境に、長州の唱える攘夷論が急速に威力を持ちはじめ、薩摩の影響力が後退すると、岩倉の立場はたちまち危うくなった。

攘夷浪士のテロに脅かされた岩倉はとうとう「辞官落飾」に追い込まれた。官職を辞して仏門に入った岩倉は、さらに洛中からの追放処分を受け、京都郊外の岩倉村に引きこもった。現在は京都市左京区にあたり、岩倉が住んだ家は昭和初期に「岩倉公幽棲《ゆうせい》旧宅」として国史跡に指定され、現在もていねいに保存されている。

論策を執筆

京都政界から完全に追放されてしまった岩倉は、慶応三年（一八六七）十一月に洛中居住を許されるまで、五年にわたる歳月をこの比叡山麓の片田舎、岩倉村で過ごすことになった。現在、「幽棲旧宅」として保存されている家は、村の大工藤吉という人の持ち家を買い取ったものだ。

見学に訪れると、管理人が雨戸を開け放って内部に上げてくれる。庭園からすぐ上がれるのが六畳の座敷で、同じような座敷が二間と、三畳の玄関などから成るこの建物は、岩倉が元治元年（一八六四）ころに増築したものだ。渡り廊下でつながれている奥が、もとからの建物で、間取りは六畳半の居間が二部屋、勝手間の四畳半などである。

図15　岩倉公幽棲旧宅
敷地内には「対岳文庫」という資料室もあって、公開されている。

庭園も広く、幽宅とはいっても現代の私たちから見れば、豪邸の部類に属する。ここでの岩倉の生活は貧困を窮めたというが、二人の息子も一緒だったし、元治元年三月には五女も生まれているから、衣食に事欠くほどではなかったのだろう。

余談だが、平成四年（一九九二）に、岩倉公旧蹟保存会の所蔵史料が「岩倉具視関

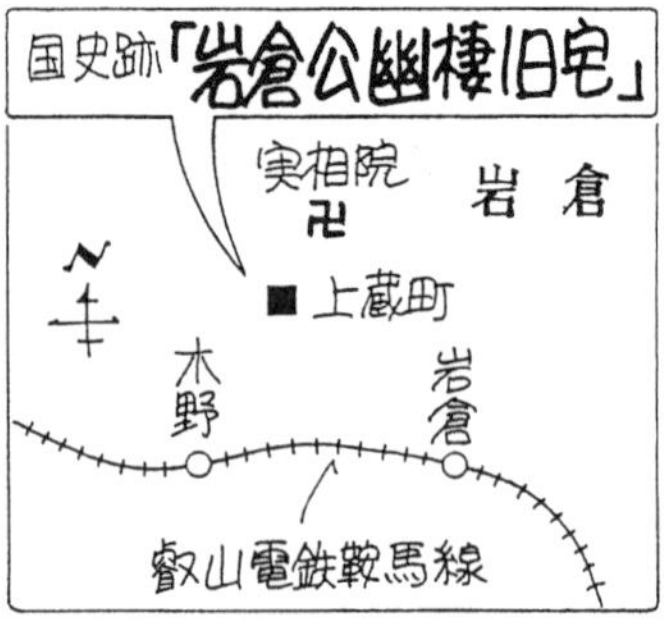

係文書マイクロフィルム」として刊行されたことを記念するパーティーが京都で催され、私も招かれたことがある。その席上で、当時、岩倉を慰めるため村の娘が踊った、という踊りが地元の女性有志によって披露された。素朴な、それでいてなんとなく暖かみを感じさせる踊りだったと記憶している。

文久二年（一八六二）から元治元年まで、岩倉の伝記は空白に近い。実際このころは、まだ攘夷浪士が岩倉を付け狙って、幽宅近辺をうろつくようなこともあり、岩倉としても身の危険を避けるのが精いっぱいというところだったようだ。文久三年八月十八日政変で長州系攘夷論勢力が京都を追われ、さらに翌元治元年八月禁門の変でその勢力が完全に後退すると、岩倉にも政治活動再開の機運がめぐってきた。

慶応元年（一八六五）に入ると、岩倉の身辺はようやく活発になってくる。この年の春から朝廷の下級役人松尾但馬《たじま》や、彼と親しい浪士の藤井九成《きゅうせい》らがひそかに岩倉のもとを訪れ、最新の政治情報をもたらすようになった。

岩倉は、これらの情報をもとに、持論である朝廷による政治の実権掌握、つまり王政復古に向けて、思案を重ねた。その年の秋には、「叢裡《そうり》鳴虫《めいちゅう》」と題する論策を書いている。叢《くさむら》のなかで鳴いている虫、というのはむろん草深い田舎で一人政治論をつぶやく自分をたとえたものである。

内容は、「今日の急務は確乎不抜の廟議《びょうぎ》を定めて、天下の人心を収攬するにあり」というものであり、つまりは朝権の確立、言い換えれば王政復古を目指したものである。岩倉は、協力者を薩摩島津家とみて、大久保利通らと接触しようとした。

王政復古に向かって

岩倉は、慶応元年（一八六五）八月から同三年十月までの二年二ヵ月間に、十三通もの政治意見書を書いている。それらは、ほぼすべて朝廷の権限回復を論じたものだが、追放処分を受けている最中にこれだけ書き続けるのだから、何ともしぶとい根性の持ち主といえる。

これらの意見書は、岩倉のもとを訪れる同志の手によってひそかに外部にもたらされ、次第に一つの政治的な潮流を形作っていった。朝廷上層部の間でも岩倉の意見はかなり知られていたようだ。確認できるところでは、たとえば慶応元年九月の『全国合同策』は、中御門経之《なかみかどつねゆき》の手で、関白二条斉敬《にじょうなりゆき》に示されている。そのあとで、中御門が岩倉にあてて模様を知らせた手紙によると、その趣旨には二条関白も賛成したという。

もっとも、朝廷側で「王政復古」に反対する人物はいない。しかし問題はどうすればそれが実現できるか、ということだ。岩倉がその担い手としてもっぱら期待したのは薩摩だった。

このころ薩摩の実権は、すでに大久保利通や西郷隆盛が握っていたが、岩倉からの働きかけに対し、最初のうち大久保らの反応は冷たかった。薩摩が朝廷改革の必要を真剣に考えはじめて岩倉と手を握るようになるのは、徳川慶喜が将軍になり、さらに孝明天皇が急死する慶応二年末ごろからである。

その翌年、慶応三年六月になると、薩摩は長州とともにいよいよ徳川方との武力対決を決意した。しかし、将軍を廃止しさえすればそれでいいというわけにはいかない。後の受け皿として新たな政治体制の構想がなければ、現実問題として武力行使は不可能なのである。

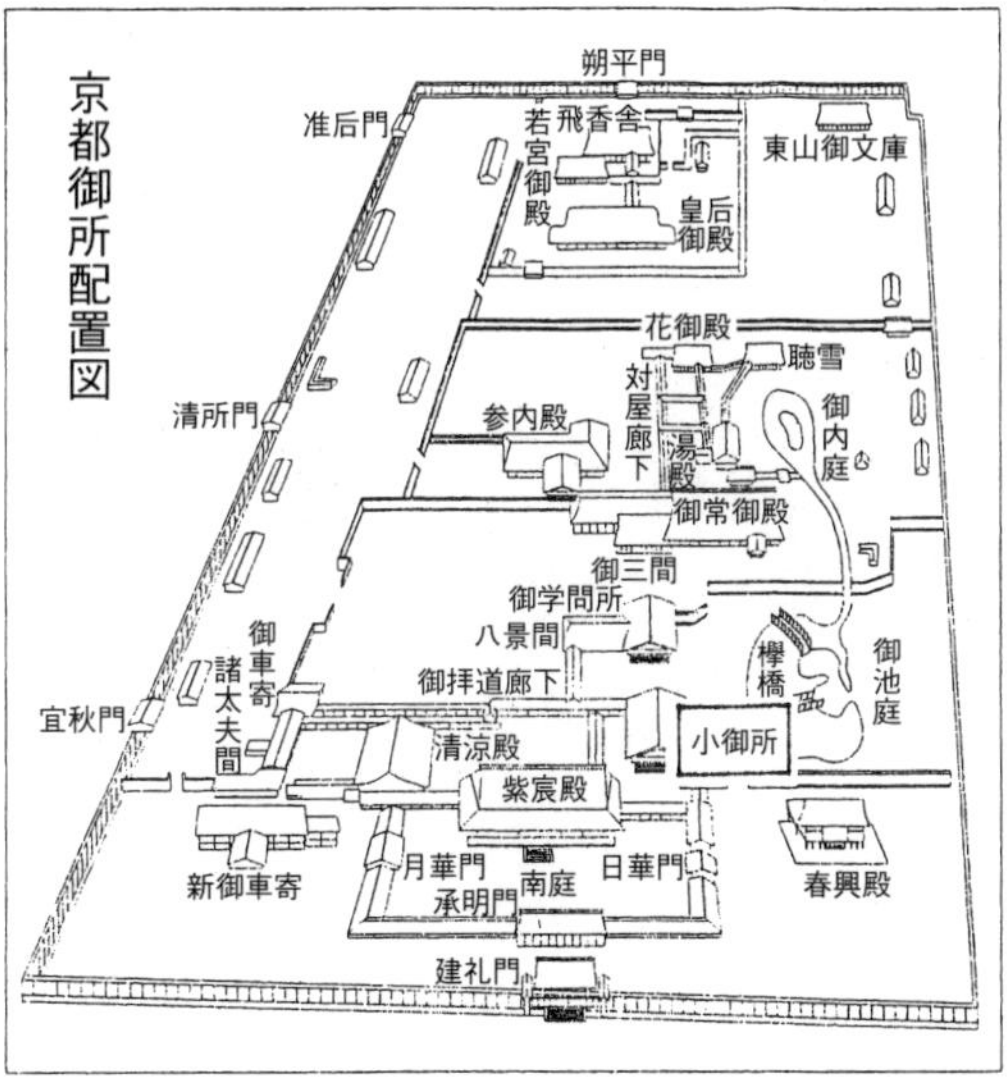

京都御所配置図

そのとき、新体制の中核となるべきは天皇だが、そこにも然るべき改革を施す必要があった。岩倉が五年にわたって練り上げてきた「王政復古」構想はちょうどそれにあてはまるものだった。

十二月九日、薩摩の画策によって禁裡六門が封鎖され、摂関幕府等の「廃絶」、「王政復古」と共に、総裁・議定《ぎじょう》・参与の三職設置が宣言された。朝廷内でその政変劇の主役となったのは、当日朝に正式に赦免さ

図16　建礼門
禁裡の正面にあたる。政変の際には、これらの門を封鎖した。

れた岩倉である。
さらに、その夜には小御所《こごしょ》で初の三職会議が開かれた。この席上、岩倉は大久保とともに慶喜に対して、内大臣の官職を辞任し、徳川家の領地を返納するよう命ずべきことを主張した。旧幕府側に対する挑発だが、一ヵ月後の鳥羽・伏見の戦いの勃発は、このとき以来時間の問題となったといえるだろう。

大阪のビルの陰に息づく

橋本左内と適塾

適塾と近代の建設

大村益次郎や福沢諭吉がそうだったように、緒方洪庵の適塾は、近代日本の建設に深くかかわる人物を数多く生み出した。緒方富雄『緒方洪庵伝』（岩波書店、一九七七年増補版）には、入学者名簿にあたる「適々斎塾姓名録」が収められ、天保十五年（一八四四）から元治元年（一八六四）までの入門者、六百三十七人の氏名が出身地とともにあげられている。

その中の一人、嘉永二年（一八四九）十一月の入門者に、「越州福井藩　橋本左内」の名が見える。ちょうど大村益次郎が塾頭をしていたころだ。

左内は、のち安政四年（一八五七）〜五年、越前松平家当主の慶永《よしなが》が、十三代将軍家定の跡継ぎを一橋慶喜に定めようという将軍継嗣《けいし》（跡継ぎ）運動に携わったころ、慶永の腹心として活躍

図1　適塾外観

し、そのため大老井伊直弼による反対派弾圧、いわゆる「安政の大獄」で死刑にされた人物である。若くして悲劇的な最期を遂げた、というイメージも手伝ったせいか、明治以後、昭和初期に至るまで、吉田松陰と並ぶ「志士」の先覚者として、最も名が知られるようになった。

天保五年（一八三四）三月十一日、越前松平家の医師橋本彦也《げんや》の長男に生まれた左内は、十五歳ごろから儒者、吉田東篁《とうこう》に入門してたちまち抜群の秀才ぶりを発揮した。こうした人物に共通することだが、左内も少年のころからすでに大人のように老成した雰囲気を持ち、周囲を驚かせたという。

もともと医師の家の出身だから家業を継ぐため、大坂に出て蘭方医学の第一人者、緒方洪庵に入門したのは、左内十六歳の冬だった。適塾での学習法はオランダの医学書を読むことが基本で、まず語学に熟達しな

ければならなかったが、ここでも左内はあっという間にオランダ語原書を完璧《かんぺき》に解読するようになった。

母語と異なる言語（いわゆる外国語）を理解する能力に秀でているということは、母語の持つ認識論理を対象化する能力に秀でているともいえる。言語とは、ただのコミュニケーション手段ではなく、ものごとを考える際の枠組みとなるものだ。つまり、人間はものごとを考えるとき、言葉によって考えるしかないのである。

だから、異言語をどこまで理解できるかの力は、自分の考えていることを、どこまで客観化し、突き放してとらえられるかの力と表裏の関係にある。単語だけを丸暗記して、右から左へ置き直したところで、異言語を理解したことには決してならない。適塾で優秀な成績をあげた人物が近代の建設に貢献する、というのは、彼らが単に海外の新しい知識を持っていた、ということではなく、こうした論理認識において優れた力を持っていたことを示すものだ。左内も、そうした人物の一人である。

なお、適塾は内部も公開されていて、一階中庭に面した洪庵の書斎や、二階の塾生部屋の大広間などを見て廻ることができる。大坂の町屋建築の遺構としても貴重なものである。

初の公立病院、大福寺

橋本左内が最新の蘭方医学修得をめざして適塾に入門したのは、嘉永二年（一八四九）十一月だった。いわゆる蘭学、あるいは洋学は、だいたい天保・弘化期（一八三〇〜四〇年代）ころから日本全国で広まり始める。それは、まず医術として受け入れられていった。なぜなら医療は、人々の生活に直結するたいへん実際的な技術分野だからである。

これをもっと具体的にいうと、天然痘の予防接種である種痘の確立が大きな意味を持っていた。江戸時代には乳幼児死亡率が現代に比べて非常に高いが、その二大死因は、天然痘と麻疹《はしか》である。そのうちの一つの天然痘が、種痘によってほぼ完全に根絶できるのだ。

その効果は、だれの目にもはっきり見えるものである。緒方洪庵が、オランダ人医師の手で長崎にもたらされた痘苗《とうびょう》を用い、初めて大坂で種痘を実施したのは、嘉永二年十一月で、ちょうど左内入門の時期と重なる。

種痘を行う施設は「除痘館」と呼ばれ、道修町《どしょうまち》に設けられた。最初のうちこそ種痘を受けに来る者はほとんどいなかったが、やがて実績をあげるとともに、安政五年（一八五八）には日本初の「官許」（徳川家の公認）を受け、万延元年（一八六〇）十月、現在の今橋三丁目に移転した。いまの適塾の建物のすぐ南側で、緒方クリニックのあるところだ。ちなみに江戸でも安政五年五月、神田お玉ヶ池に種痘所が開設されている。

左内の出身地福井では、笠原良策という人物が早くから蘭方に着目し、洪庵とも交友関係を持っていた。笠原の尽力で、嘉永三年（一八五〇）には福井にも種痘所が設けられる。左内が大坂に出て、蘭方医学の勉強に励むようになった背景には、こうした新しい医療のあり方が勃興してくる機運があったのだ。

種痘は医療の世界に、それまでにない広域管理という発想を生んだ。種痘とならんで、その発想を広げたのは、コレラである。外国船から持ち込まれたコレラは、早くも安政五年（一八五八）七月に、大坂で猛威を振るい、多くの死者を出した。

江戸時代において一般の人々の医療は、いわゆる町医者が担当していた。しかし種痘のような特殊技術を伴う予防医療、あるいはコレラのような急性伝染病への対処などは、個々人の町医者レベルでは不可能である。そこには、どうしても地域を一括して管理する施設が必要になってくる。しかも、それを管理するのは私人ではなく、それを超えた「公」でなくてはならない。近代における「公立病院」が、こうして作り出される。

現在、大阪市中央区上本町四丁目交差点の東南に大福寺という寺があり、その門前に「浪華仮《かり》病院跡」の石碑が建っている。明治二年（一八六九）二月、洪庵の次男でオランダ留学帰りの洪《こう》哉《さい》を院長として開設されたものだ。病院はしばらくのち、現在の法円坂二丁目に拡充移転され、さらには大阪大学医学部につながっていく。

江戸から京都へ

橋本左内は、嘉永五年（一八五二）閏二月、適塾での勉学を中断して郷里の福井に帰った。父の彦也《げんや》が重病になってしまったためだが、本人にとってはずいぶん不本意だったらしい。はたして彦也は他界し、左内が家督を継いで医師に任ぜられた。

それから二年近く経って落ち着きを取り戻した左内は、今度は江戸に出て、さらに蘭学の勉強を続けることにした。大村益次郎の場合もそうだったように、田舎での医業というのは、志を持つ青年にとっては退屈なのである。左内、時に二十一歳だった。

左内が江戸に着いたのは、安政元年（一八五四）三月。ちょうど日米和親条約の調印が行われたときだった。この条約によって、日本は近代欧米列強との間に初めて公式の関係を取り結ぶことになった。これをきっかけに、欧米列強との関係をどのように築きあげていくかという問題が、日本にとって国家的な課題として浮かび上がってくる。

こうした問題は、当時の知識人にとって共通の関心を呼んだ。それまでは一蘭学書生に過ぎなかった左内も、ようやく政治の世界に目を向けるようになる。翌安政二年七月、いったん帰郷した左内は、医師から士分に登用され、国政に関わるきっかけをつかんだ。蘭学を通じて鍛えられた彼の学識を、政府重役の鈴木主税《ちから》・中根雪江《ゆきえ》が認め、登用を勧めたものという。

左内は、その後安政四年初めから、学校明道館の改革に取り組んだ。その過程で、当主松平慶永の知遇を受けるようになり、八月には江戸に上り、慶永側近として、いよいよ直接の政治活動に携わることになった。慶永は、このとき薩摩の島津斉彬《なりあきら》や土佐の山内豊信《とよしげ》らと結んで、いわゆる将軍継嗣《けいし》（跡継ぎ）運動を進めていた。時の将軍は十三代家定だが、ごく平凡な人物で、非常時の将軍にはふさわしくないうえ、虚弱体質で長生きしそうもなく、子供にも恵まれなかった。慶永らは、その跡継ぎに一橋慶喜を送り込もうとしたのだ。

慶喜は御三家の一つ、水戸徳川家の当主だった、斉昭《なりあき》の第七子で、御三卿の一橋家を継ぎ、この時まだ二十一歳だが、すでに英明の聞こえが高かった。左内に比べて三歳若いものの、ほぼ同世代である。一方、譜代大名筆頭の井伊直弼らは、血統重視を掲げて紀州家当主の徳川慶福《よしとみ》（のち家茂）を跡継ぎにすることを主張していた。

慶永は、慶喜擁立を実現するため、天子から将軍にあて、慶喜を継嗣に指名する勅書を下してもらおうとした。そのためには朝廷に対する政治工作が必要だったが、その任務を命じられたのが左内である。彼が京都に着いたのは安政五年（一八五八）二月七日だった。

現在、京都の二条城の東側、堀川通に面して京都国際ホテルがあるが、その正面玄関脇に「橋本左内寓居跡」の石碑が建っている。左内は、四月初めまでこの地に滞在して朝廷工作に奔走することになる。

図2　左内寓居跡

図3　越前邸門

京都の越前邸

左内が京都に着いたのは、安政五年（一八五八）二月七日である。彼は松平慶永から、一橋慶喜を将軍継嗣に指名する内勅が出されるよう朝廷に対して運動することを命ぜられていた。現在その「寓居跡」の石碑が建つ京都国際ホテルは、もともと越前松平家の京都邸のあったところで、油小路通に面した東側の玄関わきには、邸の門が当時のまま保存されている。左内は、邸内の長屋に滞在していたのだろう。

江戸時代、京都市中には約六十の大名邸があったといわれる。私が位置を確認している限りでは、この越前邸のほか、錦小路（現・大丸京都店北側付近）に薩摩邸があり、高瀬川に沿って二条通南から四条通北にかけ、長州・加賀・対馬・岩国・彦根・土佐の各大名邸があった。

これらの大名邸がどのような役割を果たしていたのか、研究のうえでも具体的には明らかでない。江戸邸と違って、京都邸に大名本人が滞在することはなかった。将軍は、天子と諸大名が直接結びつくことを恐れ、例えば参勤交代の途中、大名が京都に立ち寄ることも厳禁していたからだ。しかし現実に、諸大名は天子から官職に任ぜられ、また位階に叙せられていたし、さらには公卿《くぎょう》の娘を大名が嫁にもらうなど、姻戚関係をも結んでいた。こうした場合の連絡や贈答などに際して、京都に拠点を持ち、京都留守居役を設置しておくことは、朝廷側・大名側双方にとって必要なことだったのだろう。

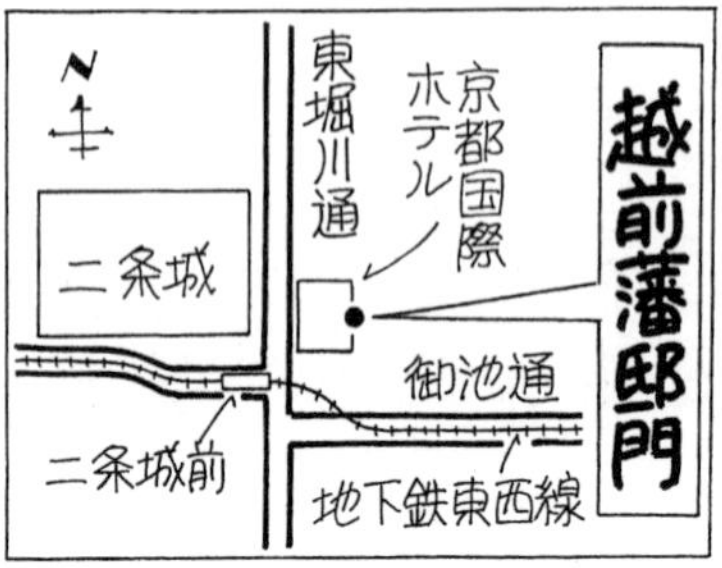

安政年間になって外国との関係が国家的な政治課題になるにつれて、これらの大名邸は、大名側が行う朝廷工作の足場になってくる。日本の国家としてのまとまりを、トップレベルで掌握しているのは天子であり、したがって外国との問題は、将軍限りで処理できる問題ではない、というのが当時の政治社会においての共通認識である。だから、通商条約調印にあたっても天子の承認が必要と見なされ、将軍にしてもそれを獲得するため、朝廷に対する働きかけを行うことになるのだ。

左内が上京した安政五年初めは、ちょうど徳川家老中堀田正睦《まさよし》が、条約勅許を得るため、上京していたころでもある。越前松平家は、徳川家の親戚にあたる家門大名の筆頭であり、この問題で徳川家の足を引っ張るつもりは毛頭ないから、左内も条約の勅許については、側面から援護する予定でいた。

越前松平家の活動は、条約勅許はそれとして、この段階の国家的な危機を乗り切るためには、どうしても一橋慶喜を将軍継嗣にする必要がある、という認識を踏まえたものだった。もっとも、それは単に慶喜が「英明」だから、ということではなく、継嗣決定という作業を通じて、家門や外様の大名が、国家の政治に参画していく、ということである。

慶喜擁立の工作

橋本左内は安政五年（一八五八）二月七日、京都堀川一条の越前邸に着くと、さっそく翌日から将軍継嗣実現のため朝廷側に対する運動にとりかかった。その方法は、有力者の公卿《くぎょう》に手づるを求めて接近し、その人物の説得を通じて一橋慶喜を継嗣に指名する内勅を下してもらおうというものである。

もっともこの当時、朝廷内で越前寄りの立場に立ち、しかも実力がある人物といえばそう多くはないし、一家臣の身分ではだれにでも会えるというわけにもいかない。左内がまず接触しようとしたのは、内大臣三条実万《さねつむ》だった。三条は、越前の松平慶永と一緒に活動している土佐の山内豊信《とよしげ》の姻戚だから、そのルートをたどっていけば、かなり容易に会うことができる。

翌日の八日、左内はまず三条家の家臣森寺大和守《やまとのかみ》に会い、ついで九日には三条本人と会って、目下の危機を救うためには、慶喜を将軍継嗣にすることが最善であると説いた。慶喜の人となりを聞いた三条は手を打って喜び、実現のため尽力を約束したという。

左内が注目したもう一人の人物は、青蓮院宮《しょうれんいんのみや》である。生まれは伏見宮邦家《くにいえ》親王の第四子だが、仁孝《にんこう》天皇の養子となって親王宣下を受け（親王は天皇の男子、の意味）、嘉永五年（一八五二）から京都粟田口にある青蓮院門跡《もんぜき》となり、尊融《そんゆう》親王と称した。孝明天皇の信頼も厚く、人となり豪気と世に伝えられ、「今大塔宮《いまおおとうのみや》」と称された。

大塔宮は、南北朝内乱のころの後醍醐天皇の皇子で、南朝方の支柱として活躍した人物だ。ちなみに幕末のころ、朝廷の威勢が盛んだった時代のモデルとして念頭に置かれているのは、鎌倉幕府が倒れ、建武の新政が成った十四世紀前半の時代である。

左内が青蓮院宮と会ったのは二月十七日ごろと思われる。もともと青蓮院宮は、松平慶永を「頼りにならぬ」と思っていたらしいが、左内の説得にあって考えを改め、慶喜擁立についても周旋を約束するまでになった。

青蓮院は天台宗の門跡寺院で粟田御所とも呼ばれ、位置は東山三条のやや東側にあたる。現在では、粟田山の山裾を抱くようにして作られた美しい庭園で知られている。境内には、宸殿・小御所・華頂殿・叢華《そうか》殿などの古色を帯びた建築が建ち並び、左内が訪問した当時の雰囲気を伝えてくれている。なお、尊融親王は五年後に還俗《げんぞく》（出家から俗人に戻ること）して朝彦親王《あさひこしんのう》の名を賜り、孝明天皇の腹心として京都政界に隠然たる力を振るうようになる。

京都六角獄跡

橋本左内による一橋慶喜擁立の運動は、内大臣三条実万・青蓮院宮尊融親王らの助力を得て、成功するかに見えた。左内は、さらに前関白鷹司政通《たかつかさまさみち》にもその家臣三国大学を通じて働きかけ、協力の約束をとりつけた。

こうした工作の結果、折から通商条約の勅許を要請するため上京中の老中堀田正睦《まさよし》が江戸に戻る際、「英傑・人望・年長」の三条件を以て将軍継嗣が選定されるように、と指示した内勅が下される運びになった。この三条件は、井伊直弼ら譜代大名が推す紀伊慶福《よしとみ》に対抗して、暗に慶喜を指すものである。

しかし、慶福擁立派の巻き返しも強力だった。その立場で朝廷工作に当たっていたのが、直弼の腹心、長野主膳である。長野は関白九条尚忠を抱き込み、とうとう内勅から先の三条件を削らせてしまった。もっとも左内はその情報をつかめず、自身の工作の成功を信じていたという。左内は安政五年（一八五八）四月十一日、江戸に帰り着いた。

四月二十三日、井伊直弼が大老に就任すると、将軍継嗣運動をめぐる形勢は急に慶福擁立派有利に傾いた。その後五月から六月にかけ、左内は江戸にいる同志はもとより、京都の公卿とも連絡を取り合って運動を進めたが、ついに将軍家定は継嗣を慶福とすることを決定し、その旨が六月二十三日に発表された。のちの十四代家茂《いえもち》である。これとほぼ同時、十九日に井伊は日米修好通商条約の調印をも実施していた。将軍継嗣運動に敗れた松平慶永らは、これ以後、条約調印について「違勅」という論法で、井伊への批判を続けてゆく。

これに対して井伊は、批判勢力を根こそぎ押さえ込む方針を採った。左内は十月二十二日、江戸常盤橋《ときわばし》の越前邸内で町奉行所の与力らによって身柄を抑えられ、即日邸内で謹慎状態に置かれた。この時点では左内も越前側も、重い処罰を受けることなどまったく予想外だったが、左内は、翌安政六年（一八五九）十月まで一年間にわたって取り調べを受けた末、小伝馬町牢獄に投ぜられ、十月七日処刑された。

　京都でも、十一月から十二月にかけ、公卿の家臣を中心として、関係者の捕縛が相次いでいた。捕縛者は京都町奉行所か、あるいは六角通大宮西入ルの牢獄に監禁され、やがて江戸に送られた。その他に、よく知られた人物では若狭浪士梅田雲浜《うんぴん》や、青蓮院宮の家臣山田勘解由《かげゆ》などが、六角獄に収容されている。この獄にはその後も多くの政治犯が投じられた。獄中で殺されたケースもあり、現在、その跡に「殉難勤王志士忠霊塔」が建てられている。

図4　殉難勤王志士忠霊塔
書は枢密院議長・原嘉道。昭和15年(1940) 7月の建立。

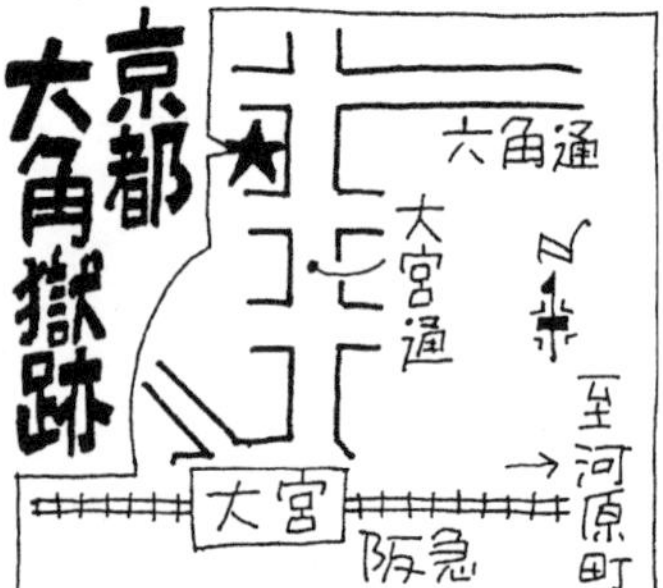

大久保利通と中之島

大坂を経て京都へ

現代の中之島周辺は、近代的ビルが建ち並ぶビジネス街の中心部だが、その性格は江戸時代においても共通する面がある。大久保利通は、そこを活動の一つの拠点とした。大久保は、幕末の頃から薩摩島津家臣の実力者として政局をリードし、倒幕の達成後も新政府の中枢に座り続けた。やがて明治六年（一八七三）十一月には内務省を設立して、その長官である内務卿《ないむきよう》の地位につき、同十一年（一八七八）五月十四日に暗殺されるまで、事実上の首相として権力を振るった。

いわば明治維新最大の立役者といってよいが、そのわりにはあまり一般的に人気がない。同じ薩摩の中でも、西郷隆盛と比べると、その差がはっきりする。西郷は、生きているうちから不思議なほど人望があったし、西南戦争に敗れて死んだ後でも、人々から慕われた。

また、大久保・西郷と並び称される「維新の三傑」の一人、長州の木戸孝允（桂小五郎）の場合は、よく小説やドラマで語られる幾松《いくまつ》とのロマンスをはじめ、華やかな話題に事欠かない。大久保にはどうも冷徹な現実主義者というイメージが付きまとっているようだ。

たしかに、大久保はどのように困難な局面でも、決してあきらめることなく、みずからの信ずる道を粘り強く追求していった。こうした大久保の態度について、歴史評論家として名高い徳富《とくとみ》蘇峰《そほう》は、「最善を得ざれば次善、次善を得ざれば、その次善と、出来る程度において出来得ることを」なしたと評している。

その大久保が関西と関わりを持ち始めるのは、文久二年（一八六二）正月の頃からだ。この前年から薩摩島津家では、島津久光が兵力を率いて上京し、さらに朝廷から勅使を下してもらって江戸に下り、徳川将軍に改革を迫るという計画が進められていた。

久光は、まだ年若い当主・茂久《もちひさ》の実父で、国政の実権を握っていたから事実上の当主のようなものである。大久保は、この頃すでに久光の側近として大きな影響力を持ち、久光上京の準備のため、京都に派遣されたのである。これが、彼にとっても初めての上京だった。

大久保は、幕末から明治にかけて日記を書いているのだが、ちょうどこの文久二年はじめのあたりが欠けているため鹿児島から京都に着くまでの詳しい行程が分からない。正月五日に下関に立ち寄ったのは確かで、正月半ば頃には京都に入ったものと思う。下関から船で大坂に着き、いったん大坂の蔵屋敷に寄った後、淀川をさかのぼって京都入りしたのではなかろうか。

大坂の薩摩蔵屋敷は三ヵ所あり、中之島から見て土佐堀川をはさんで対岸の土佐堀二丁目に上屋敷があった。現在は三井倉庫の建物が建ち、土佐堀通りに面した東南の角に「薩摩藩蔵屋敷跡」の碑が建てられている。ちなみにあとの二ヵ所は、中屋敷が江戸堀五丁目、下屋敷が立売堀《いたちぼり》西之町である。

情報空間・中之島

江戸時代の大坂が「天下の台所」と呼ばれていたのは、よく知られているとおりだが、それは物資の集散地という意味だ。江戸時代の初期から全国の諸大名は、領内の産物を船で大坂に運び込んで販売し、得た金で必要物資を買い入れて国元へ送った。販売された産物は、さらに問屋商人の手を経て江戸をはじめとする最終消費地へ送り出されていった。

こうした事業を行うために、大名が設けた出張所が蔵屋敷である。天明年間（一七八〇年代）に作られた「新修浪華《なにわ》地図」によると、中之島を中心にその両岸にかけて、ざっと百五十余りの蔵屋敷を数えることができる。薩摩の蔵屋敷も、むろんその一つであり、土佐堀に沿った少し上

図5　薩摩藩蔵屋敷跡

手には、長州屋敷が見える。

とくに中之島は、北は仙台から南は久留米まで、約五十の大名の蔵屋敷で埋め尽くされていた。現在のリーガロイヤルホテルの正面入り口東側の脇に、「蔵屋敷跡」という碑が建っている。ちょうどこの辺は高松・丸亀・徳島など、四国の諸大名の蔵屋敷が集まっていたところだが、現代の景観からは想像がつきにくい。

このように密集した蔵屋敷の群れは、大坂という流通の中心地で、一種の情報空間をかたちづくっていた。それぞれの蔵屋敷には、国元から派遣された役人が詰めているのだが、彼らは互いに連絡を取り合って、政治や経済に関するさまざまな情報を交換し合い、さらにそれを国元へ知らせた。幕末の政治史に蔵屋敷が関わってくるのは、こうした諸大名家の間の情報ネットワークが、そこに存在していたからである。

幕末政局と大久保に、話を戻そう。文久二年（一八六二）の初め、薩摩の島津久光が率兵《そっぺい》上京を計画し、大久保がその準備にあたっていた頃、大坂薩摩邸には、諸国の激派浪士が集まっていた。知られた名前をあげれば、出羽浪士の清河八郎、筑前の平野国臣《ひらのくにおみ》といったところだろう。

一方、長州邸にも同じように、土佐の吉村寅太郎、越後の本間精一郎らが入り込んでいた。ちなみに、ここに名前をあげた四人は、やがて暗殺・戦死など全員が非業の死を遂げることになる。

久光上京の情報を得た彼ら激派は、これを機会に、攘夷討幕の兵を挙げることを計画していた。

もっとも、その先の具体的展望は立っていないし、そもそも計画自体もあいまいなものである。

久光や大久保にとって、これは迷惑至極なことだった。薩摩の動きが天下の注目を集め、諸国浪士からも期待されることは大いに結構だが、薩摩の狙いは、あくまでも正々堂々と将軍に改革を申し入れるところにあるのだから、浪士に下手に騒がれるのは逆効果である。

三月二十九日、大久保は久光に先立って上京する途中で下関にいたが、この日の日記に、こうした激派浪士らの動きが気掛かりだと書いている。彼にとって、行動計画は常に緻密《ちみつ》でなければならないのである。

寺田屋の惨劇

薩摩の島津久光が大坂に着いたのは、文久二年（一八六二）四月十日である。大坂邸にしばらく滞在したあと、十三日に伏見に着き、十六日には京都錦小路の邸に入った。ちょうど今の四条通の大丸の北側あたりである。大久保も、むろんこれに同行していた。

その頃大坂では、島津家の有馬新七・柴山愛次郎・橋口壮助らの激派が、諸国浪士らとともに、関白九条尚忠《くじょうひさただ》邸の襲撃計画を立てていた。九条関白は、もともと徳川よりの立場にあり、激派からは目の敵にされていた人物である。

これを知った久光は、家臣の奈良原喜左衛門・海江田信義《かえだのぶよし》を大坂に派遣して、有馬らの説得に

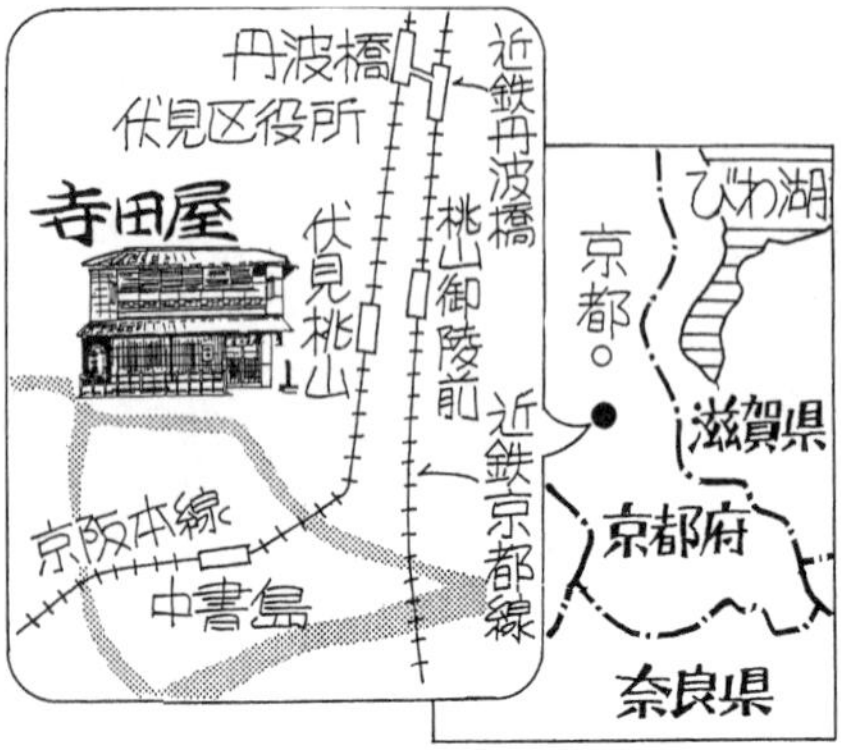

あたらせ、さらに大久保にその役目を命じた。十九日に下坂した大久保は、翌日に有馬らと会談し、朝廷もすでに久光の意向を受け入れて、将軍に改革を命じるつもりでいるのだから、決してことを早まるべきではないと説得にあたった。いかにも大久保らしい言い分である。有馬らもその場では一応納得した様子を見せたので、大久保は二十一日京都に戻った。

だが、これで収まるくらいなら話は簡単である。実際には有馬らは計画をあきらめるどころか、二十二日には久留米浪士の真木和泉《まきいずみ》を加えてますます気勢を上げ、二十三日夜に関白邸を襲撃することを決定し、その日の朝に大坂から伏見に移動した。

総勢四十人くらいと思われるが、首謀者の有馬ら十数人は船宿の寺田屋に入った。

大坂邸から急を告げる知らせを聞いて、久光は激怒した。こうした激派の行動は、どう見ても自分をないがしろにするものである。徹底的な鎮圧を決意した久光は、奈良原繁・道島五郎兵衛ら九人を選抜して、寺田屋に派遣した。いずれも薩摩に伝わる独特の剣法、示現流《じげんりゅう》の使い手である。

二十三日の夜、寺田屋に着いた奈良原らは、有馬らとしばらく押し問答していた。やがて、らちが明かぬと見て取った道島が、「上意」と叫んで橋口壮助に斬りつけ、乱闘が始まった。しかし、さすがに同じ家中のせいか一区切りついたところで収まった。

　これがいわゆる寺田屋騒動で、激派側は有馬ら八人が死に、討手側は道島一人が死んだ。現在、寺田屋の玄関脇に建つ「伏見寺田屋殉難九烈士之碑」は彼らを祀ったものである。

　その日の深夜、大久保は久光とともに錦小路邸で急報を聞き、応援に出ようとした途中で引き上げてきた討手と行き合い、邸に戻った。彼は乱闘の模様を含め、当日の状況を実に詳しくその日の日記に記しているが、まったくといってよいほど感情がこもっていない。大久保という人は、こういう時でも冷静なのである。

図６　伏見寺田屋殉難九烈士之碑

大久保利通旧邸

　寺田屋で激派を鎮圧したあと島津久光は、勅使大原重徳《おおはらしげとみ》を擁し、大久保らを引き連れて、文久二年（一八六二）六月七日江戸に下り、将軍に改革要求を突きつけた。要求のポイントは、英明の聞こえが高い一橋家の徳川慶喜《よしのぶ》を将軍後見職に、また越前の前当主松平春嶽《しゅんがく》を大老に就けることだった。

一橋家はいわゆる御三卿《ごさんきょう》のひとつで、将軍の家族であり、越前松平家は徳川家の縁戚にあたる家門《かもん》大名だった。もともと徳川家の制度では、老中などの役職は、家来である譜代大名が務めるもので、外様はもちろん、こうした親戚筋の大名も役職には就かず、政治に口をはさまないのが決まりである。だから、こうした要求は、例えて言えば保守政権の内閣に、革新政党からむりやりに大臣を送り込もうというようなもので、実現すれば権力の構造が大きく変わることになるのだった。

それだけに将軍にしても、簡単に承諾するわけはなかったが、ここで交渉に当たったのが大久保だった。大久保は持ち前の粘り強さを発揮し、勅使の大原を正面に立てながら、老中の脇坂安宅《わきさかやすおり》・板倉勝静《いたくらかつきよ》を相手に一歩も引かずに渡りあった。最後は暗殺をほのめかすような脅《おど》しの手まで使ったようである。

そのかいがあって七月初め、将軍は慶喜を将軍後見職に、春嶽を新設の政事総裁職に任命した。大久保は日記の七月六日の条に、「数十年苦心したことが実現して、夢のような心持ちだ。皇国《こうこく》の大慶、言語に尽くしがたき次第なり」と珍しいほどオーバーに、その感激振りを記している。もっとものこのとき大久保が押し上げるのに苦心した一橋慶喜が、のちに彼にとって最大の敵対者になったのは、皮肉なめぐり合わせというべきだろう。

その後、大久保にとっては東奔西走《とうほんせいそう》の日が続いた。久光一行は、目的を達して江戸から京都に戻る途中、横浜郊外の生麦で行列をさえぎったイギリス商人を斬り殺す事件を起こすが、そのせいで翌年七月には、鹿児島に押し寄せたイギリス艦隊と戦争するはめになってしまった。このとき、大久保は戦争の指揮にあたり、さらに講和談判や賠償金の支払いなどの後始末にも携わった。

その大久保は、慶応二年（一八六六）二月になると、京都に腰を据えた。御所の東側、石薬師門のすぐ近くに三十坪程の小さな家を構えたのである。寺町通と河原町通を結ぶ路地の中ほど、「大久保利通旧邸」という石碑の建つところが、その跡である。大久保は、この家で祇園の茶屋「一力《いちりき》」の娘、おゆうと暮らしながら、政治の世界に没頭してゆくのだった。

図7　大久保利通旧邸

大久保と、その盟友西郷のコンビのもとで、薩摩が徳川将軍家と最終的に対決するようになるのは、慶応三年（一八六七）に入ってからだ。前年の暮れ、あの一橋慶喜が十五代将軍の座に就いていた。かりに文久年間なら、薩摩にとってもそれは大いに歓迎すべきことだっただろう。しかし、事態はわずか五年で大きく変わってしまっている。薩摩に限らず諸大名勢力は、もう将軍職自体を廃止して徳川家も一大名にしてしまい、諸大名連合で国政の運営にあたろうとしていた。

その動きを中心になって担った薩摩は、慶応三年五月に、いわゆる四侯《しこう》会議を実現させた。四侯とは、薩摩の島津久光・越前の松平春嶽・土佐の山内容堂・宇和島の伊達宗城《むねなり》のことで、この四人の有力大名と将軍慶喜を対決させて、将軍の持つ政治的な権限を諸大名側に奪い取ろうとしたのである。

しかし、政治家としての力量は慶喜のほうが、この四人よりはるかに上手だった。結局、四侯会議は何の成果も挙げられないまま空中分解してしまう。薩摩が長州と提携を強めながら、本気で武力行使を考えるようになるのは、このときからである。

九月になると大久保は山口に行き、長州毛利家の敬親《たかちか》・広封《ひろあつ》父子と会見して出兵協定を結んだ。この協定では、九月中に薩摩兵が長州の三田尻港に着く予定だったが、鹿児島ではまだ出兵反対

図８　城中焼亡埋骨墳

の空気が強く、すぐには実現しなかった。その反対論を大久保は、朝廷から徳川慶喜討伐の勅書を手に入れることで押さえ込んだ。

さらに十二月九日には、公家の岩倉具視らと結んで、朝廷クーデターを決行し、王政復古とともに、「幕府等の廃絶」を宣言させた。

この辺りの大久保の動きは、かなり強引なように見える。しかし、二百六十年にわたって続いた

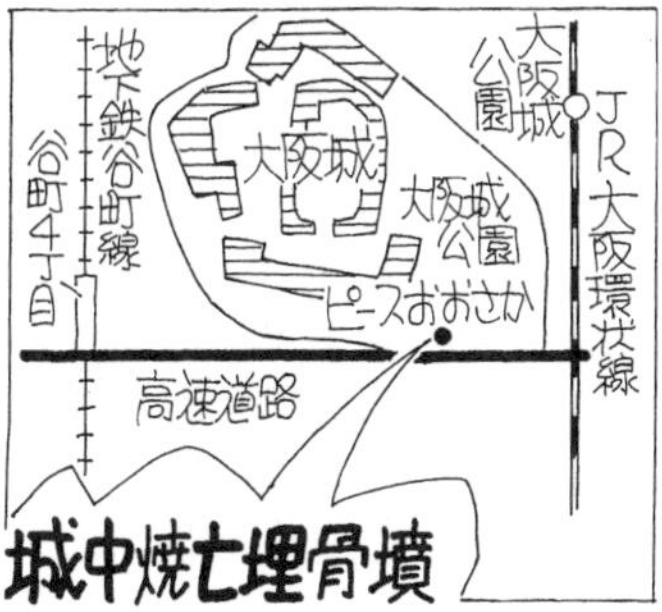

将軍の制度を廃止しようというときには、こうした不退転の気迫に満ちた態度が必要なのだろう。大久保はここまでくれば、何がどうあっても最後は武力で決着をつけねばならないと確信していたのである。薩長と旧幕府は、翌慶応四年（一八六八）正月三日、京都郊外の鳥羽・伏見で、ついに激突した。旧幕側の拠点大坂城が早くも陥落したのは、九日のことである。

現在、大阪城公園の一角に、「城中焼亡埋骨墳」と彫り込まれた石碑がある。中央大通りをはさんで日生球場跡地向かい側のあたり、木立に囲まれたなかに、それは無骨《ぶこつ》な姿を見せている。裏には、「慶応四辰歳七月　薩州長州　これを建つ」と刻まれているから、こうした碑にはめずらしく、当時のものであることが明らかである。

おそらく、大坂城が炎上したあとで入城した薩長軍が、残っていた旧幕側の遺体を埋葬したものだろう。武士の情けともいえるが、大久保をはじめとする薩長にすれば、それはまごうかたなき勝利の記念碑でもあった。

五代友厚と商都大阪

商工会議所と五代友厚

〃商いの町・大阪〃のキャッチフレーズは、明治になっても変わることはないが、その立役者・五代友厚《ごだいともあつ》を取り上げてみよう。現在、大阪市の中心部である松屋町筋《まっちゃまちすじ》を内本町二丁目交差点から北に五十メートルほど行ったところに、大阪商工会議所がある。その正面入り口わきにフロック・コート姿で立っているのが、会議所創立者、五代の銅像だ。明治維新にかかわって銅像が建てられている人物は多いが、商工業関係者として建てられるのは珍しいケースである。

友厚は天保六年（一八三五）、薩摩島津家の家臣、五代秀堯《ひでたか》の二男に生まれた。後に、いわゆる「政商」として知られるようになるが、もともと開明的な考えの持ち主で経済に明るく、幕末のころ、すでに二回の渡欧経験を持つ有数の外国通だった。

大久保利通とも親しい関係にあり、明治元年（一八六八）になってからは新政府の参与にあげられ、外国事務掛《がいこくじむがかり》となった。この当時の政府職制はまだ固まっていないから、説明は難しいが、要するに外務省の官僚と思えばそう大きな間違いはない。

図9　五代友厚の像

五代はそうした立場で、相次いで起こった外交問題の処理にあたった。たとえば、二月十五日に起きた堺事件。これは堺港の警備にあたっていた土佐藩兵が、上陸してきたフランス兵と衝突して十一人を射殺した事件であり、その解決に五代は大きく貢献した。

また、後に触れるように、神戸港と並ぶ貿易港として大阪港を開港することを決定する際にも、五代の意見が大きくものをいった。まだ東京遷都が行われる前で、大阪が外交折衝の現場だったときであり、これらのことから大阪と深くかかわるようになった五代は、元年九月には大阪府判事（後の知事に相当）になった。

薩摩の出身だから、その気になれば政界のトップまで上り詰めることもできたはずだが、五代は政治家より実業家になる道を選んだ。彼は、明治二年五月、会計官（後の大蔵省）権判事《ごんのはんじ》に任じられ、横浜転勤を命じられたことをきっかけに七月には官を辞し、大阪に腰を据えて事業を起こすことにしたのだった。

そのころには、外国事情に通じ、経済問題にも明るい五代の能力は、大阪の有力商人たちの間でも広く知られるようになっており、彼を大阪に引き留めるための運動が起きたほどだった。五代が大阪で設立や運営に携わった企業は多くあるが、染料の藍を製造する朝陽館などがよく知られている。

やがて、明治十一年（一八七八）九月には、大阪の主な実業家を集めて大阪商法会議所（のち、商業会議所を経て商工会議所）を設立し、初代会頭となった。『五代友厚秘史』（五代友厚七十五周年追悼記念刊行会／編・発行）によると、五代の銅像ははじめ、明治三十三年（一九〇〇）に大阪商業会議所が建てたが、第二次大戦中の昭和十八年（一九四三）に金属類回収のため献納され、戦後になってから昭和二十八年（一九五三）に再び建てられたものだという。

大阪開港と川口居留地

五代友厚は、明治元年（一八六八）の前半、外国官判事として大阪開港に大きく関わった。もともと大阪は、安政五年（一八五八）に諸外国と結ばれた通商条約で開市場《かいしじょう》とされていた。開市場とは、開港場（関西では神戸港）に居留する外国商人が、取引のため一時滞在を許可される場所である。

当時の制度では、貿易を行うため日本にやってきた外国商人が、日本国内で自由に商業活動を行うことは認められず、開港場に特別区域として設けられた居留地に住み、必要に応じて開市場に出かけることになっていたのだ。

神戸・大阪が、それぞれ開港場・開市場としてオープンされる時期は、一八六八年一月一日と定められていた。日本暦でいえば、慶応三年十二月七日にあたり、ちょうどあの王政復古政変の二日前という混乱期だった。一ヵ月ほどあとには、鳥羽・伏見で薩長と旧幕府との間で戦いが始まり、神戸港貿易の実務も大阪開市の処置も、あいまいなままで、新政府に引き継がれることになった。

外国側は、これを機会として、流通の中心地・大阪も開港してくれるよう新政府に求めた。しかし政府は、閏四月十三日、いったんこの求めを断ることを決定した。当時は、まだ排外熱が盛んなときであり、まだ一漁村にすぎない神戸ならともかく、日本を代表する大都市の港に外国人がつねに上陸するような事態は、いたずらに国内の人心を刺激するだけと見たのだ。

しかし五代は、この政府決定に敢然と反対した。彼の意見は、次のようなものである。すなわち、開港場といい、開市場といっても、実質的に大差があるわけではなく、ほとんど名目上の差にすぎない。それに神戸で陸揚げされた貿易品にしても、現実には大阪に運ぶことになるのだから、その運送に紛れて密貿易が行われる可能性が高い。むしろ、大阪を貿易港として、大阪で通関手続きを行う方が合理的だ、というのである。

政府はこの意見に動かされ、閏四月二十五日、あらためて大阪の「断然開港の筋御決定」を下した。そのあと五代は、外国領事らと交渉して「大阪開港規則書」を取り交わした。こうして大阪は、明治元年七月十五日を期して、国際貿易港として開港された。

開港にともなって、居留地も整備された。場所は川口である。中之島のすぐ下流で、安治川と木津川に分流する三角形の土地の先端部分にあたる。

現在は、市立本田小学校の西北隅に「川口居留地跡」という石碑が建っている。市制施行七十周年を記念して、昭和三十六年（一九六一）に大阪市が建てたものだ。居留地内の商館建築などは残っていないが、レンガ造りの川口基督教会の建物が、エキゾチックな当時の雰囲気を、わずかに今に伝えてくれている。

実業家に転身

明治元年（一八六八）九月に大阪府判事となり、大阪の都市行政にあたっていた五代友厚は、翌二年四月東京に上り、財政問題の処理に携わった。当時は、まだ廃藩置県（明治四年）が行わ

図10　川口基督教会
レンガ造りの建物が明治の雰囲気を漂わせている。

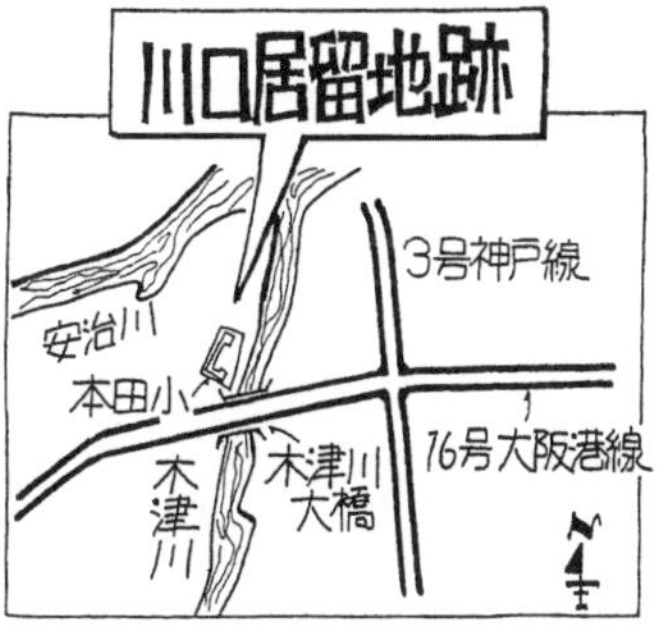

れる前で、政府直轄地の府または県と江戸時代以来の藩が併存していたが、藩には自立した行政体という側面が強く残り、財政に関しても独自に藩札や貨幣を発行したため、大きな混乱が生じていた。五代はそうした経済の混乱を収拾するため、手腕を発揮するよう求められたのである。

ところが、このころから彼は、国元の鹿児島から非難を浴びるようになった。表向きの理由は「生活が派手だ」といったものだが、外交や財政の面で台頭してきた文官派の五代に対し、武官派からは面白くないという見方があったらしい。

その結果、五代は五月に会計官権判事《ごんのはんじ》として横浜転勤を命ぜられた。事実上の左遷である。彼はこれを機会に政府の役人を辞め、民間の実業家に転身することを決意したのだった。

正式に退官するのは七月だが、それまでにも彼は、大阪で通商会社と為替会社の設立にあたった。この二つの「会社」は、現代でいう企業としての会社とは異なり、貿易商社と、それへの融資を図る銀行のようなものである。

とくに神戸・大阪が貿易港として開港されるにあたり、このような機関を設ける必要がある、ということは早くから認識されていて、すでに慶応三年（一八六七）六月に徳川家は、いわゆる「兵庫商社」を設立していた。大阪や灘の豪商に出資させた団体で、彼らを役人として組織し、阪神地域の貿易を一括して管理しようとしたのである。もっともこの兵庫商社は、間もなく将軍が廃止されたため、自然消滅のような形になってしまった。

明治政府もだいたい同じような構想で、貿易管理を行おうとした。この辺の政策についての発想は、明治政府と旧幕府でさほど変化があるわけではなく、むしろ共通性の方が強い。旧幕府と多少違うのは、ともかくも全国レベルでそれを実施しようとしたことだ。したがって通商会社や為替会社は、大阪だけでなく東京・京都・新潟など、貿易流通の全国的な拠点にあたる都市に設置された。

大阪の場合、この二つの会社は、両替商として知られる鴻池屋善右衛門ら数人の豪商が加わって八月に設立され、その事務所は中之島に置かれた。現在、大阪市中央公会堂の脇に「大阪通商会社　為替会社跡」という石碑が建っている。公会堂敷地の西南の隅にあたる木立のなかだ。五代は、設立の少し前に退官していたが、その後もこの会社の運営に何くれと気を配ったという。政府の役人として最後の仕事だっただけに、愛着があったのかもしれない。

神戸港貿易をめぐって

先に大阪の開港と川口居留地についてみたが、あわせて神戸にも触れておこう。神戸方面の開港も、大阪開市とならんで安政通商条約に定められていた。ただし条約文面で、その地名は「兵庫」と明記されている。兵庫は和田岬と湊川の間を指すから、正確にいえばその東側海岸の神戸とは別の区域である。

実際に外国側も、条約の締結後しばらくの間は開港されるのは兵庫港だと考えていた。文久元年（一八六一）五月、イギリス公使オールコックが開港予定地を視察に来たときも、その対象は兵庫港周辺だった。ところが、慶応元年（一八六五）九月、外国公使団が条約勅許を求めて兵庫に来たころから、兵庫港よりむしろ神戸村の海岸のほうが、貿易港として適地と見なされるようになった。兵庫港は古くからの港だが、それだけに人家が建て込んでいて居留地を設けるにも不便であり、それよりも神戸村の方が空き地が多くて開発しやすく、直前の海面も水深があって大型船の停泊に好都合なのである。

こうして徳川方と外国側の意見が一致し、慶応三年（一八六七）四月には、居留地も「神戸と生田川との間」に設けることが取り決められた。造成は九月から始められたが開港期日の十二月七日に間に合わず、完成は翌明治元年（一八六八）半ばまでずれ込んだ。

現在の神戸市内で位置関係をいえば、ちょうどフラワーロードと鯉川筋に挟まれた一帯で神戸市役所や市立博物館などが建ち並ぶオフィス街である。西北の隅にあたる大丸神戸店のかたわら、西側の歩道上に「神戸外国人居留地跡の碑」が、当時を模したガス灯と共に建てられている。

かつてここに建ち並んでいた外国商館の光景は、北野通の異人館を見ればよく分かる。いわゆる異人館は、居留地制度が廃止されてから見晴らしのよい山手に構えられた商館である。

話を明治元年に戻そう。大阪港貿易を担当していた五代と張り合ったのが、神戸港貿易を担当

図11　居留地15番館
居留地時代の建築として現存する唯一の建物。明治13年(1880)頃に建てられたという。

していた後の初代首相、伊藤博文である。長州出身の伊藤は、元年四月、「神戸開港場管轄、外国事務」にあたることを命ぜられ、さらに五月には外国官判事・兵庫神戸両所在勤となり、ついで兵庫県が設置されると、五月二十三日、初代兵庫県知事に任じられた。

その七月、輸出品の関税徴収をめぐって五代と伊藤の間でやり取りされた手紙がある。伊藤の言い分は「神戸港で課税すべき貿易品まで大阪港で課税しようとしているが、不都合ではないか」というのだが、五代は「それは誤聞であり、当方としては密貿易を厳しく取り締まっているだけだ」と回答した。

どうもこの辺のやり取りは、お互いに縄張り争いをやっているような感じもある。それぞれに、出身藩の薩長を代表するような対抗意識が、すでに芽生えていたのかもしれない。

「一歩先んじて進む」

明治二年（一八六九）七月、政府の役人を辞めた五代友厚は、本格的に事業に乗り出すようになった。その手始めが、金銀分析所の設立である。政府は新しい貨幣制度を確立するため、大阪桜宮に造幣寮（のち大阪造幣局）を設けたが、材料の金銀地金の不足に困っていた。五代はそこに目をつけ、諸藩が濫発《らんぱつ》していた質の悪い貨幣を全国から買い集めて最新の技術で精錬し、造幣寮に納入したのである。これが成功し、彼は一躍巨万の富をつかんだ。

五代はつねに人に向かって「一歩先んじて進むものは成功し、遅れる者は不遇に泣く」と語ったという（五代友厚七十五周年追悼記念刊行会／編・発行『五代友厚秘史』）。彼は、その精神でやがてコングロマリット（複合企業体）を築き上げるのである。

明治六年（一八七三）北区堂島に設立した弘成館による鉱山業が、その中核になった。彼は奈良県や三重県など西日本を中心に、多くの銅山・銀山を開発していった。後に「鉱山王」と呼ばれるのはこのためである。

こう書いてくると、いかにもやり手の実業家という印象を受けるが、その風貌については『日本の下層社会』の著者として知られる横山源之助が、興味深い言葉を残している。

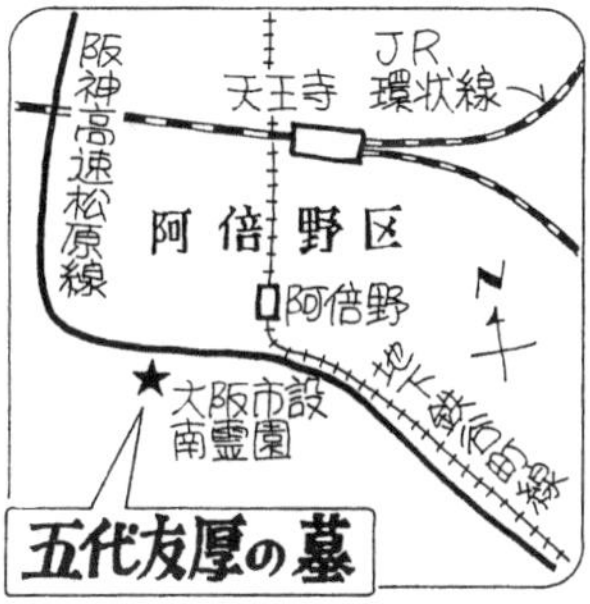

◀図12　五代友厚の墓

「五代という男は、商人としては随分目茶苦茶な男で、服装などは一向にお構いなし。普段着は、どの着物もどの着物も煙草の吸い殻で穴だらけ。洋服と言えば、夏季と冬季と一着ずつ。……私は実業家で、彼のような無頓着な男は、今に見ない。……談話が経済談にわたると、夢中になって自分の経営策を語るのが五代の通例じゃった」。近代日本経済の勃興期にふさわしいキャラクターが、目の前に浮かんでくるようだ。

鉄道事業に手を広げ、阪堺鉄道会社（現在の南海電鉄の前身）を興したのが明治十七年（一八八四）だが、その数年前から、彼は心臓の不調を訴えるようになっていた。糖尿病と診断され、翌十八年八月、治療を受けるために大阪の本邸から東京築地の別邸に移った。

ちなみに大阪の本邸は、中之島に新築されたばかりだった。現在の日本銀行大阪支店がある場所である。

しかし、五代は二度と大阪に戻ることはなかった。病状は意外に重く、九月下旬にわかに危篤に陥り、二十五日に亡くなった。満四十九歳である。遺体は、横浜から船に乗せて大阪に送られ、十月二日に盛大な葬儀が営まれた。会葬者は四千人を超え、中之島から阿倍野《あべの》の斎場に向かう葬列は一千四百メートルに及んだという。

現在、地下鉄阿倍野駅のすぐそば、広い大阪市設霊園の中でもひときわ大きく、「従五位勲四等五代友厚墓」と刻まれた墓標が建てられている。

堺事件と妙国寺

白塗の灯台

泉州堺（現在の大阪府堺市）は、昔から港町として知られた。とくに戦国時代には南蛮貿易の拠点として栄え、その名はヨーロッパにまで鳴り響いたという。江戸時代に入ってからは、徳川家の政策で大坂が流通の中心地とされたため、南隣にあたる堺港の比重はやや低下し、大坂港の補助的な位置に甘んずるようになった。

現在は埋め立てによる築港地帯が市の西側に広がり、海岸線の景観は大きく変貌しているが、それでも江戸時代以来の港は旧堺港として、ほぼ当時の形状を残している。港の入り口は西に向かって開き、かつては二本の波止《はと》（突堤）が沖に向かって突き出ていた。今ではその南側波止の先端にあたる位置に、見るからにアンティークな白塗りの灯台がポツリと建っている。

高さ約十一メートル。断面が六角形の木造尖塔という珍しい構造で、明治十年（一八七七）七月、日本初の洋式灯台として完成した。その後、一世紀近くにわたって使用され続け、昭和四十三年（一九六八）一月に廃止されたあとは、「史跡　旧堺灯台」に指定された。青い海面に白い灯台が映える光景は、まるでおとぎの国の塔のようで、港町・堺のシンボルにふさわしい、のびやかなムードを漂わせている。

図13　港町・堺のシンボルとなっている日本初の洋式灯台「旧堺灯台」

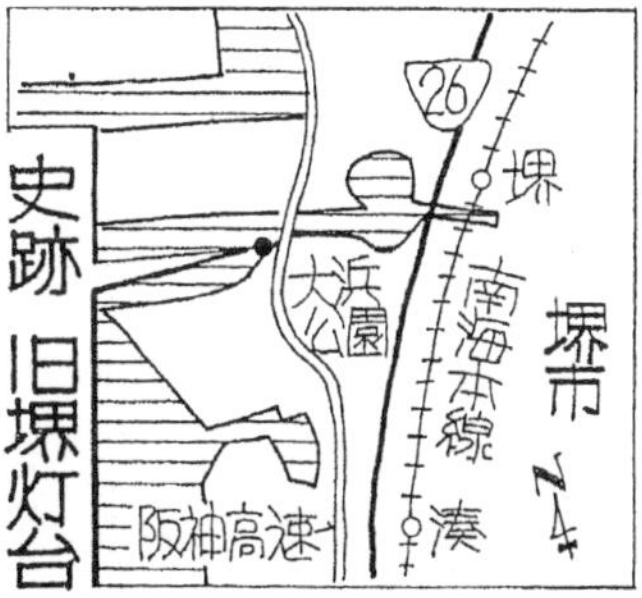

明治元年（一八六八）二月十五日、この堺港で血生臭い事件が起きた。市中の警備に当たっていた土佐藩士が、上陸してきたフランス水兵に発砲し、死傷者十六人を出したのだ。明治維新期を通じて最大の外国人殺傷事件であり、土佐藩士十一人が切腹するというショッキングな結末とあいまって、のちのちまで語り伝えられることになった。この堺事件の経過を、史蹟とともにたどってみよう。

事件の発端は、大阪湾に停泊していたフランス艦隊司令官のロア提督が、大阪に上陸した機会に堺の町を見物し、堺港から艦に戻ろうと計画したことだった。前年十二月七日、神戸開港とともに、大阪は開市場《かいしじょう》とされ、外国人の滞在や通行が許可されていた。堺もその付属地として、外国人の通行許可地となった。したがってロアが堺を通行しようとしたことは、条約や協定に違反する行為ではない。

二月十五日、ロアは兵庫副領事のヴィヨーとともに、政府の外国事務局が派遣した宇和島藩士らに付き添われて大阪を発ち、正午ごろ堺との境界にあたる大和川の橋に着いた。警備に当たっていたのは箕浦猪之吉《みのうらいのきち》が率いる土佐藩士だが、彼らはロア一行を問答無用で追い返した。土佐藩の警備隊は連絡不徹底のため、すでに堺が外国人通行許可地となっていることを知らなかったのだ。しかしこのとき、ロアを迎えるため、予定に従って軍鑑デュプレクス号から堺港に蒸気艇が派遣されようとしていた。

不可解な二時間

二月十五日の午後三時頃、大阪から陸路で到着するはずのロア提督を迎えるため、二艘のフランス艇が堺港に入ってきた。先に立つ一艘は水深測量用のボートで、その後に二十人の水兵を乗せた蒸気艇が続いた。港の奥に達した蒸気艇は、市内に続く水路の船だまりに接岸し、乗員は上陸したが、付近の岸壁にとどまっていた。ボートのほうはそのまま港内の測量を続けた。

政府の命で市中の警備を担当していたのは土佐六番隊と八番隊で、それぞれの隊長は箕浦猪之吉、西村左平次である。彼らがフランス兵に向かって発砲したのは、午後五時頃だった。

事件の翌日、箕浦と西村が政府にあてた報告書がある。これによると、「外夷、海浜において乱暴」しているとの通報を町人から受け、駆けつけて取り押さえようとしたところ逃げ出したので、逃がすまいとして発砲した、とされている。

しかし、この報告にはどう見てもつじつまの合わないところがある。それはすでに、大岡昇平が『堺港攘夷始末』(中央公論社、一九八九年)で指摘しているとおり、時間差の問題だ。蒸気艇の接岸が午後三時、発砲が午後五時とすれば、間には二時間ある。その間、土佐兵は何をしていたのだろうか。

先に大和橋でロア一行を追い返したことからすれば、フランス艇の入港と同時に退去させるのでなければ筋が通らない。あるいは用件を問いただし、ロアの迎えは不要になったことを説明して引き取らせるのが、最も穏やかな方法だろう。ところが箕浦らがこうした交渉を試みた形跡は一切見当たらない。

大岡の考証によれば、箕浦以下は接岸地点のすぐ前にある旭茶屋という料亭の二階で待機し、フランス側の動きをじっと監視していたのだという。なんのための待機だったのか、史料の上からは明らかにできない。しかし私の見るところでも、これは不可解な行動である。対応方針を決めかねていたのだろうか。

一方待ちくたびれた蒸気艇からは、艇長の許可を得た二人の水兵が、市内に向かって歩き始めた。私の推測だが、ロア提督の消息を尋ねるためではなかったか。間もなく土佐兵が現れ、行く

図14　土佐十一烈士記念之碑
篆額は伯爵田中光顕。
昭和3年(1928) 2月23日の建立。

手をさえぎった。二人は制止を振り切って逃げ戻ろうとし、艇では蒸気機関を始動しようとした。この動きが土佐兵に発砲のきっかけを与える結果になった。

いったん発砲が始まった後は、土佐兵も極度の興奮状態にあったと思われる。応戦する用意のなかったフランス兵は海に飛び込んで逃れようとしたが、その頭上にも銃弾が降り注いだ。

事件の現場は、現在の竪川《たてかわ》水門から、やや市内側に寄ったところで、南海本線堺駅のすぐ側である。「明治初年佛人撃攘之處」と彫られた小さな石標と並んで「土佐十一烈士記念之碑」が建っている。

生死を分けるくじ引き

発砲は間もなく中止され、土佐兵は市内中心部にあった陣所に引き揚げた。引き揚げを命じたのは、土佐警備隊の最高責任者で軍監の杉紀平太だろうといわれる。杉は後の切腹人数に入っていないから、発砲を命じた人物でないことは確かである。

残されたフランス兵の負傷者数人は、このすきにかろうじて蒸気艇を発進させると、測量ボートからの急報で駆けつけた救難艇にともなわれ、沖合に停泊する母艦のデュプレクス号にたどり着いた。

事件の政府宛第一報は、その晩のうちに大阪の外国事務総督に届き、外国事務局判事五代友厚を中心とする調査団が現地に派遣された。五代は調査を進めるとともに、行方不明者の遺体を海底から引き揚げさせ、軍艦に送り届けた。最終的に確認されたフランス側の死者は十一人、負傷者は五人、土佐側は死傷者なしだった。

公使ロッシュ、艦長トゥアール大佐をはじめ、フランス側が激怒したのは当然だが、軽率に報復行動を取るような事はしなかった。そのかわり日本政府に対し、土佐兵の発砲者全員の処刑、賠償金十五万ドル（十一万二千五百両）の支払い、土佐藩主の直接謝罪などの解決条件を強硬に要求した。政府と土佐藩は結局この条件を受け入れた。政府にしても土佐兵に行き過ぎがあったことは察していたし、それにまだ旧幕府側との交戦状態が続いているもとで、外交上のトラブルを拡大するわけにはいかなかった。ただし、処刑の人数は二十人に減らされた。この人数の根拠はあいまいである。

事件の翌日、土佐六番隊・八番隊は、取り調べのため大阪長堀の土佐藩蔵屋敷に移された。調べにあたって、約七十人のうち二十九人が発砲したと名乗り出た。箕浦・西村の両隊長にそれぞれの副隊長を合わせた四人は逃れようもないが、フランス側の要求する二十人に数をそろえるには、残り二十五人から十六人を選ばねばならない。そのため蔵屋敷の地内にある土佐稲荷神社の神前でくじを引き、該当者を決めることになった。白くじに当たれば生、赤くじに当たれば死。前代未聞のくじ引きは二十二日朝に行われ、切腹する者二十人が確定した。

この蔵屋敷の建物は残っていないが、屋敷の鎮守だった土佐稲荷は今も当時と同じ場所にある。現在の地名でいえば大阪市西区北堀江四丁目、市立中央図書館の西側にあたる。境内にはびっしりと桜の樹が植えられ、江戸時代から現代に至るまで花見の名所として知られる。くじ引きが行われた旧暦二月二十二日は、現代の暦では三月十五日にあたるから、開花にはまだ早い。ようやくつぼみが膨らみ始めたころだったろうか。

十一人で切腹中止

二月二十三日朝、箕浦猪之吉・西村左平次ら二十八人は、切腹の場所に定められた堺の妙国寺に向かうため、大阪長堀の土佐藩蔵屋敷を出た。前後を警備の兵士が固めた隊列は、住吉大社の前を過ぎて紀州街道を南へ向かう。この辺りのルートは、ほぼ現代の阪堺《はんかい》電車の軌道に沿ったものだろう。

一行が妙国寺に着いたのは正午少し前だった。この寺は永禄五年（一五六二）、戦国大名の三《み》善之康《よしゆきやす》によって創建された由緒ある大寺で、現在は阪堺電車「妙国寺前」駅を降りてすぐにある。現在の本堂は西に面しているが、これは再建されたもので、第二次世界大戦時の空襲で焼けるまでは南に面していた。箕浦らは、本堂北側の客殿に設けられた控え所に入って昼食をとった。

切腹は本堂南側正面で、午後二時ごろから始められた。控え所から一人ずつ順々に呼び出されるのだ。政府から検視として外国事務局判事五代友厚ら、フランス側から立ち会いとしてデュプレクス号艦長トゥアール大佐らが臨席している。最初の箕浦の切腹はすさまじいものだったという。その様子は後にさまざまな形で伝説化されるが、腹を切ってから絶命するまでの間、「攘夷」に関する自己の所信を叫ぶように述べたことは事実と思われる。

　切腹は西村左平次、池上弥三吉、大石甚吉と続き、十一人目の柳瀬常七が終わって、十二人目の橋詰愛平が座に着いた。ところがその時、トゥアール大佐は突然、「処刑」の中止を指示した。伝説では、あまりの凄惨さにフランス人が恐れをなしたため、といわれるが、実際には自国の死者に見合う十一人で中止させることをあらかじめ予定していた、というのが真相らしい（大岡昇

図15　英士割腹跡

平『堺港攘夷始末』)。また、日暮れが迫ったため、明るいうちに艦に戻ろうとしたという動機もあったようだ。

ともあれ、切腹の覚悟を決めていた土佐藩士二十人のうち、九人が助かったことは事実である。こういう時の当人の心境は、他人からはうかがい知れない。現在、妙国寺本堂の南側、南蛮渡来の大蘇鉄《そてつ》の前に「英士割腹跡」と彫り込まれた武骨な碑が建っている。数箇所がひび割れ、補修の跡が残る。裏面の文字は荒れてほとんど読み取れず、いつ、だれが建てたか確認しにくいが、形状や文字の様式から見て、事件後そう遠くない時期のものだろう。境内にはこのほかにも、「土佐藩十一烈士之英霊」碑と「佛國遭難将兵慰霊碑」(大正五年〈一九一六〉建碑)が並び、さらに「明治百年記念碑」として昭和四十三年(一九六八)に建てられた十一人の姓名を刻んだ碑などがある。記念碑類の多さからみても、さまざまな意味で人々の記憶から去ることがない事件だったことがうかがえる。

残念さんと土佐十一烈士

切腹した十一人の遺体は、妙国寺北側にある宝珠院《ほうじゅいん》に運ばれ、用意した大瓶《おおがめ》に納めて境内に埋葬された。その墓は現在も宝珠院にある。向かって右側から切腹の順番に従って十一基の墓碑が並んでいる。風化がかなり進んでいて正面に彫られた戒名は読めないケースが多いが、左側面に刻まれた俗名と死亡年月日はどれもきれいに残っている。左端にはすんでのところで切腹を免れた橋詰愛平の墓があるが、不思議なことに死亡年月日は他と同じで、年齢だけが実際の「行年《こうねん》四十一歳」になっている。橋詰が病死したのは明治二十二年（一八八九）だが、彼の心境としては皆と同じ慶応四年二月二十三日に死んだつもりになっていたのだろう。その傍らには「仏蘭西《フランス》兵士之碑」も残されている。

　土佐藩士切腹の噂は、当日までに大阪や堺の民衆の間に広まっていて、妙国寺の周りは大勢の群衆で取り巻かれていたという。藩士の墓所はたちまち参詣の対象になり、宝珠院でも遺品を展示して押しかける人々の要望にこたえた。民衆は切腹した十一人を「御残念様」、生き残った九人を「御命運様」と呼び、使われないまま置かれていた九個の大瓶にもぐりこんで「御命運様」の幸運にあやかろうとした。十一人の辞世などを記した刷り物が飛ぶように売れ、巷《ちまた》では「今度泉州堺で土佐の攘夷が大当たり、よかよか」と歌う「よかよか節」が大流行した。

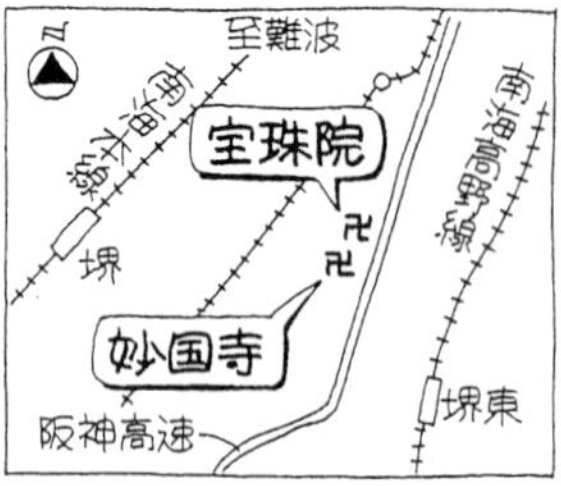

　事件に対する民衆のこのような反応をどう理解すべきだろうか。民衆は事件の正確な内容や十一人が切腹にいたる詳しい経過を知っていたわけではない。ただ、土佐藩士が〝何か〟のために犠牲になって死んだ、という受け止めかたをしていたのは間違いないだろう。

図16　ズラリと並んだ「土佐十一烈士墓」。境内には幼稚園があり、子供たちの遊び場の片隅にひっそりと残されている

その〝何か〟は、民衆にとって直接には目に見えなくとも、自分たちの生活にかかわりを持つある種の力であり、また状況である。それに立ち向かって犠牲になったからこそ、十一人は「御残念様」とされたのだ。やがて時代が下るにつれ、十一人の死にまつわる事実は、さらに伝承の衣をまとい、美化されていく。その墓所が「史蹟土佐十一烈士墓」として、「史蹟名勝天然紀念物保存法に依り」文部大臣の指定を受けるのは、日中戦争開戦の一年後、昭和十三年（一九三八）八月のことである。現代の私たちが明治維新を考えるに当たっても、時代状況の変化に応じて揺れ動く評価軸の推移の様を見極めることが大切だろう。

関西近郊に足を伸ばして

井伊直弼と埋木舎――彦根――

埋木舎の十五年

舞台を近江の彦根（滋賀県彦根市）に移して、青年時代の井伊直弼《いいなおすけ》に焦点をあててみよう。直弼は、安政五年（一八五八）六月に徳川家の大老として、天子の勅許を待たずにアメリカとの通商条約に調印し、さらにこれに反対する勢力に徹底的な弾圧を見舞ったことで知られている。つまり幕末史の中では、「悪役」のイメージが強いのだが、こうしたイメージには、旧幕府を攻撃する側が、明治になってから自分たちの行動を正当化するために作り上げた、という側面も多く含まれている。

人にはそれぞれ立場というものがあるし、ある行動を決断するにはそこに行き着くまでの成り行きもある。そうした意味での背景を抜きにして、決めつけたような評価を与えることは、歴史的なとらえかたとはいえないだろう。

直弼は、文化十二年（一八一五）十月、譜代大名の中でも筆頭の家格を持つ、彦根三十五万石の隠居で十一代井伊直中《なおなか》の十四男に生まれた。隠居、つまり前当主の十四男という立場は、たいへん微妙なところである。現役の当主の子供に生まれれば、お世継ぎになれる可能性もある。しかし直弼が生まれたとき、十二代当主は既に実兄の直亮《なおあき》が継いでいた。だから、直弼は最初からお世継ぎどころか、その候補にもなれないという運命を背負って生まれてきたのである。

こういう場合、一般にはどういうことになるか。どこかの家を継いでその当主にならない限り一人前とは認められず、したがって井伊家の役職につくこともできない、というのが当時の考え方である。だから、たいていは養子に行く。ほかの大名家に養子に行ければもっけの幸いで、そ

図1　埋木舎の玄関
建物は20世紀末に補修工事が行われ、公開されている。

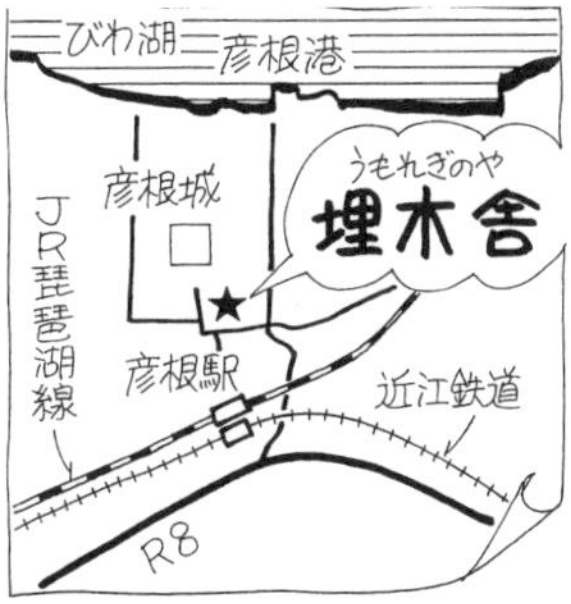

の口もなければ、家老の家を継ぐ。実際、直弼の兄たちは皆そうした形で収まりがついていた。

ところが、直弼と弟の直恭《なおやす》の二人だけは売れ残っていた。それでも、父の直中が元気なうちはその家族の一員だからまだよかった。天保二年（一八三一）十七歳のとき直中が死ぬと、それまで城内の欅御殿《けやきごてん》と呼ばれる豪壮な邸宅に住んでいた直弼は、一転して三の丸にある質素な屋敷に移り住むことになった。ここで、わずかな従者とともに、年三百俵ばかりの捨扶持《すてぶち》を受けて暮らすのである。

現在、彦根城の内堀の外側、多聞櫓《たもんやぐら》を望む一角に、「埋木舎《うもれぎのや》」と名付けられた武家屋敷が残っている。直弼は、自らを「埋もれ木」にたとえて、この屋敷をそう呼んだのである。こののち直弼は、三十二歳まであしかけ十五年にわたる歳月を、ここで過ごすことになるのだった。

「吾が師」主膳との出会い

埋木舎に移り住んだとき直弼は、「世の中をよそに見つつも埋もれ木の、埋もれておらむこころなき身は」という歌をよんだ。「こころなき身」は、一般に僧侶を指す。出家したように世俗のことには関心を持たず、ひたすらこもっているしかないと、直弼は自分に言い聞かせているのである。

しかし、その直弼にも思いがけず世に出るチャンスが訪れた。日向延岡《ひゅうがのべおか》七万石の大名、内藤家に養子に行く話が舞い込んできたのだ。埋木舎に移って三年後の天保五年（一八三四）七月、十九歳のときだった。

縁組話を進めるため、直弼は喜び勇んで彦根を発ち、江戸に向かった。ところがどういう事情か、結局養子に選ばれたのは弟の直恭《なおやす》のほうだった。兄弟のうちで、ただ一人置いてきぼりにされてしまった直弼のショックは大きかった。

落胆した直弼は、江戸邸の一室で『埋木舎の記』を書いた。その一節に、「ただ埋もれ木の籠もり居て、なすべき業をなさまし」とある。直弼は、「なすべき業」をなすことで、これからの生涯を送ろうと心に誓ったのだった。

このあと埋木舎に戻った直弼が打ち込むようになったのは、禅と居合、それに茶道である。禅については、井伊家の菩提寺でもある曹洞宗清涼寺の仙英禅師のもとで修行し、やがて允可《いんか》を得た。居合も、家臣の河西精八郎について鍛錬し、二十歳のころには新たに流派を立てるまでになった。茶道では、埋木舎のなかに「澍露軒《じゅろけん》」と名付けた茶室を構え、のちには『入門記』という茶道入門書を著している。

こうした修行を通じて、自らの生きる道を模索していた直弼が、ふとしたことから巡り合い、のちのちまで深くかかわることになった人物に、漂白の国学者長野主膳がいた。主膳の素性《すじょう》は当時から今に至るまではっきりしないが、伊勢国（三重県）の生まれといわれる。直弼とはちょうど同年配で、天保十年（一八三九）、二十五歳のころから、伊勢周辺の各地を遊歴し、国学を講じていた。

その名声を伝え聞いた直弼は、主膳が近江にやってきた天保十三年、彼を埋木舎に招いた。それが十一月二十日のことで、それから三夜にわたって主膳は埋木舎を訪れ、二人は夜を徹して語り合った。この会談で直弼は主膳の人柄と学識にすっかりほれ込み、主膳を「吾が師」と仰ぐようになった。

のちに直弼が十三代井伊家当主を継いだあと、主膳は家臣に取り立てられ、やがて大老の腹心として、徳川家の政治にも力を振るうようになるのだった。直弼と同じように非業の最期を遂げた彼の墓は、現在JR彦根駅に程近い天寧寺《てんねいじ》の境内、直弼の供養塔のかたわらにある。

図2　長野主膳墓
井伊家内部で処刑された主膳の墓石には、もともと名前が記されず、詠歌が刻まれた。奥の大きな墓碑は昭和37年(1962)、百周忌に建てられたもの。

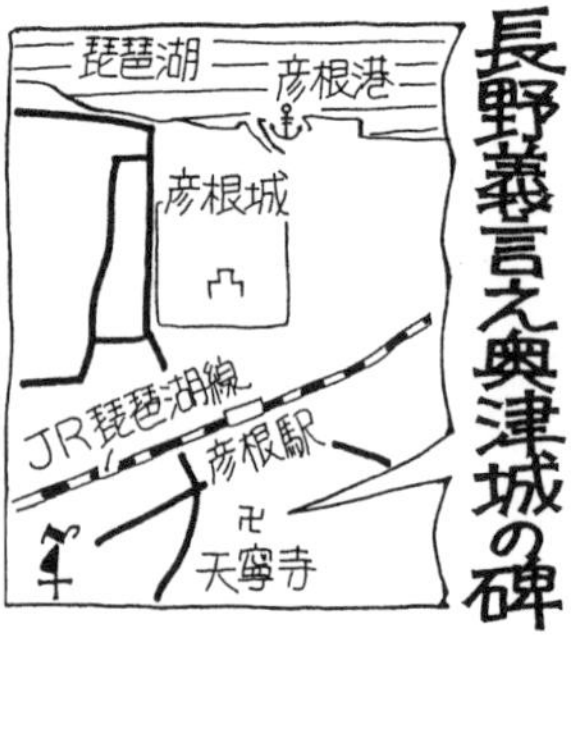

『花の生涯』

井伊直弼が埋木舎時代にかかわりを持った、もう一人の人物に村山たかという女性がいる。たかについては作家の船橋聖一が、小説『花の生涯』で取り上げ、後にNHKテレビが大河ドラマ化したことで広く知られるようになった。小説やドラマではかなりフィクションが混じっていて、たかの実像については、もともとよく分からない部分が多い。

たかが直弼と知り合ったのは、天保十年（一八三九）前後のことのようだ。たかは、当時三十歳ぐらい、直弼より五歳ほど年長である。もとは祇園の芸妓だったといわれ、京都で多田源左衛門という人物との間に男児をもうけた後離別し、このころは近江国犬上郡多賀神社の社僧、慈尊《じそん》のもとに身を寄せていた。

そのたかが、どのようないきさつで埋木舎に出入りするようになったのかは分からないが、少なくとも彼女が、人並みはずれた美貌と才気の持ち主だったことは間違いなさそうだ。埋木舎にこもる不遇の若殿は、その魅力にすっかり参ってしまったのである。

しかし、部屋住みとはいえ、大名の家族が市井の一女性と自由な関係を持つわけにはいかなかった。直弼が埋木舎時代に、老臣の犬塚外記《げき》にあてた手紙が『井伊家文書』のうちに残されている。それには、「慈尊が、そなたのもとに来るはずだが、何を言われても取り合わず、都合よくかたをつけてほしい。それが私のためだ」などと書かれている。これだけ見ても意味がよく通じないが、要するに、たかとうまく手が切れるように、犬塚に頼んでいるのだ。

これであっさり切れてしまうぐらいなら、話は簡単で、小説の材料にもならないだろう。実際には、直弼とたかの関係は、この後も続く。直弼が、たかについて直接言及している史料が、実はもう一点だけある。

先の手紙から十年ほど経った後、嘉永四年（一八五一）八月四日付けで、長野主膳にあてた手紙の下書きである。このとき直弼は、すでに当主を継いで、初めてお国入りした直後だった。

この手紙には「かのもの（たか）一体心得よろしからず、世上にも知られ候もののことにて、我ら（直弼）にもひたすら後悔いたし候」などと書かれている。今度こそ、本当に別れよう、というわけだ。それにしても、一国の大名が、こういう手紙を書き残している例を、私はほかに知らない。ある意味ではひどく親近感を感じさせる史料である。

さらにややこしいことには、このころからあと、たかはもっぱら主膳とかかわるようになった。後述するように、攘夷浪士が安政大獄への報復テロを始めたとき、たかは主膳の手先として活躍した、との理由で三条河原に生きざらしにされるのだった。

命を長らえたたかは、京都の北郊金福寺《こんぷくじ》（京都市左京区一乗寺）に入って尼となり、明治九年（一八七六）九月、その波乱に満ちた生涯を閉じた。彼女の墓は現在、近くの円光寺にあるが、金福寺にも遺品などが伝えられ、詣り墓が建てられている。

思いがけず当主に

人の運命は、本当に分からないもの。これは、よい意味でも悪い意味でもそうである。弘化三年（一八四六）、直弼は三十二歳にして、思いもかけず彦根三十五万石の世子《せいし》の座についた。もともと世子は、十二代直亮《なおあき》の実子、直元に定まっていたが、その年の正月、病気のため急死してしまった。直亮にはほかに実子がなかったため、実弟にあたる直弼を養子に迎え、跡継ぎとしたのである。

大名の世子は、江戸に住むことが決まりである。二月一日、直弼は十五年間にわたって住み慣れた埋木舎に別れを告げ、江戸に向かった。二十八日、将軍家慶から初めての目見えを受けるため、江戸城に上る駕籠の中で直弼は、「実にもって御高恩身に余り」、思わず感激の涙にくれるのだった。

やがて、直亮が嘉永三年（一八五〇）十月に亡くなると、直弼は晴れて十三代当主となった。三十六歳の冬のことである。その三年後、日本中を揺るがす大事件が持ち上がった。言うまでもなくペリーの来航であり、これをきっかけとして幕末動乱の幕が開く。

このとき徳川家内部での直弼の立場は、溜間詰筆頭《たまりのまづめ》というものである。江戸時代、すべての大名はその家筋によってランク付けがなされ、徳川家政治への関与の仕方もそれによって決まっていた。

図3　井伊直弼供養塔
暗殺の翌年に建てられたが、当時は公表がはばかられたという。

溜間詰とは、譜代の重鎮や徳川家と縁戚関係にある大名がランクされる地位である。直弼が最後まで徳川家を擁護する考えを持ち続けたことも、その立場や経歴からすれば当然だった。

直弼は、安政五年（一八五八）四月に大老になってからも、徳川家がすべての政策を決定する体制を守り抜こうとした。通商条約の「違勅調印」や反対派に対する弾圧も、彼なりの信念に基づいた行動だったのだろう。しかし、時代の状況はその信念とは異なる方向をたどりつつあった。万延元年（一八六〇）三月三日、水戸浪士らに登城の途中を襲われた直弼が、桜田門外の春雪を血に染めて斃《たお》れたことはよく知られているとおりだろう。その血が染み込んだ土は、四斗樽に詰めて彦根に運ばれた。

現在、彦根市の天寧寺にある直弼の供養塔は、その樽を埋めたうえに建てられたものである。

桜田門外の変から二年後の文久二年（一八六二）になって攘夷論が最盛期を迎えるようになると、それに反比例して、かつての直弼につながる勢力は最終的に力を失っていった。

腹心だった長野主膳が彦根で処刑されるのはその年八月二十七日、村山たかが京都市内の隠れ家を攘夷浪士に襲われ、生きざらしの辱めを受けるのは十一月十四日のことである。

勝海舟と海軍操練所——神戸——

勝海舟と摂海防衛

南海本線和歌山市駅から延びる商店街の大通りを、和歌山城の方角に向かって、ほんの数分も歩くと西側の横丁の角に、「勝海舟寓居地」という石碑がある。右の側面に彫り込まれた文字は、摩滅《まめつ》がひどくて読みづらいが、「文久三年、軍艦奉行勝安房守《あわのかみ》、紀州藩海岸防禦を監督するため、幕府より和歌山に派遣せられし時、此処に寓居す。時に門下の坂本龍馬もまた来たりて事に従う」と記されている。補足しておけば、勝麟太郎は文久二年（一八六二）閏八月、軍艦奉行並《なみ》に任ぜられた。軍艦奉行に昇任、「勝安房守」と名乗るのは、翌々年五月である。

海舟が和歌山に居た事実はあまり知られていないが、この碑文にみえるように、文久三年（一八六三）四月にしばらく滞在したことがある。このころ海舟は、すでに咸臨丸《かんりんまる》による渡米の経験も持っていて、徳川家内部でも海軍の第一人者だった。地位でいえば、海軍大臣のような立場である。

その海舟は、文久二年（一八六二）十二月、老中格の小笠原長行《おがさわらながみち》とともに、軍艦順動丸で江戸から関西に来ていた。このあたりの政治的背景はたいへん複雑だが、簡単に言うと、まもなく将軍家茂《いえもち》が上洛し、天子に対して攘夷の実行を回答する手はずになっていた。

つまり成り行きによっては、本気で外国側と戦争になりかねない雲行きであり、それにともなって、京都・大坂を外国艦隊から守るために、摂海《せっかい》（大坂湾）防衛計画が立てられた。

大坂湾は、地図を見ればすぐ分かるように、ちょうど淡路島がそれに蓋をするようなかっこうになっている。だから、湾の入り口は東西二ヵ所になって、東の方が紀州の加太《かだ》岬と淡路島の間の紀淡《きたん》海峡、西が瀬戸内海につながる明石海峡である。この両方の入り口に砲台を設けて、外国艦の侵入を防がなくてはならない。

海舟はこうした計画立案の中心人物となっていたのだ。彼の日記を見ると、文久三年四月四日の条に、和歌山行きの件が出てくる。和歌山で、紀州徳川家の家老をはじめ海防係り数人と、「友ケ島警衛のことを議す」という。友ケ島は紀淡海峡の中間にある島で、砲台を設けるには格好の場所だった。ついでながら、今は加太港から観光船が出ていて、釣り場やキャンプ場として人気があるらしい。

しかし海舟は、実は砲台を設けることに本心では反対だった。「海国の兵備、必ず海軍にあるべし」と、彼はいう。いくら砲台など造ってみたところで、海上を自由に動きまわる軍艦に対しては、威力がない。軍艦にはこちらも軍艦で対抗するしかない。それも徳川家の海軍ではなく、日本の海軍でなければならない、というのが海舟の持論だった。このあたりの鋭さは、さすが海舟だけのことはある。大局観が並ではないのだ。

海軍操練所の設立

海舟が、徳川家の海軍ではなく、日本の海軍を作らねばならないというのは、国家のあり方からいえば、日本は決して徳川家だけのものではない、という意味でもある。つまり、彼は海軍という組織を通じて、新たな国家を生み出すことを構想していたのである。神戸に海軍操練所を設けようというのは、その手始めだった。

海舟は、文久三年(一八六三)四月二十三日、将軍家茂がみずから順動丸で大坂湾を巡視し、途中で神戸に上陸した時に将軍から直接、操練所設立の許可を得た。

この操練所は、徳川家だけではなく、諸大名家からも希望者を募集して訓練をやろうというものだから、当然ながら徳川家内部でも反対は強い。そこで海舟はわざわざ将軍を説得して、直接許可を得るという場面を演出してみせたのだ。いかにも海舟らしい、政治家的な手腕である。

もっとも、だからといって彼の構想が簡単に実現したわけではなかった。徳川家が操練所の開設を布告したのはそれから一年あまりも経った、翌元治元年五月二十九日のことである。その布告には「今度、海軍術を盛大に興すため、摂津国神戸村に、操練所をお取り立てになったので、京都・大坂・奈良・堺・伏見などに住む徳川家の旗本や御家人の子弟はもちろん、四国・九州・中国辺の諸大名にいたるまで、有志のものは入所して、修行に励むように」とある。

こうして操練所は、当時はまだ辺鄙《へんぴ》な漁村だった神戸村の海岸に建てられた。場所は、いまの

図4　海軍操練所跡
昭和43年(1968)10月、兵庫県政百年記念として建てられたもの。

ホテルオークラ神戸のやや東側で神戸税関の前あたり、ちょうど阪神高速道路のすぐ下で、「海軍操練所跡」という、戦艦の大きな錨をあしらった記念碑が建っている。

　実際に、ここには西日本の諸大名の家臣が入所して訓練に励んだ。たとえば、薩摩から来たのが、伊東祐亨《すけゆき》や山本権兵衛だった。伊東は、のち日清戦争当時の連合艦隊司令長官、山本は日露戦争の時の海軍大臣である。もちろん、坂本龍馬も混じっていたし、のちに海援隊のメンバーとなる紀州の伊達陽之助（陸奥宗光）もいた。

　こういった面々が、いまのメリケンパークのあたりをうろついていたわけである。もっとも、当時はその辺には何もなかったから、気晴らしに行くなら兵庫の町まで出掛けたことだろう。海舟の思惑では、こうしたかたちで諸大名の家来たちが交流することも狙いの一つだったに違いない。それは、若者たちが大名領という枠を超えて、日本という国家について考える場でもあった。

和田岬砲台

勝海舟と神戸といえば、海軍操練所跡と並ぶ史跡に和田岬砲台がある。前に触れたように大坂湾の東の入り口は紀淡海峡だが、西の入り口は明石海峡で、この方面にも砲台を築くことが計画され、舞子から西宮辺りにかけての海岸線に数ヵ所が設けられた。海舟はこれらの砲台を設計し、設置場所を決定していった。舞子海岸にも砲台跡の標柱が建っているし、先に触れた友ケ島には、近代になってから整備されたコンクリート製砲座の跡が波に洗われている。それらのうち、当時の姿を最もよく伝えているのが和田岬砲台である。

場所は現在の三菱重工業神戸造船所の構内にあたり、正門の受付で見学を申し込むと、担当者が親切に案内してくれる。今は周囲に防潮堤が作られているため見晴らしがよくないが、幕末当時は海に突き出すような地形になっていて、遠くの海面を見渡せた。

それは、一目見て異様な印象を受ける建造物だ。御影石《みかげいし》の大きなブロックを十段にわたって積み重ね、直径十五メートル、高さ十一・五メートルにも及ぶ巨大な石造の円塔である。内部は二層になっていて、上層の周囲に十個ほどの砲門が設けられている。着工は文久三年（一八六三）三月で、完成まで一年半かかり、費用は二万五千両という。

西宮のヨットハーバー近くの海岸にも、これとほぼ同じ構造の石造砲塔が残っているが、こちらのほうは今はさびれた感じで、砂浜にぽつんと建っている。

図5　和田岬砲台
巨大な石積みの砲台である。

こうした頑丈な砲台は、当時の人々の目には、いかにも威力がありそうに見えただろう。ところが完成したのち、試射をしてみたら砲煙が内部に立ち込めて用をなさなかったともいわれ、実際に砲が据え付けられることさえなかったようだ。

あとになって考えてみれば、ずいぶん無駄な手間と費用をかけたものだが、海舟にしてもこうした設備が本当に役に立つと思っていたわけではない。本音では、砲台などいくら造ったところで敵弾の的になるだけだと考えている。

それなら、なぜわざわざ造ったのかということになるが、要は政治的な理由である。海舟の構想による海軍の建設は、そう短い期間では完成しない。文久二年閏八月に、軍艦奉行並《なみ》（補佐）に任ぜられたばかりの頃、将軍の御前会議で、軍艦数十隻を備えた徳川海軍の建設計画を示された海舟は「このように盛大な海軍を整えるには五百年かかります」と答えて、居並ぶ重役たちの度肝を抜いたものだった。

「五百年」というのは海舟一流のはったりだが、操練所での海軍士官養成にしても時間がかかるのはたしかである。だからといって、海防のための備えをおろそかにしておける政治情勢ではない。その点で、見た目にいかにも強力そうな砲台は、海防の充実をアピールするためにはうってつけだった。

海舟の政治的立場は、徳川家内でも反主流であり、海軍に関する技術を買われているだけである。そうした状況のもとでみずからの志を実現しようと思えば、手を変え品を変えの術策も必要だった。海舟はその方面でも達人なのである。

天保山沖の観艦式

元治元年（一八六四）秋九月、和田岬などの砲台も竣工し、海軍操練所の運営にも目鼻がついて、海舟の海軍構想は順調に進展しているかのように見えた。しかし、そのころ背後の政局は大きく変化しはじめていた。

前年の文久三年八月十八日政変で、薩摩・会津両者によって京都政界から追放された長州系攘夷論勢力は、この元治元年七月、巻き返しを狙って京都に攻めのぼったが、逆に返り討ちにあって領地に追い返されたうえ、「朝敵」にされてしまった。

こういう事態になって一番喜んだのは、勘定奉行小栗忠順《ただまさ》らを中心とする徳川家内部の強硬派である。彼らは、あくまでも徳川家権力の再強化をめざしていたから、諸大名連合の海軍を作ろうという海舟とも対立関係にあった。

だが、長州が攘夷論を唱えて京都政界で猛威を振るっていた時は、それをはばかって海舟の動きも黙認していたのだ。その長州が勢力を失ったことは、彼らにとって態勢立て直しのチャンスであり、逆に海舟の立場はいっぺんに危ういものになってしまった。

九月十一日、海舟は薩摩の西郷隆盛と初めて大阪で会談した。残念ながら、正確な場所は分からない。このとき西郷は、徳川家が組織した征長総督府《そうとくふ》の参謀であり、長州征討を進めようとしていたのだが、徳川方の内情を聞くため、海舟を訪問したのである。

この会談は、幕末史の上に大きな転機をもたらした。海舟は、徳川家主流派の方針を包み隠さず打ち明け、すでに徳川家は政権を担当する力がなく、これからは「共和政治」で行かなければならないと西郷を説いた。「共和政治」とは諸大名連合のことであり、この海舟の言葉を理解した西郷は、それまでの考えを改めて、長州征討を妥協的に終わらせるようになるのである。

しかし海舟は、この会談から一ヵ月ほど後、江戸に呼び戻されて軍艦奉行を罷免され、やがて操練所も閉鎖されてしまうのだった。海舟の構想は、彼自身の手で実を結ぶことはなかった。

将軍が廃されたのちの明治元年（一八六八）三月二十六日、明治天皇は安治川河口の天保山岸壁で、新政府海軍連合艦隊の航進を親閲した。参加したのは、佐賀藩の電流丸を旗艦とする西南諸藩六隻の軍艦である。

今は海遊館に近い天保山公園の一角に「明治天皇観艦之所」という、高さ十メートルもありそうな大きな碑が立っている。それは、海舟から見れば、自身の構想が新政府によって実現されたことの記念碑だったともいえるだろう。

海舟が、江戸開城をめぐって西郷と生涯二回目の会談をしていたのは、この海軍親閲に先立つ十日ほど前、三月十三日から十四日にかけてのことであった。

図6　明治天皇観艦之所
「日本一低い山」天保山の山上に建つ。後方は阪神高速道路湾岸線の天保山大橋。

吉村寅太郎と天誅組――大和――

草莽の挙兵

この頃には「草莽《そうもう》」と呼ばれる、浪士や農民出身の活動家が、それぞれ集団を作って政治活動に加わっていった。もっとも、政治的な立場はさまざまである。

徳川方の集団としてよく知られているのが新選組だが、逆に反徳川側に立って、文久三年（一八六三）八月に挙兵し、わずか一ヵ月ほどで壊滅してしまったのが天誅組だった。ここでは、この天誅組とその首謀者吉村寅太郎にスポットをあてていこう。

京都の高瀬川沿いに南北に延びるのが木屋町通だ。一方、市の中央を東西に走る三条通が高瀬川をわたる橋を、三条小橋という。その三条小橋すぐ北に「吉村寅太郎寓居之址」という碑が建っている。

ついでに言うと、そのかたわらに「武市瑞山《ずいざん》先生寓居之跡」の碑が建っているのだが、どうやらこちらの方が有名らしい。瑞山武市半平太は、芝居に出てくる月形半平太のモデルである。「先生」がつくか、つかないかの違いは、死んだ後でも知名度にかかわってくるようだ。

吉村もやはり、生まれながらの武士ではない。天保八年（一八三七）四月、土佐国高岡郡津野山郷（高知県高岡郡津野町）の庄屋の家に長男として生まれ、わずか十二歳で庄屋の職を継いだ。

成人してからも「人をそらさぬ世慣れた人物」と言われるようになるが、子供の頃からの経験が大きくものを言ったのだろう。

その後、郡内各村の庄屋を務めたが、そのかたわら真崎滄浪《まざきそうろう》という人物に入門して漢学を学び、さらに土佐勤王党の首領・武市瑞山に近づいて、その勤王思想に共鳴するようになった。滄浪は「酔狂御免の学者」と言われるほど型破りな人物だったが、文久二年（一八六二）六月、山内容堂が勤王党を弾圧し始めたとき、青蓮院宮との関係を追求され、真っ先に切腹に処された。

吉村は文久二年、二十六歳の正月に土佐を脱け出して西日本各地を旅行し、筑前（福岡県）では、すでに名を知られた活動家だった平野国臣《ひらのくにおみ》と会って、有志による挙兵計画を知らされた。いったん帰国した吉村は、三月には長州に赴いた後大坂に下ったが、寺田屋事件（本書七一頁参照）に連座したかどで薩摩島津家に捕まり、土佐山内家に引き渡されたうえ、牢内に監禁されてしまった。

やがて十二月に赦免されると、翌文久三年二月、三度目の国抜けを決行し、京都に潜入した。木屋町三条に下宿するようになるのは、この頃からである。

おりから将軍家茂《いえもち》が、天子からの攘夷実行の要求に答えるため、三代家光以来じつに二百三十年ぶりの上洛をしようという矢先である。吉村はこうした情勢のもとで同志と語らい、攘夷実行から、さらに進んで「討幕」の先駆けのため、義軍を起こそうと計画し始めた。

天誅組、出陣す

文久三年（一八六三）四月、将軍は公家側からの強硬な要求に応じて、来る五月十日を期限として、攘夷を実行すると回答した。ここでの攘夷実行とは、貿易を中止し、在留の外国商人もすべて退去させるという意味である。

現実の問題として、それはできるはずもないことだが、こういう方向に局面をリードして行ったのは、実は長州を中心とする攘夷論グループだった。彼らは三条実美《さんじようさねとみ》をはじめとする朝廷内部の急進派と結び付き、朝議をも左右しながら将軍を窮地に追い詰めようとしていたのである。

長州毛利家は攘夷期限の五月十日、たまたま関門海峡を通りかかったアメリカ船を砲撃し、みずから真っ先に攘夷戦争の火ぶたを切った。その一方、朝廷を動かし、八月十三日には大和行幸《ぎようこう》の詔《みことのり》を出させることに成功した。この大和行幸とは、孝明天皇みずから攘夷祈願のため大和の神武天皇陵に参拝し、さらに「御親征」のため軍議を開く、というものである。

ここでいう「御親征」とは、天子自身が軍勢を率いて夷狄を征伐する、という意味のはずだ。しかしそうは受け取らず、「幕府」を討つ、という意味に解釈したものも結構多かった。その代表が吉村寅太郎である。彼とその同志は天子親征の先鋒として、大和方面で挙兵しようとしたのである。

その主なメンバーは、吉村をはじめ、備前（岡山県）の藤本鉄石、三河刈谷（愛知県刈谷市）の

図7　繫船の榁
堺事件の起きた場所と同じ所である。

松本奎堂《まつもとけいどう》、のちに本書Ⅲ「人と生きざま」で詳しく触れる河内（大阪府）の伴林光平《ともばやしみつひら》といったところだ。総勢約四十人で、そのうち十八人が土佐の出身である。

彼らは青年公家の中山忠光を盟主に仰ぎ、八月十四日の夕刻、京都をたった。出立に臨み、吉村が郷里の母親にあてた手紙が残っていて、「人に後れをとっては、家を捨て、国を去った事の申し訳も立ちませんので、この度天朝のおんため、中山公を大将として義兵を挙げることになりました」と書かれている。

この手紙に限らないが、彼らが書き残したものから具体的な目標や行動計画をうかがうことは、まずできない。よく言えば純粋、悪く言えばたいへん観念的なのだが、そうした動機だけで行動できるというのが、この時代の持ったエネルギーである。

伏見から淀川を下って大坂に出た一行は、翌十五日、長州に行くと偽って大坂港から船を出し、沖合で舳先を転じると堺港に上陸した。現在、旧堺港の奥、市内に通ずる竪川《たてかわ》の南岸に「天誅組義士上陸蹟」という石碑が建ち、そのかたわらには彼らが上陸したとき船を繋《つな》いだという楡《にれ》の木も残っている。南海本線堺駅すぐ西側で、対岸にはリーガロイヤルホテル堺がある。

五條代官所を攻略

堺港に上陸した天誅組の一行は、現代でいえば国道三一〇号にあたるルートを南下して河内富田林《とんだばやし》（富田林市）に入り、土地の豪農水郡善之祐《にごりぜんのすけ》邸に着いた。水郡も、もともと吉村と気脈を通じていた人物で、武器弾薬などの調達にあたっており、この後彼らと行動を共にする。軍装を整えた天誅組は、さらに千早峠を越えて大和五條（奈良県五條市）を目指した。

五條は現代でも、河内長野市から至る三一〇号、吉野町方面からの三七〇号、それに京都から奈良を経て和歌山に及ぶ二四号の各国道が集中する地点である。幕末当時は、これに吉野川水運の拠点という性格が加わった交通の要衝で、吉野郡はじめ五郡四百ヵ村、七万石の徳川家領を支配する代官所があった。天誅組は、挙兵の手初めにこの代官所を占領して大和南部を天朝御領とし、天子の行幸を迎えようとしたのである。

襲撃が行われたのは、文久三年（一八六三）八月十七日の夕刻だった。代官所は、もともと行政事務をとるための役所だから兵力は全くない。いきなり襲われて、ろくに抵抗する暇もなく代官の鈴木源内ら五人が斬られて死んだ。

　この鈴木代官は、五十年配の温厚な人物で、領民の気受けも良かったという。地元の人々も気の毒に思ったらしく、やがて墓が建てられた。五人の墓は今も市役所の裏手、市営極楽寺霊苑の一角に苔むしている。

　天誅組は代官所を焼き払うとその少し東にある櫻井《さくらい》寺を本陣とし、「御政府」の看板を掲げ、さらに高札を立てて五條代官所支配地はすべて御領とし、今年の年貢は半分にすることなどを宣言した。

　この櫻井寺は、現在のＪＲ和歌山線五條駅のすぐ西南にあり、門前に「天誅組本陣跡」と彫った大きな石碑が建てられ、境内には「天誅組義挙殉国諸霊供養碑」がある。ちなみに五條駅付近

図８　天誅組本陣跡
櫻井寺の境内は当時より、南側が大きく狭められている。

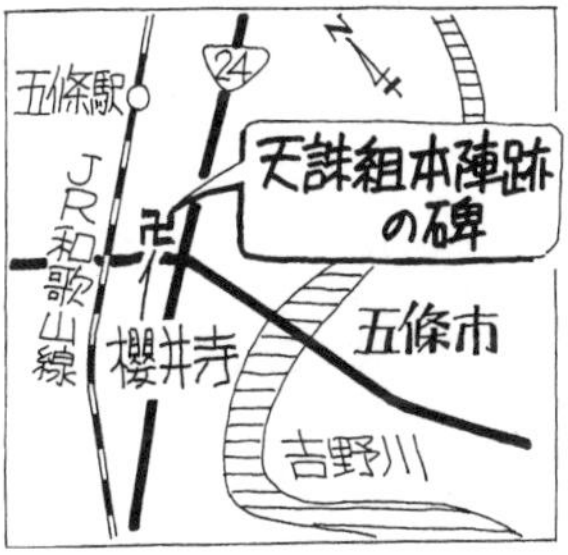

でも、とくに二四号と吉野川に挟まれた新町通の一帯は、旧街道の町並みがよく保存されている。また、近くの史跡公園内には、代官所の門も残されているが、これは焼き払われた後で、徳川家が再建したものである。

こうして五條に「御政府」を建てた天誅組は、大和南部一帯を支配下に収めた、と少なくとも自分たちの間では考えた。彼らは改めて内部組織を整え、中山忠光を主将、藤本鉄石・松本奎堂・吉村寅太郎の三人を総裁とする人事などを決定した。しかし、すでに代官所を襲撃した当日、京都の情勢は大きく変わろうとしていたのである。

なお、「天誅組」という名称は、この前後から周囲が呼ぶようになったもので、彼らが自称していたわけではない。

十津川郷に転陣

天誅組が五條代官所を攻略した翌日の文久三年（一八六三）八月十八日、京都では薩摩・会津両者によって、長州系攘夷論勢力を一掃する政変が決行された。これによって、三条実美ら急進派の公家は、長州勢とともに長州に落ち延び、大和行幸も中止されてしまった。

この報が櫻井寺の天誅組本陣に伝わったのは、十九日になってからのようだ。こうなると、大和行幸から「討幕」親征の先鋒を務めるつもりでいた天誅組の立場は、まるで二階に上がってハシゴを外されたようなものになった。「畝傍《うねび》山そのいでましを玉襷《たまだすき》、かけてまちしは夢かあらぬか」とは、伴林光平《ともばやしみつひら》の歌である。天子がおいでになるのを、たすきがけで待っていたのは夢だったのか、という意味だ。

天誅組内部でも意見は二つに分かれた。一つは、こうなったからにはいったん解散し、再挙の日を待とうというもの。もう一つは、政変はあくまでも一時的な事態の変化に違いないから、このまま挙兵の状態を続けるべきだ、というものである。後者の論を主張したのが吉村寅太郎だった。議論の末、方針は吉村の論に定まった。

しかし、このまま五條に居座るわけにはいかない。事態が逆転した以上、追討軍が派遣されるのは目に見えているが、五條は周囲に平地が広がり、交通の便も良すぎて、攻めるに易く、守るに難い地勢である。このため、本陣を十津川郷《とつがわごう》に移転させることになった。

十津川郷は、紀伊半島の中央部にあたる山岳地帯で、飛騨白川などと並ぶ日本四大秘境のひとつである。それに何よりも、南北朝内乱時代（十四世紀）には、後醍醐帝の皇子、大塔宮護良《おおとうのみやもりよし》親王《しんのう》がたてこもったことをはじめ、南朝方の基盤になったところだ。

こうした由緒は、三百年後の幕末にまで受け継がれていて、十津川郷士の間では尊王論が盛んだった。天誅組は、このような背景を踏まえた天然の要害に拠ろうとしたのである。

現在、五條市から南に下り、大塔村・十津川村を経て和歌山県新宮市に至る国道一六八号が、かつての西熊野街道にあたる。五條駅前から二十キロほど進み、新天辻《てんつじ》トンネルを抜けた東側、尾根の頂上あたりの小さな広場に、「天誅組本陣遺趾」という石碑が建っている。かたわらには、「鶴屋治兵衛翁碑」があるが、鶴屋は屋敷を本陣として提供した、この土地の豪商である。

現代の道路は山の中腹を切り開いて造られるが、明治以前には山道は尾根伝いに走っていた。この石碑のあるあたりは、かつては天川村方面からの道が交差し、天ノ川辻と呼ばれた。十津川郷の入り口にあたる、この要地に本陣が移されたのは八月二十日である。

最後の突撃

天辻峠に本陣を定めた天誅組は、十津川郷に対し、有力郷士を通じて協力を求めた。八月十八日政変の情報をまだつかんでいなかった十津川では、義兵であることを信じて協力を誓った。集まった十津川勢は、農兵を交えて千人以上といわれる。

一気に勢力を増した天誅組は、京都守護職の命で追討に押し寄せた津の藤堂・彦根井伊・紀州徳川などの諸大名の軍勢と、天辻峠から五條・高取方面にかけての各所で戦いを繰り広げた。この一連の戦いで八月二十六日、大和高取城に夜襲をかけた際、吉村寅太郎は負傷した。味方の撃った銃弾が、誤って下腹に命中したらしい。吉村が手当てを受けた重坂《へいさか》村の西尾家には、このとき着ていた血染めの肌じゅばんが、今も伝わっているという。

しかし、天誅組の奮戦にもしょせん限界があった。次々に新手が加わる追討軍を支えきれず、九月十四日には天辻峠を放棄して、十津川の奥地に後退しなければならなくなった。さらにまずいことに、十津川郷士が離脱を通告してきた。十津川郷でも、情勢がすでに変化し、天誅組が追討の対象になっていることをようやく知ったのである。

十五日朝、主将中山忠光は、上野地《うえのじ》の本陣でついに解散を宣言した。伴林光平が、のちに獄中で書いた「南山踏雲録《なんざんとううんろく》」には、谷水を汲みあげ全員で別れの水杯を交わした、と記されている。

十津川勢が離れた後、天誅組は元の三十人ぐらいの人数に戻った。忠光は、以前から紀州新宮方面へ抜け、船で長州へ落ち延びることを考えていたようだが、もはやその方面は封鎖されている。さらに、十津川郷からも退去を要求された以上、郷内に留まることもできなかった。

忠光を中心とする本隊は、十九日から二十日にかけて大峰山系の笠捨山《かさすてやま》を東に向かって横断し、東熊野街道に沿った北山郷に出た。現在の下北山村で、旧街道は国道一六九号にあたる。これを北上して現在の桜井市方面に出る以外、吉野山系からの脱出ルートは残されていない。負傷が悪化していた吉村寅太郎は、駕籠に揺られてそのあとを追った。

九月二十四日、忠光一行は鷲家口《わしかぐち》（現在の東吉野村小川）にたどり着いた。しかし、ここにもすでに彦根井伊家の兵が陣を敷いていた。覚悟を決めた彼らは決死隊を先頭に強行突破を図ったのである。この日の夜、敵陣に斬り込んだ天誅組は、藤本鉄石・松本奎堂・吉村の三総裁をはじめほとんどが討ち死にし、逃れて長州まで落ち延びたのは忠光ら数人だけだった。

現在東吉野村には、小川からやや東の鷲家にかけての各所に彼らの墓や戦死の地の碑が建てられている。吉村の墓は、戦死した場所と明治《みょうじ》谷《だに》墓地の二ヵ所にある。辞世として、「吉野山風に乱るるもみじ葉は、わが打つ太刀の血煙と見よ」という歌が伝えられるが、後人の作であろう。

図９　吉村寅太郎墓
正四位追贈後の墓碑。それ以前の墓碑も、背後に安置されている。

図10　天誅組終焉之地
小川から鷲家に至る県道16号沿いに建つ。付近には関係の記念碑類が実に多い。

江華島の砲台――韓国――

平成十年（一九九八）一月二十五〜二十六日、私は韓国江華島を訪れた。江華島は李氏朝鮮時代後期に、フランスとの丙寅洋擾《へいいんようじょう》（一八六六）、アメリカとの辛未《しんび》洋擾（一八七一）など、欧米諸国の侵攻を受けて、抗争事件の舞台となった場所である。また、日本との関係では、軍艦雲揚が付近の砲台と交戦した江華島事件（一八七五）で知られる。この事件は、日朝間に最初の近代的条約として江華条約が締結される（一八七六）きっかけとなったものだ。現在は、それら諸事件の記念碑が建てられ、また各所の砲台が復元されて史蹟公園のように整備されている。

一般論として、歴史的な事件の経緯を理解しようとする際、現地の状況を確認することは極めて重要である。その土地の地理的な関係や景観を体験的に知ることは、文献史料を読むだけでは決して得られない、洞察の手掛かりを与えてくれる。今回の私の江華島訪問も、そのような狙いによったものであるが、その際の状況をまとめ、簡単ながら調査の記録としておきたい。

江華島はソウルから北西約七十キロメートルに位置する、面積約四百三十五平方キロメートル程の小島で、十四世紀には高麗の首都が置かれていた。内陸部にある京城が李氏朝鮮の首都となって以後は、そこから江華島北辺に流れ入る漢江が交通運輸の便を担い、外洋に面する同島は京城の玄関口のような役割を果たしていた。十九世紀に外国から侵攻の対象となるのは、こうした歴史的な位置関係によるものである。現代の江華島は、都市化の進んでいない農村地帯だが、その地理感覚をそのままあてはめると、かつては首都防衛の要地だったことを見落とす結果になろう。

島と本土を隔てるのは、幅数百メートルからせいぜい一キロメートルほどの水道であり、現在は江華大橋が架けられている。島のすぐ北側に軍事境界線があるため、軍用と思われる立派な道路が通り、恒常的に検問が行われている様子だが、私の乗った車両（往路はタクシー、復路はバス）は止められることもなかった。島内でも、江華府のあった辺りは観光地化されていて、ソウルから出るバスの終点にあたるターミナル付近には土産品店が立ち並んでいるが、砲台のある海岸べりはあまり人影もなく、交通も事実上タクシーに頼るほかない。

江華大橋たもとの南側には「丙寅洋擾　江界砲手戦捷紀念碑」が建てられていて、そのすぐ海岸寄りに「江華島歴史館」があり、雲揚の写真パネルなど、簡単な資料を展示している。その脇が甲串砲台で、後に述べる広城堡と同様に復元された胸壁と、展示品の大砲がある。海面を見下ろすと、ちょうど干潮時と見え、海底の泥土が広く現れていた。砲台部分以外の岸は、緩い斜面

図1　1745年に建てられた要塞の門(復元)

で灌木が生い茂っている。

現代の韓国で発行されている地図を見ると、史跡としてマークされている砲台跡は、島の周囲ほぼ全域にわたり、十数ヵ所を数えることができる。私が今回、実際に見ることができたのは右記の甲串砲台と、東岸の水道中央部に臨む広城堡砲台周辺だった。以下、この広城堡を中心に、構造などの概況を確認しておくことにしよう。

広城堡は島内最大の砲台で、五ヵ所の小砲台が連携した構造を持ち、「要塞」と呼ばれる場合もある。現状は一九七七年に復元されたもので、遊歩道なども敷石で整備されている。周囲は全体が石積み胸壁で囲まれ、入り口に当たる部分には城門風の楼閣（原建築は一七四五年）が建ち、「按海楼」と書かれた

図2　展示されている大砲

額が掛けられている。

胸壁にうがたれた入り口をくぐって内部に入ると、水道に直面して第一の小砲台がある。形状は直径三十メートルぐらいの真円形で、これも石積み胸壁で囲まれている。海に面した部分には砲座が三ヵ所設けられ、胸壁の開口部から砲身が突き出すような構造になっている。中央部に大中小三種類の大砲が一門ずつ置かれているが、これは旧状を復元したものではなく、史跡としての展示品である。

江華島には、十七世紀から砲台があった模様だから、十九世紀まで継続的に改修が加えられていたはずであり、構造的にもかなり変化が見られたものと思う。砲台の復元にあたり、厳密にはどの時点での状態を想定しているのか必ずしも明らかでないが、立てられている案内板や石碑類は、十九世紀後半の「洋擾」に関するものだから、その当時を復元したものと見てよいだろう。

砲台としての構造を考えた場合、石積み胸壁は水平弾道に対する防御には有効だが、放物線を描いて落下する曲射弾道に対しては効果が薄い。十九世紀半ばならば、艦載砲でも曲射が可能だから、これに対抗する陸上砲台は砲座上部を土嚢《どのう》などで覆う必要がある。この砲台はそうした構造を持たず、いわゆる暴露《ばくろ》砲台に近かったと見られる。

展示品の大砲も複製品と思われるが、十九世紀後半時点で使用されたものを正確に模造しているかどうかは断言できない。最も大きい砲でも車輪付きの先込め式野砲タイプであり、照準器や駐退装置はなく、十九世紀後半に実際に使用していたとすれば旧式である。この当時でもとくに対艦攻撃用なら、正確な照準のもとで連続射撃を行うために照準器と駐退装置は必須である。

近代的砲台の場合、大砲の性能とならんで重要な要素をなすのは、照準システムである。とくに、この広城堡のように数ヵ所の小砲台を連携させて機能させるためには、中心となる弾着観測所と各小砲台を連絡し、照準を連動させて統一した射撃指揮をしないと効果はあがりにくい。最も高い位置にあるのは、入り口の「按海楼」だが、これが単なる見張り所ではなく、観測所として用いられていたかどうかは判断する手掛かりがない。

一般論だが、この統一射撃指揮のシステムは、砲撃技術において前近代と近代とを分かつ最も重要な点であり、これを実用化できていたかどうかは、技術の導入と消化のレベルを図る際の目安とも言える。日本の場合でも、必ずしも実用化できていたとは言えないが、復元状況から判断する限り、江華島の砲台も十八世紀以前の性能を脱していないように見受けられる。

実際に丙寅洋擾（一八六六）、辛未洋擾（一八七一）の場合とも、フランス・アメリカの陸戦隊に上陸されているが、それはこれらの砲台が対艦防御において、あまり効果を発揮できなかったことを示すと見てよいのではなかろうか。江華水道は干満の差が大きいことでは世界的に有名なほどであり、もともと大型艦は水道中央部まで進入できないから、十九世紀段階での砲台設置地点としては、広城堡は効率のよくない場所である。全くの推測だが、最初に設置されたのは十七世紀頃ではなかろうか。

広城堡は、水道に長く突き出した小砲台を持ち、その回廊のような形状から、とくに「龍頭墩」と呼ばれている。砲台としては、石積みの堅固な構造だが、やはり上部覆いのない暴露砲台であるうえ、先端部の面積は狭く、大型砲の設置には不向きである。実用的には見張り所としての意味合いが大きかったのだろう。実際、その先端部に立つと、水道入り口付近まで見渡すことができる。

「龍頭墩」の付け根付近には、「双忠碑閣」という額の掛かった小堂が建ち、中には、「鎮撫中軍魚公在淵殉節碑」「廣城把守殉節碑」の二つの石碑がある。辛未洋擾の際に、陸戦で戦死した魚在淵将軍ほかの将兵を祀ったものだ。

江華大橋たもとの「丙寅洋擾　江界砲手戦捷紀念碑」とともに、こうした記念碑類は、資料として見た場合、いつ誰によって建てられたか、という点が重要だが、現在のところその点を確認できていない。内容から判断する限り、「韓国併合」(一九一〇)以前の建碑と考えられるが、石碑そのものは真新しく、復元されたものだろう。つまり、日本による植民地統治時代には撤去されていたか、あるいは荒れるにまかされていたのかもしれない。

このほか石碑として、「辛未洋擾殉國無名勇士碑」「江華戦蹟浄化記念碑」が建てられているが、これらは明らかに最近のもので、とくに後者は史蹟として整備されたことを記念したものだ。また、それ以外には、いわゆる無名戦士の墓として「辛未洋擾戦亡將兵侍郎　殉節墓壇」がある。このように記念碑類は、辛未洋擾に関するものが多く、それが陸戦を中心とする激しい戦いだったことを示している。

広城堡を中心とする江華島砲台の現況は、おおむね以上のとおりである。私が見聞する限り、現代の日本人旅行者はもとより、韓国国民の間でも、この地が史蹟としてとくに大きな関心を呼んでいるわけではなさそうだ。しかし、十九世紀の東アジアと西欧との接触というテーマを考える場合にも、それが戦いという形をとって現れた場所として、この島は記憶されるべき地点である。そうした意味からも、現地を踏んだことの収穫は私にとって大きかった。

II　兵士と戦い

戊辰戦争と諸隊

近世社会と軍事力

明治維新期を通じて、争乱という言葉があてはまる事態は三回生じた。一回目は慶応二年（一八六六）六～八月の征長戦争、二回目は慶応四年（一八六八）正月から翌明治二年五月にかけての戊辰《ぼしん》戦争、三回目は明治十年（一八七七）二～九月の西南戦争である。これらの戦争では、とくに戊辰戦争の頃から、「隊」と呼ばれる組織が、あい戦う双方の側に共通して軍事力の中心となっていた。そうした諸隊の成立は、近世（江戸時代）から近代（明治時代）へと移り変わる、この時期において、どのような意味を担っていたのだろうか。

その問いに答えるためには、視線を近世の成立期にまでさかのぼらせねばならない。もともと明治維新に先立つ一八〇〇年代初期までの日本には、外敵と戦うための軍事力は存在しなかった。この点は、現代の私たちがややもすると勘違いを起こしがちなところなのだが、近世社会のシステムの中に、固定した軍事力として位置付けられる組織があったわけではないのだ。それはいわゆる戦国時代が終わり、徳川家が征夷大将軍職を世襲する体制が整うにつれ、社会の中に〈将軍の威力により、外敵はすでに完全に制圧され、また大名同士の争いも起きない〉ことを前提とするシステムが定着したためである。

その定着の時期は、おおむね元禄期（一六〇〇年代末）である。その頃までに、かつて戦国大名の家来として機会あるごとに実戦に携わっていた将兵の子孫たちは、武士身分として各大名家臣団に編成されていた。彼らは〈戦うもの〉であることを職能上の理念としていたが、現実には行政を担当する役人となった。

こうした状況は徳川家であれ、ほかの大名家であれ、だいたい同じである。職制においても、たとえば大番組・馬廻組、あるいは小姓組といった名称で、戦闘員としての組織が設けられているが、実際にその構成員が主君の御馬廻りを固め、馬前で討ち死にする機会は失われている。その意味で、こうした番組編制は、武士が〈戦うもの〉であることをみずから確認するための制度として重要には違いないが、現実の戦闘組織とは別のものと見なければならない。

宝永・正徳・享保期から天明期まで、大きく言えば一七〇〇年代を通じて、日本はこうした状況下にあった。〈四海、波穏やか〉な時代が続いたのである。ところが、一七〇〇年代末から一八〇〇年代初期にかけ、穏やかだったはずの四方の海に波風が立ち騒ぎ始める。

日本に限って言えば、寛政四年（一七九二）ロシア使節ラクスマンの根室への来航が最も早い例だが、それ以前一七〇〇年代後半から、イギリス・フランス・ロシアは東アジア大陸（清国）へ接触の頻度を強めつつあった。徳川将軍家は、そうした情報に極めて鋭敏である。なぜなら、「海外夷狄」を制圧していることこそ、征夷大将軍にとって権威の源泉であり、諸大名を臣下として服従させる支配の根拠だったからだ。その原理を揺るがせ、「墨夷」アメリカに自由交易を許す安政五年（一八五八）の「日米修好通商条約」調印が、徳川家にとって命脈にかかわる問題になるのは当然のことだろう。

ともあれ、こうしたロシアを始めとする西欧諸国側の行動が明らかになるにつれ、日本側では「海防」が課題とされるようになった。ところが、さきに述べたように外敵と戦うための軍事力は存在しない。そのため、身分としての武士を戦国時代以前の戦闘員に戻し、現実に稼動する軍事力を創り出さねばならなくなるのである。

ただしその場合、徳川将軍家が率先して、「海防」軍事力を整備するということにはならない。征夷大将軍家は、言わば日本全体の総司令部であり、みずから前線に出ることはない。最初に外敵に当たるのは、システムのうえで総司令部から最も遠い位置にある部隊であり、具体的に言えば外様大名である。その典型的な例が長州毛利家だった。

長州「神器陣」と諸隊

毛利家は、外敵と戦うための軍事力創出を早くから開始した大名家だった。その創出のもとになるのは、当然ながら武士身分なのだが、そこに大きな問題が生じる。つまり、武士をまとめあげている家臣団の編成原理と、新たな軍事力の組織原理とが矛盾をきたすことだ。そのことを少し具体的に説明してみよう。

毛利家に限らないが、大名家臣団は家格と禄高という、相互に関連しあう二つの要素を基準に編成されている。まず家格から言えば毛利一門六家を筆頭に、永代家老二家・寄組《よりぐみ》・大組……無《む》給通《きゅうどおり》などの順に士分だけでも十七階級に分けられ、それとは別に禄高として百石以上（約六百六十家）・七十石以上（約二百家）・五十石以上（約三百四十家）・四十石以上（約四百七十家）・三十九石以下（約九百二十家）の五ランク分けがある（士分合計二千五百九十家）。さらに、この下に足軽約三千人がいた。

この二つの基準の関連は一様ではない。「大組」士を例にとれば、禄高ではすべての家が四十石以上に入るが、なかには格下の「無給通」士より少禄の家もある。ただし、武士の格付けとして家格と禄高のどちらが優先するかと言えば、それは家格である。もともとは禄高の大小と直結していた家格が、時代を経るにしたがって禄高との間にズレを生じたと考えてよいだろう。

以上のことが、新たな軍事力創出とどう矛盾するのか。そもそもの出発点は、軍事技術の発達にある。軍事は『孫子』の時代から、「それ兵は国の大事、死生存亡の道、察せざるべからざるなり」と言われたように、国にとって最大の課題の一つであり、その時代において最先端の技術が真っ先に導入される政策分野である。一七〇〇年代後半は、ヨーロッパにおいて科学技術の発達が著しい時代だったが、それはまず軍事に応用され、大砲・小銃の性能が飛躍的に向上するとともに、均一の性能を持つ火器の大量生産が可能になった。その意味からすれば、新たな軍事力とは、高性能で大量の大砲・小銃を完全に使いこなせる組織のことである。

分かりやすくするため、小銃を例に取ってみよう。組織論としての観点から見れば小銃は、日本で戦国時代に実用化されていた鉄砲とは別の兵器である。鉄砲はもともと、言わば弓の貫通力を強化し、命中率と操作性を高めたような兵器だ。弓を巧みに射るためには長期間にわたる技術習得が必要だが、鉄砲ならば短期間の訓練で操作に慣れることができる。早く言えば鉄砲は、誰でも使える〈火力を応用した弓〉であり、兵器としての本質が異なるわけではないから、組織としても、弓組足軽をそのまま転用できる。鉄砲足軽は、戦国大名の家来として、戦闘員の身分では最下層に位置した。その対極の最上層には、自分の家来を従えた騎馬武者があるが、近世大名家臣団のあり方は、そのような編成を制度的に固定化したものという側面が強い。

これに対し、小銃を装備した兵を中核とする軍事力を作るためには、大名家臣団の編成とはまったく異質の組織原理に立つ必要がある。まず小銃兵は、その組織内部においては、一兵卒として完全に平等な身分でなければならない。それは、大量生産された均一な能力を持つ戦闘員である。その兵を数十人単位でまとめた集団を作り、それを指揮する士官一人ずつを置く。兵は士官の指揮に従って、散開・接敵・射撃・突撃の動作を行う。つまり、こうした意味での近代的な軍事力とは、大量の訓練された兵と、それに比較してごく少数の士官とを結び合わせて編成される組織である。このような組織を一八〇〇年代の人々は、主にヨーロッパの軍事テキストを通じて学び、名付けて「隊」と呼ぶようになる。その諸隊組織が、家格と禄高を編成原理とする大名家臣団と適合しないのは明らかだろう。

しかし一八〇〇年代初期の日本では、その不適合ぶりは、まだはっきりと自覚されていない。近代的な軍事力がどのようなものかは、それを創り上げようとする過程で、次第に理解されてゆくのである。毛利家の場合、その試行錯誤の過程を示すのが、天保改革の指導者として知られる村田《むらた》清風《せいふう》が文化十二年（一八一五）に考案した「神器陣」だった。清風によれば、「神器陣の陣形は車台大筒を中心として左右に十匁筒、三〜四十を備え、刀槍の数隊をその後に配置し、大筒小筒こもごも乱射して敵兵の色やや動くを機として、刀槍の諸隊は硝煙濛々《もうもう》の間より突然出現して敵兵を討つものにして」どれほどの強敵でも必ず敗走させられる、という。

まるで絵に描いた餅のような軍陣だが、清風にしても、これが本当に有効と信じていたわけではない。この構想に基づき、やがて天保十四年（一八四三）四月、萩郊外の羽賀台において毛利家の全士卒を総動員した大操練が行われる。それは二百年以上にわたって凍結されていた戦国毛利勢の復活とも言えるが、清風が唱えたのは、その復活のための呪文だった。呪文には、それにふさわしい神秘性が必要なのであり、「神器陣」という時代がかった名称が考案されるのも、そのためである。

そうして復活させた毛利勢に真の生命力を吹き込むためには、高禄の家臣をも足軽と同様に一兵卒として小銃を持たせ、士官の指揮に従わせることが必要になってくる。そこで障害となるのが、家格と禄高を基準とする武士の格付けだった。

羽賀台操練にあたって下された黒印令状（毛利家当主の命令状）の一条に、「持ち方に言寄せ、虚病を構え、古格を破るべからず」とある。「持ち方」とは家格に基づく職制といった意味だが、高級家臣のなかには、毛利家中総動員の操練が内に抱える家格無視の方向性を敏感に感じ取って、それに反発する動きが強かったのだろう。毛利家政府は、そのような高級家臣の動きを、「古格」を楯に抑え込もうとした。つまり、現在は高禄微禄の差がついているにしても、戦国時代以前には、家臣は皆一兵卒だったのだ、という理屈である。逆に言えば、こうした理屈を持ち出さないと、操練への家中総動員すらできなかったのだ。近代的軍事組織の確立には、いまだ程遠い状況と言うべきだろう。

図1　奇兵隊編制（元治2年2月、総員数303名）

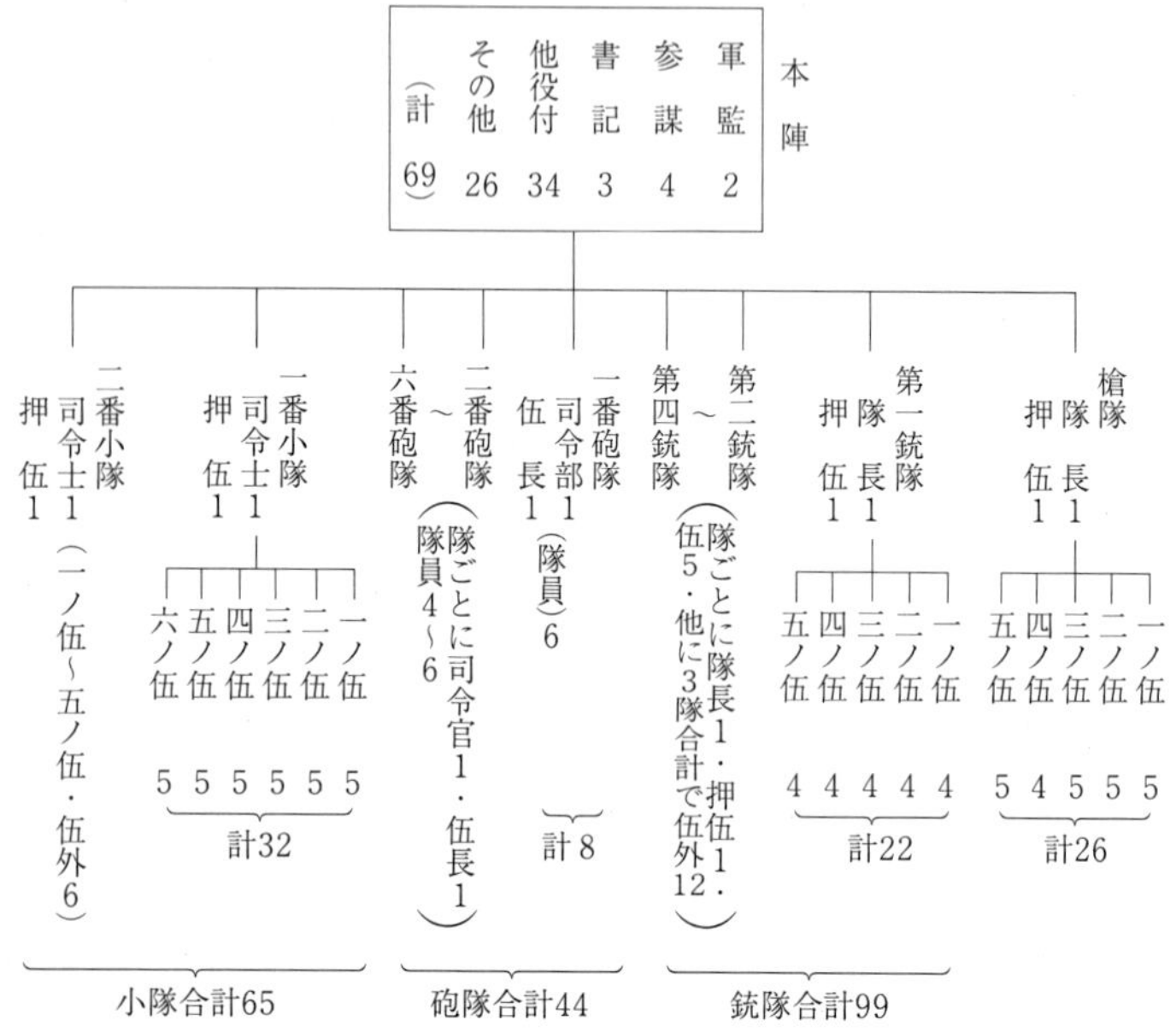

表　諸隊内部編制（元治2年1～2月、総計人員1637名）

隊　名	本陣詰	銃隊	砲隊	槍隊	小隊	地雷隊	付属隊	その他	計
奇兵隊	69	4隊·44	6隊·44	1隊·26	2隊· 65				303
御楯隊	12		3隊·23		4隊·148		多治比隊·84	10	277
遊撃隊	27		4隊·23			1隊·19	3隊·145	25	239
集義隊	3		1隊· 4					24	31
南園隊	10	1隊·33	4隊·31		1隊· 33	7		8	122
鴻城隊	37		38		6隊·211	10		30	371
八幡隊	11	（不明・砲なし）228					狙撃隊·46	9	294

注：『諸隊惣人員帳』（『資料　幕末馬関戦争』所収）から作成。
　膺懲隊・第二奇兵隊については不明。

そのような段階を経て、毛利家は嘉永六年(一八五三)二月、「人張定《ひとばりさだめ》」・「武具定」を制定した。各家臣が禄高に応じて負担すべき軍役人数と、携行する兵器の種類数量を詳細に定めたものである。この定めが実際に運用される機会はなかったと思われるが、この時点で大砲・小銃が主要兵器となり、それに見合う組織が必要なことも、ようやく明らかになった。陸軍先鋒隊・水軍先鋒隊・馬廻り警衛隊が設置されるのは、その三月である。これら諸隊は、手廻り組士・大組士から二十歳以上三十五歳以下で身体強壮な者を選抜して編成されていた。家格そのものが消滅したわけではないが、家臣団編成とは別に、個人の能力を選抜基準とする組織が発生したのだった。

ついで文久三年(一八六三)六月、下関での「攘夷」戦争にあたり、このような組織原理を徹底させた軍事力として奇兵隊が設立された。よく知られているように、奇兵隊は出身身分に関わらない、武士農商混成の軍隊である。したがって家格や禄高は最初から関係が無く、士官・兵とも個人として、能力次第で任用される。同様な身分混成の諸隊は、合計九隊が設置されるが、それが軍事力として有効だったのは、下級武士や農民町人の革新的エネルギーを吸収したからというより、組織原理が近代的軍事力としてのそれに適合していたからである。

士族から徴兵へ

毛利家諸隊がその強力さを証明したのは、慶応二年(一八六六)六~八月の征長戦争だった。

この戦争で徳川方征長軍を迎え撃った毛利家方は、家臣団もすべて隊編成されている。それでも、大組士と足軽を同じ一つの隊で一兵卒とするわけにはいかないから、それぞれの家格ごとにまとめた隊を作り、そのなかで兵卒化するのである。

それら諸隊は、散開と小銃射撃を基本とする散兵戦術を採り、隊編成が進んでいない征長軍部隊を各戦線で圧倒した。その実績は、全国の大名家が軍事力として諸隊を編成する最終的なきっかけとなった。このことは〈刀槍による戦いは、もはや時代遅れになった〉という表現でとらえられがちだが、本質から言えば、銃砲を活用するための人間集団のシステムが確立し、その有効性が実戦の場で証明された、ということである。

その学習を経た後の戊辰戦争において、参戦した大名家の軍は、すべて「大隊」・「小隊」などの軍隊区分を持った諸隊組織となっていた。装備する兵器は、むろん銃砲である。一例として慶応四年（一八六八）五月十五日、彰義隊を掃討した上野戦争に、政府軍一部隊として加わった鳥取池田家の場合を見てみよう。

池田家から参戦したのは三コ小隊と付属の丹波山国隊で、「いずれも小銃を使用」し、総督府参謀河田左久馬（池田家臣）が総指揮をとった。一コ小隊は、八十六人で編成され、司令官一人が置かれている。戦闘法は典型的な歩兵の戦い方で、大砲・小銃射撃によって敵の抵抗を排除しながら散開して前進した。最終局面で上野黒門を攻撃するとき、指揮官河田は、肥後細川家の砲兵隊による支援射撃を受けながら、「機を見て（鳥取）藩兵を一括して吶喊《とっかん》し、黒門右手の高堤を奪い、発砲刀撃、遂に薩州兵と共に一斉門内に乱入」して攻略した。

池田家死傷者名簿によると、この戦いで即死者五人、負傷者十七人（後に死亡四人）を数えるが、死傷原因の内訳は、「破裂弾創」四人、「弾創」十七人、「弾創深手、剣創浅手三ケ所」一人である。つまり、全員が炸裂榴弾（大砲）または小銃弾で負傷していた。このデータは、慶応四年当時の戦いが、すでに完全な銃砲戦となっていたことをはっきりと示している。

鉄砲の装備と、それに見合う組織が軍事力として有効であることは、このように戊辰戦争の際、各地の実戦で証明された。そのことは武士身分にとって、〈軍事を常職とする〉という存在理由を消滅させるものだった。新たに軍隊を構成するのは、訓練を受けた兵と、指揮能力を持つ士官である。家格と禄高を基準として大名家臣団に編成されていた武士身分は、国家レベルの軍隊を生み出すためには、もはや邪魔物でしかない。

明治二年（一八六九）六月、版籍奉還の直後に公布された「諸務変革」において、それまでの武士身分は一括して「士族」とされ、旧主君との間の主従関係を断たれた。ついで明治五年十一月には、「全国募兵ノ詔」と太政官「告諭」が出される。「告諭」は、「双刀ヲ帯ビ武士ト称シ厚顔坐食シ、甚シキニ至テハ人ヲ殺シ、官其罪ヲ問ハザル者」と、かつての「武士」を無用の者と宣言し、「全国四民（士農工商）男児二十歳ニ至ル者ハ悉ク兵籍ニ編入」することをうたっていた。ここに示された国民皆兵の理念は、翌明治六年一月の徴兵令制定によって具体化される。徴兵による日本国軍の創設を表とすれば、その裏に来るのは士族特権の消滅である。こうした方向をめざす近代化政策に、士族は執拗に抵抗していた。明治二年九月に兵部大輔《ひょうぶだゆう》大村益次郎、四年一月に参議広沢真臣《ひろさわさねおみ》が不平士族に襲撃されるのは（ともに死亡）、その現れである。

このように反政府・反近代化の立場を、もっとも明確に保ち続けたのが薩摩士族軍団であった。しかし、彼らが存在意義を主張し得たのは、全国の争乱が終結したのち、東アジアを日本の制圧下に置くため、〈外征〉出兵の可能性があった時点までである。明治九年（一八七六）二月、日朝修好条規の締結は、士族にとって〈外征〉完了を告げる宣言であり、出兵の可能性も消滅した。これを契機に政府は、士族特権の消滅政策を本格化させる。三月には廃刀令を布告し、ついで八月には金禄公債発行条例を公布して、士族への家禄の給付を最終的に打ち切る方針を明らかにしたのである。

その直後から士族の最後の抵抗が開始される。十月には、熊本（神風連の乱）・山口県萩・福岡県秋月で、あいついで士族反乱が起きるが、どれも短期間で鎮圧された。翌明治十年二月、最後にして最大の士族反乱、西南戦争が起きた。

「土百姓を集めて訓練したところで何の役に立つか」。薩摩士族の代表、桐野利秋《きりのとしあき》がかつて徴兵令制定に反対した時の言葉である。しかし薩摩士族は、農民出身者から成る徴兵軍隊に敗れ去った。それは、軍隊という組織のあり方を通じて、ある時代の終わりと新たな時代の到来を告げる事実だった。

図2　東軍戦死者招魂碑
明治31年(1898) 6月、旧幕臣によって建てられたもの。書は高橋泥舟、一心寺の境内にある。
(大阪市天王寺区逢阪)

馬関攘夷戦争

〝奉勅攘夷〟の戦いで完敗

文久三年（一八六三）六月五日早朝、下関海峡に二隻の洋式軍艦が忽然《こつぜん》と姿を現した。フランス東洋艦隊提督ジョーレ少将が指揮する旗艦セミラミ、タンクレードの二艦である。二艦は陸上に向けて探射の砲撃を加えながら、悠々と前田砲台の沖合に達した。

むろん長州側も黙ってはいなかった。満を持して放った二十四ポンド砲の巨弾二発が、たちまちタンクレードに命中する。しかし、タンクレードからの反撃の一弾は、狙い違わず砲側に着弾し、照準手山内賢之允《けんのじょう》の五体を飛散させた。砲戦での不利を悟った長州側は、いったん砲台を引き払い、山中に退いた。この機に乗じてジョーレ少将は、待機していた二百五十名の陸戦隊に上陸を命じた。

数隻の舟艇に分乗した陸戦隊は、艦砲の援護射撃を受けながら三手に分かれて前田海岸に殺到

図1　現在の下関砲台(復元)

し、長州側の抵抗をものともせず、ほどなく前田砲台を占領してしまった。このときの模様を、毛利本家の士分であった金子文輔は、「敵艦の砲撃ますます急にして、山鳴り地震い、また敵の弾丸のために山中、火を発し、砲烟《ほうえん》と相和し海陸を覆う……前田村を望めば黒烟、天を覆い、竹木の燃焼するの音囂々《ごうごう》たり」と、従軍記に書き残している。

砲台を占領した陸戦隊は、大砲の火門（点火口）にクギを打ち込み、あるいは砲架を破壊し、さらには弾薬類を焼却して、午後二時頃には引き上げていった。その後、二艦は対岸に近い田野浦沖に停泊した。セミラミは夕刻に横浜に向けて走り去ったが、損傷したタンクレードは、停泊したまま修理を続け、二日後に旗艦の後を追った。

奉勅攘夷を掲げた長州と、欧米列強との陸上戦闘を交えた初めての本格的な戦いは、こうして長州側の完敗に終わった。

砲戦だけなら、これが最初ではない。そもそも攘夷期限とされた五月十日、たまたま下関海峡を通りかかったアメリカ商船ペンブローグを砲撃して追い払ったことが始まりであった。さらに、二十三日にはフランスの通報艦キンシャンを、二十六日にはオランダ軍艦メジュサを、それぞれ打ち払っている。これらは外国側が戦闘の用意をしていなかったため、簡単にかたがついたもので、長州側の意気はおおいにあがったのである。

しかし、六月一日、アメリカ軍艦ワイオミングが来襲したあたりから、状況はしだいに怪しくなった。この一艦のために、長州側は一隻しかない蒸気船の壬戌《じんじゅつ》丸と帆船庚申《こうしん》丸が沈没、癸亥《きがい》丸は大破し、各砲台も損傷した。いま見た六月五日のフランス艦隊の場合は、キンシャンが砲撃されたことに対する報復として、周到な戦闘準備を整えたうえでの来襲であったから、損害はさらに甚だしくなった。

高杉晋作の起用

そもそも奉勅攘夷の方針は、文久二年七月以来、長州毛利家が「藩論」としてこれを掲げ、公家内部の同調グループと結んで天子を動かし、さらに将軍に働きかけて国家の統一方針に押し上げたものであった。ただし、攘夷実行といっても、その具体的な解釈は各勢力によってかなりまちまちであり、完全に統一されていたわけではない。五月十日の期限についても、将軍から各大名への通達では、あくまでも通商条約の中止交渉（横浜をはじめとする貿易港閉鎖の交渉）を開始する期限であり、打ち払いは外国軍艦が来襲した場合に限る、とするものだった。

これに対して、長州はもとより、公家の一部や諸国浪士集団など、過激攘夷論グループは、外国船を見かけしだい、打ち払うべしとする、いわゆる無二念《むにねん》打ち払いの立場をとっていた。この意味での、「政令二途」は、この時期の政局を混乱させる大きな要因となってゆく。

ともあれ、長州にとって当面の課題は、この後いずれ来襲するであろう外国艦への対策であった。すでに六月初旬の二度の戦闘で、砲戦はいうまでもなく、陸戦でも勝てない、ということは実証されつつある。ちなみに、イギリス・フランス・アメリカなどは、十八世紀後半以来、アメリカ独立戦争、ヨーロッパを席巻《せっけん》したナポレオンの征服戦争、さらには北米大陸やアジアでの植民地獲得戦争など、一世紀にわたって、進歩しつづける近代兵器と組織戦術を採り入れながら、戦闘の経験を積んできた。二百年の泰平を謳歌してきた日本とは、テクノロジーに差があり、キャリアが違うのである。いくら「神州男児」が皇国護持、夷狄撃攘《いてきげきじょう》を叫んでも、それだけで戦いには勝てないだろう。

時の毛利家当主は慶親《よしちか》（敬親《たかちか》）、世子《せいし》は定広《さだひろ》（広封《ひろあつ》）だが、彼らをトップとする毛利家の首脳部も、攘夷戦の現実には頭を抱えた。人間には経験してみて初めて分かる、という事態が、しばしばあるものだが、このときの長州も、そうであった。

高杉晋作《しんさく》を起用しよう、という話が、そのなかで持ちあがった。高杉がこのような危急のときに役に立つ人物だ、という認識は、慶親・定広以下、首脳部の間に広く浸透している。その高杉は三月に京都で定広から十年間の暇を許され、四月に萩に戻ってからは、城外で謹慎に近い生活を送っていた。剃髪《ていはつ》したうえ、西行《さいぎょう》をもじって「東行《とうぎょう》」と号するのも、三月のことである。京都で熱病のように流行していた単純過激な攘夷論には嫌気がさしたらしい。

高杉には前年、上海に渡航した経験もあった。徳川将軍家の貿易調査船千歳《せんざい》丸に、毛利家から派遣された随員として参加したのだが、そこで高杉は洋式帆船による航海を経験し、上海の現地では、列強によって植民地化されつつある清国の実情や、太平天国の乱の模様などを見聞してきた。毛利家臣のなかで、ごくわずかな海外旅行経験者の一人である。

慶親は六月三日、高杉にまず、「御暇中には候えども当分ここもと留め置かれ、小忠太育《はごくみ》に仰せ付けられ候事」と命じた。「育」とは毛利家独特の用語で、現代語に翻訳するのは難しいが、高杉小忠太の嫡子に復籍したわけではなく、たんに家族として認定する、といった意味合いになろう。

そのうえで五日、慶親は本拠地となっていた山口に高杉を呼び出し、攘夷戦への対策を命じた。

『奇兵隊日記』の序文には、この間の模様について次のように記されている。

(六月)五日辰牌、仏蘭西《フランス》軍艦二隻前田海に碇泊す、前田砲台と相戦ふ、胸障崩頽《きょうしょうほうたい》して守るべからず……真に器械敵せす、士卒精ならす、後来守禦の策出る所無し、図議する者甚《はなはだ》憂ふる色あり、公(慶親)之を聞て大ニ怒る、高杉晋作を召して曰く、爾《なんじ》ち策ありや、晋作対《こたえて》曰《いわく》、願くハ馬関の事を以て臣に任ぜよ、臣に一策あり、謂ふ有志の士を募り一隊を創立し、名付けて奇兵隊と云ん

高杉は、「馬関の事」は自分に任せてください、有志を募って一隊を創立しましょう、と答えたのである。慶親はこの高杉献言を採用し、馬関出張を命じた。合わせて、「御雇いにて若殿様御前詰め仰せ付けらる」という辞令が出されている。例外的に准家臣のような地位を与えられたと解釈してよいだろう。

奇兵隊の結成

六日、下関に赴いた高杉は、廻船問屋白石正一郎の邸を本拠として、隊の編成に取りかかった。母体となるのは、光明寺《こうみょうじ》党のメンバーである。四月末以来、攘夷期限が迫るにつれ、久坂玄瑞《くさかげんずい》以下、京都にいた過激攘夷論グループは続々と帰国し、攘夷の先鋒に当たることを願い出、下関の光明寺に駐屯していた。人数は五十名程度という。

久坂らの主力はオランダ艦との戦いのあと、戦況報告のため京都に戻っていて、この時には不在だったが、それでも川上弥市ら十数名が残っていた。高杉は彼らを前にして、新隊結成の趣旨を、次のように述べた。

それ兵に正奇あり、戦に虚実あり、その勢を知る者、以て勝を制すべし、正兵は正々堂々、衆を以て敵に臨み、実を以て実に当る、総奉行の統率せる八組以下部隊の如き、正に此の正兵に擬すべし、今吾徒の新に編成せんと欲する所は寡兵《かへい》を以て敵衆の虚を衝《つ》き、神出鬼没して彼を悩すものにあり、常に奇道を以て勝を制するものなれば、命ずるに奇兵隊の称を以てせん

ここに見えるように、奇兵隊は、八組を基幹とする家臣団軍事力が総奉行指揮下の「正兵」であるのに対して、「寡兵を以て敵衆の虚を衝」く奇道の兵として設立された。高杉自身も後に佐《さ》世八十郎《せやそお》（前原一誠）に宛てた手紙で、八組正規軍の強いことを望んだがために、やむをえず奇兵隊を思い立った、と述べている。もともと正規軍以外の軍事力として、高杉が個人的に指揮権を持つ、独立部隊に近いものだったのである。

能力・適性に応じて配置

しかし正規軍が強くないといっても、それは武士が二百年来の太平に慣れて惰弱《だじゃく》になったから

といった表面的な理由によるものではない。彼らにとっても、戦う者としての武士意識は強烈である。基本的な問題は、その組織にあった。

毛利家に限らず、江戸時代の大名家臣団は、本来それ自体が軍事組織である。いざ鎌倉のときには、家臣は銘々の郎党を引き連れ、刀槍を携えて参陣するのだが、それでは欧米の近代的な軍隊には対抗できない。

近代的な軍事力の根幹は、まず兵器としての銃砲装備にある。その銃砲を効率的に運用するには、それに即応した組織が必要である。その組織とは、指揮能力をもった少数の指揮官のもとに大多数の兵卒を配置し、指揮にしたがって斉一的に進退させるものである。そのために兵卒は、出身身分にかかわらず、兵卒という隊内身分において平等でなければならない。

大名家臣団は、戦国時代以来二百年を経るうちに、禄高に見合う形で家格が固定し、右のような意味での近代的軍事組織を形作るには、たいへん不都合なものになってしまっていた。

分かりやすくいえば、家格の高い者と低い者を同じ一兵卒に位置づけ、軽輩出身の指揮官の命令で、銃をかついで走り回らせるというわけにはいかないのである。

高杉が着目したのは、その点であった。いわゆる奇兵隊綱領（六月七日）の第一条には、「奇兵隊之儀は有志の者、相集まり候儀に付き、陪臣・軽卒・藩士を選ばず、同様に相交わり、もっぱら力量を貴《たっと》び、堅固の隊、相整え申すべく候」とうたわれている。つまり、隊内の編成において隊士は出身身分にかかわらず、能力と適性に応じて配置に付ける、という意味である。隊士の側は、あくまでも「有志の者」だから、そのようなシステムを抵抗なく受け入れるのである。

こうした性格をもつ新型の軍隊である奇兵隊は、六月十日頃には、六十人ほどにふくれあがった。その盛んな様子を見て、慶親は六月二十七日、高杉を毛利家の要職である政務座役に就け、あわせて奇兵隊総管（総督ともいう）に公式に任じた。

夷狄との唯一の戦い

ところが、いささか皮肉なことに、奇兵隊にとって夷狄《いてき》と戦う機会は、なかなか訪れなかった。外国艦の来襲はいったん途絶えたのである。そのうちに八月十八日政変が起こり、長州とその系列の攘夷論勢力は京都政界から追放されてしまった。無二念打ち払いを呼号する方針が、天子みずからによって覆《くつがえ》されたのであり、「奉勅攘夷」を掲げる長州、とくに久坂玄瑞グループは、そのよりどころを失ったのである。その事態を「薩賊会奸《さつぞくあいかん》」の仕業《しわざ》と見た玄瑞らは、とくに京都守護職松平容保《かたもり》（会津）の討伐を目的として、京都へ向けた進発を画策した。高杉や桂小五郎は、それに反対だった。

その状況のもと、高杉は九月十五日、奇兵隊総督を免じられた（二代目総督は、滝弥太郎と川上弥市）。高杉が総督だったのは、六月末以来三ヵ月足らずの間に過ぎない。十月一日には新規召し出しとなり、知行百六十石を給された。高杉の政府内での地位は高まり、安定したのである。ところが高杉は翌元治元年（一八六四）正月、進発論の急先鋒、来島又兵衛《きじままたべえ》を説得するよう定広から命を受けながら、独断で来島との交渉を中断し、上京した。高杉は三月に帰国するが、この「脱走」の咎により、知行召し上げのうえ投獄されてしまう。

その間に進発論が優勢となり、国司信濃《くにししなの》ら三家老が兵を率いて上京し、七月十九日には御所への突入を図ったが、会津・薩摩を主力とする軍勢に阻止されて、国元に敗走する結果になった。いわゆる禁門《きんもん》の変であり、久坂玄瑞は戦死し、そのグループも壊滅状態に陥《おちい》った。この後、将軍は長州征伐を唱えて、第一次征長が催される。

ちょうど同じ頃、英仏蘭米の四ヵ国連合艦隊が、攘夷論の息の根を止めようと、下関を襲った。合計十七隻にのぼる大艦隊は、八月五日に沿岸一帯の砲台と砲戦を交え、翌日には陸戦隊が上陸する。このときまでに、長州では奇兵隊以外に、膺懲《ようちょう》隊・集義隊・遊撃隊・八幡《やわた》隊など同様の部隊が生まれていた。総称して諸隊という。諸隊が夷狄と戦ったのは、このときだけである。

奇兵隊は、前田・壇ノ浦の二砲台を固め、三代目総督赤根武人、軍監山縣狂介《きょうすけ》（有朋）らが指揮をとって守備を固めていた。志気は旺盛だったが、戦いの様相は前年と大差はなく、圧倒的な火力の前に、長州砲台は次々と沈黙させられていった。

それに長州の方針としては、七月末の時点で、外国艦との戦いは避けるということになっていた。禁門の変を経て、過激攘夷論グループが壊滅した後では、もはや無二念打ち払いは、政策として意味を持たなくなっていたのである。それにもかかわらず、戦いが始まったのは、長州側の避戦交渉を外国側が受け付けなかったためだ。敗北を認めた長州は、四ヵ国との講和条約を締結し、下関海峡の外国艦通過を保障することになった。

近代的軍事力としての諸隊

奇兵隊以下、諸隊は攘夷のために生まれたはずだった。しかし、攘夷戦争では、ほとんど力を発揮する機会がなく、むしろ長州の内乱の過程で、政治団体としての力量を蓄えていくのである。

図2　パリの長州砲
元治元年(1864)年8月、下関戦争でフランス軍に奪われたもの。アンヴァリド(廃兵院)の前庭に展示。

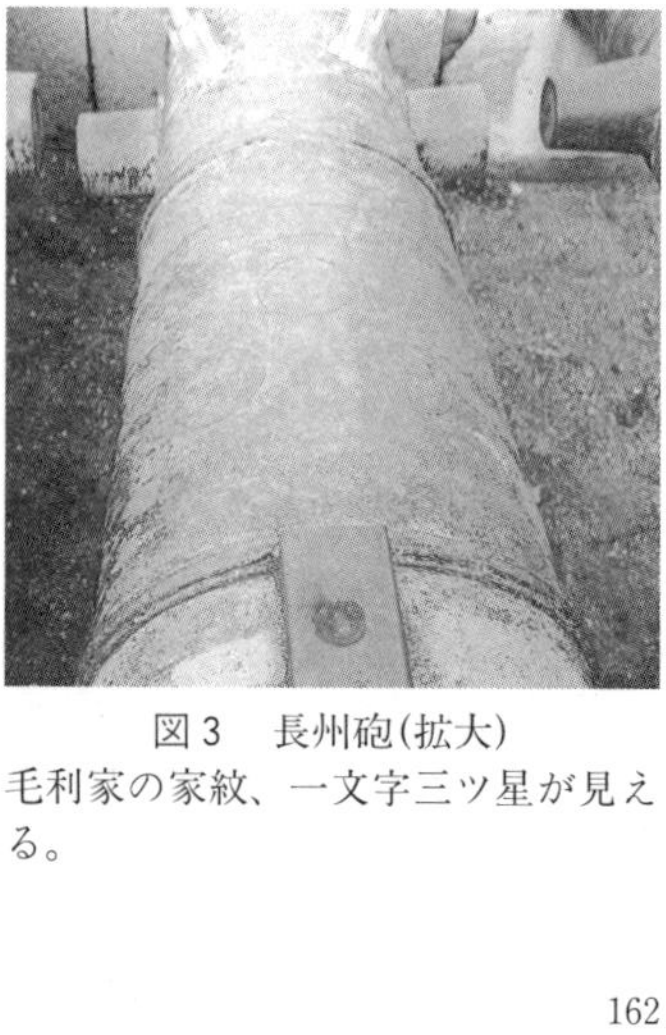

図3　長州砲(拡大)
毛利家の家紋、一文字三ツ星が見える。

将軍が長州征伐を触れ出した後、これに対処する方針をめぐって、長州の国内は二派に分かれた。一つは毛利家の存続を第一とし、ひたすら恭順の態度をとる純一恭順派、もう一つは表には恭順の態度を取るが、内には武備を整え、追討軍の侵攻に対しては断固、抗戦するという武備恭順派である。

諸隊は、もっぱら後者の立場をとり、前者の方針を取ろうとする政府側との間で、内乱状態が生じた。尾張の老公、徳川慶勝《よしかつ》を総督とする征長軍は、総督府参謀となった西郷吉之助（隆盛）の斡旋もあって、妥協的に征長を収束させ、元治元年（一八六四）末には解兵令を発して、征長軍を引き上げた。

諸隊はそのあと、諸隊解散令を達した政府に対抗して、山口を本拠に瀬戸内一帯の勘場《かんば》（代官所）を占領し、村落行政機構を掌握するという挙に出た。このとき、とくに小郡《おごおり》宰判《さいばん》では、大庄屋林勇蔵以下の庄屋層が積極的に諸隊を支援し、武備恭順の藩是確立に貢献したという説がかつて広く流布《るふ》していたが、一次史料の上からは、そのような証拠は見いだせない。

諸隊は、ゲリラ的な作戦活動を展開して、瀬戸内一帯を武力占領したと見るべきだろう。この諸隊の作戦は功を奏し、翌慶応元年（一八六五）三月から五月にかけて武備恭順の方針が確定した。

このようにして、諸隊は毛利家の内部に、みずからの存在を定着させた。その性格は、もはや夷狄と戦う臨時の軍隊ではなく、徳川家をはじめとする国内の政敵に対して、最も力を発揮する最新鋭の近代的軍事力であった。それが創設者である高杉の意図にかなうものであったかどうか、簡単には見定め難い。

「四境戦争」小倉口の戦いでみずから奇兵隊以下を指揮し、その勝利を見届けた高杉が慶応三年（一八六七）四月、病死した後、諸隊は鳥羽・伏見の戦いを皮切りに戊辰《ぼしん》戦争を戦い抜き、凱《がい》旋《せん》後の明治二年（一八六九）末には、完全に解散させられるのである。

奇兵隊と四境戦争

長州征伐

元治元年（一八六四）十二月、防長二ヵ国の周囲は、征長総督尾張慶勝《よしかつ》の指揮する諸大名の軍勢に取り巻かれていた。七月に起きた禁門の変で、「禁闕《きんけつ》に対して発砲」の咎《とが》により、毛利家当主父子が朝敵とされた結果である。「朝敵」というのは、たんなるレッテル貼りではなく、具体的な内容を伴うものである。まず、当主慶親《よしちか》・世子定広《さだひろ》は、それぞれ従四位上参議兼左近衛権中将・従四位下左近衛権少将の位階官職に叙任されていたのだが、それらを停止《ちょうじ》（八月二十二日）され、さらに将軍から許されていた松平大膳大夫《だいぜんのだいぶ》・松平長門守の称号および将軍偏諱《へんき》の「慶」「定」字を奪われた。その結果、二人は毛利大膳（敬親《たかちか》）・毛利長門（広封《ひろあつ》）と称することになる。これらの措置により、毛利家は大名としての公式的な立場を否定され、領外での行動なども一切禁止されてしまうのである。そのうえで天子統仁《おさひと》（孝明《こうめい》天皇）は、将軍家茂《いえもち》に朝敵征伐を命じ、

図1　蛤門。禁門の変で戦場となった。当時の弾痕が今も残る。

これを受けた将軍は、西国大名二十一家に出兵を令して長州討ち入りを図った。

これに対処する方針をめぐって、長州の内部では、二つの政派が対立することになった。一つは政府機構を掌握したうえで将軍に対し、「純一恭順」を唱える政派であり、もう一方は奇兵隊以下の諸隊を基盤に「武備恭順」を主張する政派である。よく知られているように、翌年正月に発生する武力衝突の末、後者が勝利して毛利家の対処方針は「武備恭順」に統一され、慶応三年末に至るまで当主父子の官位復旧、つまり朝敵の立場から脱け出すことを第一の目標に掲げた行動を展開するようになった。この政争の過程は元治の内乱と呼ばれている。

両政派の対立抗争は、九月頃から表面化し

はじめていたから、征長軍は混乱状態にある長州の周囲に続々と詰め掛けて、成り行きを見守っていたわけである。征長総督府の本営は広島に置かれ、総督尾張慶勝は十一月十八日に着陣する。それに先立ち、征長軍の部署到着期限は十一月十一日、討ち入りの期日は十八日と触れられていた。

ところが、総督府の方針は、文字通りの討ち入りではない。総督府参謀には薩摩の西郷吉之助（隆盛）が就き、事実上の征長軍司令官のような地位にあったが、西郷は今この時点で、日本国内に戦乱を引き起こすような事態は避けるべきだと考えていたし、その点は慶勝にしても同じだった。

この総督府側方針と、長州側の恭順方針とが合致して、両者は当初から領内への討ち入りを、実際にはどのようにして回避させるか、という点をめぐる折衝を行っていた。そのためには、討ち入り猶予の名分が必要であったから、禁門の変の責任者とされた、益田右衛門介《うえもんのすけ》・福原《ふくはら》越《えち》後《ご》・国司《くにし》信濃《しなの》の三家老の切腹が急がれた。その首級は十一月十四日に広島に届けられ、総督名代による実検の後、同日付で討ち入り猶予が達せられた。

領内で政府側と諸隊との間に緊張が高まり、一触即発状態になるのは、その直後からだが、それを承知で総督府は十二月二十七日、鎮静の体を見届けた、として従軍諸大名に解兵令を発した。

長州処分をめぐり再出兵

解兵が令せられ、総督府が広島を引き払った後でも、征伐そのものは完了したわけではない。朝敵であることの内容が、先に述べたようなものである以上、毛利家当主父子を、何らかの形で処分に付し、そのうえで毛利家の跡目を処置しなければならない。例をあげれば、元禄年間に浅野内匠頭《たくみのかみ》の吉良上野介《きらこうずけのすけ》に対する刃傷沙汰が起きたとき（赤穂事件）、内匠頭当人の切腹だけでことは収まらず、播州浅野家はついに取り潰しの処分を受けた。幕末の長州の場合、それと事情はだいぶ異なるが、軍事行動が終了しても、朝敵征伐という目的が完全に達せられたわけではないのである。

ところが、その長州処分は、家茂・老中板倉勝静《かつきよ》・同小笠原長行《ながみち》の将軍老中グループ、禁裏《きんり》守衛総督一橋慶喜《よしのぶ》・京都守護職松平容保《かたもり》（会津）・京都所司代松平定敬《さだあき》（桑名）の一会桑《いちかいそう》グループ、さらには尾張・薩摩・越前ほかの有力大名グループなど、各勢力の思惑が複雑にからみあって、簡単には決定しなかった。

その間に慶応元年（一八六五）閏五月、将軍家茂は、長州に容易ならざる企《くわだ》てであり、として進発を呼号し、生涯で三回目の上洛を行い、参内直後に大坂城を本拠として腰を据えてしまった。その真意は、京坂政局に将軍・老中が常時、直接介入できる体制をとろうというところにあった。

つまり「幕府」は事実上、京坂地帯に移転したようなものである。ちなみに、翌二年七月の家茂病死後、跡目を継いだ十五代慶喜はほとんどを京都で過ごし、そのまま将軍辞職に至るから、将軍として江戸城に入ることはついになかった。

懸案の長州処分が、ようやく具体化するのは、慶応元年の十一月頃からであり、翌二年正月に、将軍による処分案が確定し、二十二日に天子の裁可を得て正式に決定した。その内容は、十万石削地、当主敬親は蟄居隠居、世子広封は永蟄居、家督は親戚から適当な者を選んで継がせる、というものである。

将軍は、そのうえで二月二十三日、この処分を毛利家が受け入れない場合は征討すると公布し、西国三十二家の大名に出兵を命じた。しかし、この将軍の方針は、諸大名側からみても納得できないものであった。大名側は、すでに大名の処分を将軍が決定するという江戸時代の伝統的な秩序のあり方を認めてはいなかったのである。

そのことを最も露骨な形で表明していたのは、薩摩島津家であった。この時点で、西郷吉之助は、毛利家側の立場に立ち、当主父子の官位復旧に尽力することを、ひそかに上京してきた木戸孝允《たかよし》に向かって明言していた。また、将軍に対しても出兵の断りをあからさまに申し出た。ほかの大名にしても、出兵にはきわめて消極的だった。

四境戦争

いうまでもなく毛利家は、さきの処分伝達に対し、受け入れ拒否を答えた。すでに前年六月、当主敬親は、「今般大樹《たいじゅ》（将軍）進発の趣意については、なるたけ理非ご弁解あいなるべく候《そうら》えども、理不尽乱入致すにおいては、よんどころなく一戦に立ち至り申すにつき、いずれも決心致し、今日より戦場と覚悟あいきわめる」ようにとの令達を領内に発して、実力抗戦の方針を徹底させていた。それから一年、軍艦銃砲の入手をはじめ、戦備は十分に整えてあり、そのうえ征長軍の足並みは揃わず、開戦となっても勝算があることは計算ずみである。

慶応二年六月七日、徳川海軍軍艦による周防大島への砲撃から始まった戦闘は、八月初め頃まで、大島口・芸州口（広島方面）・小倉口（下関方面）・石州口（島根県方面）の国境四方面で行われた。このため、長州では現在でも、この戦いを「四境戦争」と呼んでいる。天子・将軍からみれば、あくまでも「朝敵征伐」の征長戦争である。物事は視点をどこに置くかによって、違って見えるのだ。

四境のうち征長軍から見た攻撃正面は、総督府が広島に置かれた芸州口である。今回の総督は紀州徳川家当主の茂承《もちあき》で、紀州兵はもとより、譜代大名筆頭の彦根井伊家、越後高田の榊原家、それにフランス式軍事訓練を受けた徳川家の直轄歩兵隊が投入された。迎え撃つ長州側は、諸隊のうちから石川小五郎率いる遊撃隊などが配備されていたが、六月十四日夜明けとともに、芸州との境界である小瀬川を渡って敵陣に攻め込み、この方面の戦闘が開始された。

征長軍側も戦意旺盛な部隊だったから、激戦が続いたが、長州側の散兵戦術が効果的で脅威の的になった。兵が集団で固まることなく、一人一人が広く散開して射撃しながらしだいに前進し、最後に一斉突撃に移る戦法である。近代歩兵戦術の典型であり、とくに諸隊は訓練が行き届いていたものであろう。それでも楽勝というわけにはいかず、山口と三田尻に控置されていた御楯隊《みたてたい》、集義隊が七月に入り、あいついで応援に派遣されている。

奇兵隊、小倉城下を占領

四境のうちで最も華々しい戦いが行われたのは、奇兵隊が担当する馬関方面小倉口であった。もともと奇兵隊は、馬関での攘夷戦争のために生まれた軍隊であり、土地柄との因縁浅からぬものがあったが、戦いの相手は皮肉なことに夷狄《いてき》ではなく、老中小笠原長行（唐津小笠原家世子）が指揮する小倉小笠原家・肥後細川家を主力とする征長の軍勢だった。

長州側の戦力は、主力の奇兵隊が定員で四百名、これに長府毛利家の報国隊などが加わって、総勢は六百名ぐらいと思われる。奇兵隊はすでに六月五日、吉田の駐屯地を発して長府一之宮に至り、ここに前進基地をかまえていた。開戦の決定は十六日。その日の朝に、海軍総督谷潜蔵《せんぞう》

（高杉晋作《しんさく》から改名）・奇兵隊軍監山縣狂介《きょうすけ》（有朋《ありとも》）・同参謀片野十郎らが協議し、海陸軍を総合した作戦を立案して下級幹部以下に通達した。

　翌十七日午前五時、まだ明けやらぬ関門海峡の朝もやをついて、癸亥《きがい》・丙寅《へいいん》・乙丑《いっちゅう》・丙辰《へいしん》・庚辰《こうしん》の五艦から、対岸の田野浦・門司に向け、艦砲射撃が開始された。それを受け、小船に分乗した奇兵隊は弾丸の雨の中、敵前上陸を敢行するのである。『奇兵隊日記』当日条は、まるでこの日のために「日記」があったかのように、精彩に富んだ筆致で戦いの模様を活写している。その一部を引いてみよう。

> 六ツ半時に至り、癸亥艦すでに危うく見えしところへ、我が陸軍先鋒、第一銃隊、一手隊長久我四郎……、我が軍監山縣狂介・参謀会田春輔・陣場見合わせ大石雄太郎等、おのおの小船に乗じ、弾丸織るがごときの中を凌ぎ、我より一弾も放たず、ようやく（田野浦）浜手へ押し寄せ、陸に登るやいなや、無二無三に衝突、矢ごろ二、三間まで相進み、さんざん打ち退け、ついに本陣を乗っ取り……

　この先鋒部隊の突進で、田野浦を守っていた小倉兵が追い払われた。そのあと、奇兵隊総管山内梅三郎以下の本隊が一斉に海峡を押し渡り、午後二時頃までには、門司付近一帯を完全に占領してしまった。文字通り「実に意外の大勝」を博したのである。戦勝後、このまま内陸部へ進撃しようという意見もあったが、結局のところ大事をとって、いったん全軍がその日のうちに下関へ引き上げた。

　このとき、薩摩の使者について下関に来あわせており、乙丑丸に乗って戦争に加わった土佐の坂本龍馬《りょうま》は、郷里にあてた手紙で、「私どもかねては戦場と申せば人夥《おびただ》しく死する物と思いしに、人の十八と死する程の戦なれば、余程手ごわきいくさができる事に候」と書いている。長州側の損害は死者五人、負傷者十二、三人と『奇兵隊日記』に見える。

　小倉口の戦いは、むろんこれだけで終わったわけではない。もともと小倉小笠原家とは、文久三年の攘夷戦争当時から根深い対立があった。長州が外国艦を砲撃した際、小倉側の砲台は沈黙を守り、下関がフランス軍に占領されたときも傍観していた。長州からみれば恨み重なる相手だが、譜代十五万石の小笠原家は、外様の毛利家が「奉勅攘夷」を呼号していたのとは正反対に、外国艦への攻撃は来襲時に限る、という将軍の命令に忠実だったのである。

　その因縁を抱えて遺恨試合のような小倉口の戦いは、ほとんど果てしもなかった。奇兵隊は、その後も七月三日、二十七日の計三回にわたって渡海強襲を繰り返し、つ

図２　小倉城から奇兵隊が持ち帰り、下関の厳島神社に奉納した太鼓。

いに八月一日小倉城を陥落させたが、城下を占領した奇兵隊と小倉兵とのゲリラ戦的な攻防は翌年まで続く。それ以前の七月二十日、将軍病死の報が伝えられると、老中小笠原長行は、独断で征長軍を解散させてしまっていた。

石州口の戦い

日本海に沿う山陰道に通ずる石州口には、南園隊・干城隊《かんじょうたい》・清末《きよすえ》毛利家の育英隊などが配備された。対する征長軍は家門二万七千石の浜田松平家、外様四万石の津和野亀井家などであったが、隣領の津和野は開戦早々から長州の味方につくことを明らかにしてしまったから、実際の対戦相手は浜田だけになった。

そのせいか、この方面では、小倉口のような血みどろの戦いの跡は見られず、むしろ参謀として事実上の指揮を取った、大村益次郎の名指揮官ぶりを伝える逸話ばかりが多く残されている。周防鋳銭司《すぜんじ》村の村医者から身を起こした大村は、この年四月、三兵（歩騎砲）教授役兼軍制用掛に登用され、毛利家全体の軍事に関わる最高指導者の地位についていた。

長州軍は二手に分かれ、一手は山口から山間部を縫って進み、もう一手は萩から海岸沿いを進んで、ともに浜田城をめざした。途中に横田川があって、対岸には敵軍が陣を敷いている。橋は落とされているので、兵は渡るに躊躇《ちゅうちょ》したが、大村は大声をあげて、「大隊飛び込め」と号令した。兵のなかには、「こんな無鉄砲な指揮官があるものか」と怒り出す者もいたが、その激昂《げっこう》のためにかえって勢いがつき、「勇気を出し、非常に奮戦したので、遂に此方が大勝利を得た」。引き上げてくるとき見れば、「ちゃんと立派に橋（船橋）が架《かか》って居る」。不審顔の兵たちに向かって大村が言う。「敵に向かって進んで行くときには、皆が癇癪《かんしゃく》を起こす位でなければいかぬ、気に緩みがあると弾《はず》みが付かぬ、帰りには気が緩むから水にも飛込めぬから、それで橋を架けたのである」。これを聞いて皆が納得したという。

大村の異能ぶりは、それまでにも木戸孝允や前原一誠《いっせい》など、一部の要人たちからは高く評価されていた。ただし、それはあくまでも外書の講読や訓練などを通じて見いだされるだけだから、一般の者には分かりにくいのである。その大村に対する評価は一変した。

これまで（大村）先生は多くは黙って居《お》って一向何とも物を云われぬ。何だか振るわぬ変人であると（皆が）あざけって居りましたが、今度の戦争の計略が何れもいちいち画策にあたるのであるから、皆の者が、にわかに先生に向かって敬意を表することになりました（村田峰次郎『大村益次郎先生事蹟』）。

この大村の指揮のもと、長州軍は快進撃を続け、七月十八日、浜田兵はみずから城を焼いて退却した。長州の完勝だった。その後、明治元年に至るまで、毛利家は石見《いわみ》地方一帯の占領統治を続けるのである。

戦争の終局

各方面で征長軍が振るわず、長州の善戦が際立《きわだ》つ状態のなかで、七月二十日には将軍家茂が大坂城中で病死した。徳川宗家の継承者が一橋慶喜であることは、衆目の一致するところだったが、慶喜は家茂の喪を秘したまま、いったんはみずから征長軍を率いて、「長州大討ち込み」を唱えた。しかし、小倉口から老中小笠原長行が離脱したことが明らかになると、一転して出陣を中止した。そのうえで、慶喜は将軍死去を名目に停戦を令し、征長戦争はここに終局を迎えたのである。

終わってみれば、征長は、将軍家にとっても、また天子統仁（孝明天皇）にとっても、みずからの権威を失墜させる結果を招いただけであった。その裏返しとして、長州に対する同情と共感は、西国諸大名家はもとより、庶民の間にまで広がり、毛利家のその後の政治的な立場と行動を有利に運ばせる要因となった。

その意味からすれば「四境戦争」の勝利は、幕末長州にとって、ほかの事件に勝るとも劣らぬ大きな転換点の位置を占めていたといえよう。

ある奇兵隊士の処刑

隊士脱走

慶応三年（一八六七）正月の頃、長州奇兵隊は豊前小倉《こくら》城下の足立山に駐屯していた。前年六月、四境（第二次征長）戦争の際、馬関海峡を渡って対岸の小倉領（譜代小笠原家）に攻め入り、城を陥落させたあと、そのまま城下の占領を続けていたのである。

小倉側との戦闘そのものは、すでにけりがついているし、いまにも討幕戦争が始まるという情勢でもない。奇兵隊は、だいたい訓練に明け暮れているような毎日で、正月元日にも朝五ツ時（午前八時頃）から「火入調練」が行なわれた。

大砲の射撃を含む大規模な演習である。当日の『奇兵隊日記』の当直は、詩心をわきまえた人物だったのか、「この日天気晴朗、砲煙散じて山野に霞み、春色を増す」と、なかなか風情のある記録ぶりを残している。

図　下関市吉田の奇兵隊陣屋跡に建つ「奇兵隊士之像」

そのようなある日、ちょっとしたできごとが起きた。正月十七日、一人の隊士の「罪」が発覚し、二番小隊の監視のもと、隊内で拘置されることになったのである。ところが、翌十八日の未明、彼は脱走した。

直ちに二番小隊三十名ほどが、追手として四方に散った。脱走は、決して珍しいものではないが、むろんそれ自体が重罪である。また監視にあたっていた二番小隊にとっては、逃がしたとあっては責任を免れない。逃げるほうも必死なら、追うほうも血眼《ちまなこ》だったに違いない。もともと奇兵隊は、文久三年（一八六三）六月、攘夷戦争での戦力不足を補うため、高杉晋作の建策によって創設された士庶（武士と農商）混成の非正規軍である。高杉が、その意図について述べた有名な言葉がある。

今日の国勢にあたり、肉食の士人等、皆ことに耐えず。……士庶を問わず、俸を厚くしてもっぱら強健の者を募り、その兵を馭するや賞罰を厳明にせば、たとえ凶険《きょうけん》無頼《ぶらい》の徒といえども、これが用を成さずということなしつまり、高禄を受けて飽食しているだけの家臣など役に立たないが、武士・庶民を問わず、高い俸給を与えて強健の者を集め、統制にあたっては、賞罰を厳正で公明なものにすれば、「凶険無頼の徒」であっても十分役に立つ、という意味である。

実際に入隊してきた者が、まさか「凶険無頼の徒」ばかりだったわけではないが、みずから攘夷戦争に参加しようというだけあって、血の気の多い、いささか荒っぽい連中が多かったのは事実だし、なかにはずいぶん怪しげな者も混じっていたようだ。

「誅罰申し付け候」

こういう隊士たちを統制してゆくには、たしかに「賞罰を厳明」にする必要があるだろう。現実に『奇兵隊日記』をひもとくと、「賞」のほうより「罰」、すなわち処分に関する記事が、多少おおげさに言えば毎日のように見出される。処分の内容には、斬首《ざんしゅ》・切腹・放逐・慎《つつしみ》の四段階があるが、犯罪にあたる事件を起こすと、あっさり斬首や切腹にされてしまう。実に厳しい統制が行われていたのだ。

このとき脱走した隊士も、そういうケースにあてはまる。その動きに眼を戻そう。彼は同じ日の夕刻、海峡を渡って下関まで逃げたところで捕まり、間もなく足立山の本陣に連行されてきた。「罪状」によると、その犯罪は次のようなものであった。彼は下関在住の郷士だったらしく、もとは長府毛利家（支藩）の有志隊である報国隊の隊士だった。ところが「不正の所業」があったため、慶応二年冬に報国隊から放逐された。その後、居住地に帰ることもできず、「自分の非を隠し」、体よく言いつくろって奇兵隊に入隊を願い出た。そこで試みに隊内に留め置いたところ、まもなく小倉城下の米屋安次郎方で姓名を偽り、ラシャ布地をだまし取るという「悪行」をはたらいた、というのである。

奇兵隊からみると、これに加えて「脱走」の罪が重なるわけである。「罪状」は、「前断の重悪、隊法を犯し候のみならず、御制度を破り候始末、まったくもって不道の至り、言われざることに候。これにより誅罰《ちゅうばつ》申し付け候」と結ばれている。

「誅罰」というのは奇兵隊の用語で、つまり斬首のことである。同じ死刑のようでも、切腹ならまだしも武士としての礼遇を受けたことになるのだが、いやおうなしの打ち首は文字どおりの極刑《きょっけい》である。

この「罪状」が本人に読み聞かせられたのは、足立山の本陣に連行されてすぐであり、暮六ツ半時（午後七時頃）には直ちにその場で処刑が実行された。検証として、軍監山縣狂介（有朋）以下、三好軍太郎・杉山荘一郎・片野十郎らの隊幹部、それに二番小隊司令野村三千三《みちぞう》が立ち会い、岡村房之進が斬り手として大刀をふるった。

おまけにその場には、米屋安次郎・網屋新蔵の両名が呼び寄せられていた。安次郎は布地を奪われた当の被害者として名前が見えているが、新蔵のほうはどういう関係なのかよくわからない。いずれにしても、被害者を処刑現場に呼んで、犯人を厳しく処罰したという事実を見せつけたわけである。いささかやり過ぎではないかという気もするが、軍規の厳正ぶりを示すことは、隊内の統制のためだけでなく、占領地の支配を安定させるうえでも必要だったのだろう。

さらには、その日のうちに、野村三千三がみずから慎《つつしみ》を申し出た。野村は監視にあたっていた二番小隊司令として、被疑者に脱走された責任を取ったわけである。もっとも、その儀に及ばずとして却下されたが、もし逃げられたままで捕まえられなければ、そのままでは済まなかったかもしれない。ちなみに野村は、のち明治五年（一八七二）十一月、陸軍大輔山縣有朋《だゆう》の汚職疑惑にからんで自殺に追い込まれる山城屋和助の前名である。

ついでに言うと、脱走隊士を船に乗せて海峡を渡した船頭も召し捕られていた。こちらはさすがにお咎《とが》めなしで、翌日放免されたが、居村の庄屋を呼んで身柄を引き渡し、今後は頼まれたからといってみだりに船を出したりしないよう、村内に徹底させよという厳しい注意が加えられた。

奇兵隊の内実

それにしても、布地をだまし取り、隊から脱走したくらいで斬首というのは厳しすぎるような気もする。現代の感覚からすれば、せいぜい窃盗《せっとう》罪で懲役くらいが関の山だろう。

しかし、奇兵隊ではこれが普通だった。現に、彼の斬首から半月と経たない二月十一日には、別の隊士が切腹になった。この隊士は隊内で盗みをはたらき、それが露見したので前年冬に脱走していたのが、二月六日自宅に潜んでいるところを捕まったのである。これも本来なら斬首だが、隊歴が古いせいか、隊内から嘆願があり、「格別の詮議を以て割腹」に格上げされたのだった。

ついで翌十二日には「小荷駄方小使」が一人、「無頼の徒」二、三人とともに百姓家に押し入り、衣類などを強奪したかどで、「まったく強盗の所業、言語道断」と、「誅罰申し付けられ」ている。

奇兵隊といえば、意気軒昂たる民衆のエネルギーが充満しているようなイメージがなくはないが、内実は、恐怖政治のような面がある。犯罪を犯せば即死刑というのも、なかなか恐ろしい世界ではないか。

III　人と生きざま

吉田松陰――やさしい教え魔――

勤勉な父は田畑で働く間に我が子を教えた

吉田松陰《しょういん》が松下村塾《しょうかそんじゅく》を主宰《しゅさい》した期間は、おおむね安政《あんせい》三年（一八五六）半ば頃から五年（一八五八）十二月まで、わずか二年足らずにすぎない。その村塾から幕末激動期の活動家はもとより、のちに明治政府の中枢を担《にな》う多くの人材が輩出したと言われている。

だが、この話には、いささか誇張がある。たとえば、長州《ちょうしゅう》出身で首相になった伊藤博文《いとうひろぶみ》や山県有朋《やまがたありとも》も、村塾出身者に数《かぞ》えられるが、伊藤自身は、「世の中では、我輩《わがはい》が吉田松陰の塾に永くをつたやうにして、松陰の弟子のやうにいつてをるものがあるが、それは事実上間違ひであつて、我輩は松陰の世話にあまりならない、従つて先生のお教へも受けず、実際当人に会うたことも度々《たびたび》はない」と語っているぐらいである。

伊藤は天保《てんぽう》十二年（一八四一）生まれで、村塾最盛期のころでも十七歳の少年であり、言わば下級生だった。当時上級生として松陰の近くにあり、本当の意味で門下と言えるのは、吉田《よしだ》稔《とし》麿《まろ》・久坂玄瑞《くさかげんずい》・高杉晋作《たかすぎしんさく》といった人々だが、彼らは明治になる前にほとんど死んでしまった。だから、松陰に親しく接した門下生で、明治後にも活躍したメンバーは、必ずしも多いわけではない。例えば、野村靖《のむらやすし》・品川弥二郎《しながわやじろう》あたりが、数少ない例であろう。

しかし、だからと言って、松陰が周囲の若者たちに与えた感化の力が小さかったとは言えない。実際、松陰には〈教え魔〉のようなところがあり、誰に対しても分《わ》け隔《へだ》てなく接し、何くれと気を配る、やさしい先生だった。松陰のそのようなキャラクターが、のちに増幅され、伝説化されて、長州出身と言えば、皆が松陰門下だったかのようなイメージが形作られる結果になったのだろう。

では、その松陰自身は、どのような生《お》い立《た》ちの中で、みずからの人となりを形作っていったの

図　吉田松陰画像附松陰自賛（京都大学附属図書館蔵）

だろうか。松陰は天保元年（一八三〇）八月四日、長門国萩《ながとのくにはぎ》の東郊松本村《まつもとむら》で、家禄二十六石の毛利《もうり》家臣杉百合之助《すぎゆりのすけ》の次男（虎之助《とらのすけ》、のち寅次郎《とらじろう》）に生まれた。人間の人格や能力は、素質と生育環境で、ほぼ決まるようである。松陰の場合も、その原則があてはまるが、その意味からすれば、彼にとって師にあたるのは、実父百合之助をはじめとする血縁の年長者たちだった。

　百合之助は当時、毛利家の役職につかない無役の家臣だった。家計は豊かでなく、家禄以外の収入を得るため、農業をして暮らしを立てていたが、その作業の合間にも片時も手から書物を離さない勉強家だった。「米を搗《つ》く時には、米搗台《こめつきだい》の上に棚を掛け、書物を其《その》上に載せて置いて是《これ》を読み、耕作をする時も、縄《なわ》を綯《な》ふ時も、傍《かたわら》に書物を置いて居《お》つたと云《い》ふ位、つまり寝ても覚めても読書と云ふことに精力を注いで居つた」という（吉田庫三「吉田松陰先生」『吉田松陰号　明治四十一年　日本及日本人臨時増刊』。以下、引用は同じ）。

　松陰には十六歳年長の兄、梅太郎《うめたろう》（民治《みんじ》）がいたが、百合之助は、「二人の息子を伴《つ》れて田畑へ出て、草を取つて耕す間に書物を教へる。松陰兄弟は、四書五経《ししょごきょう》の素読《そどく》は、机によらず田畑の中で覚えた」。そのような環境の中で、松陰は早くも学者としての片鱗《へんりん》を示すようになってゆく。勉強や教育、ひいては人材の育成といったものは、きれいごとの制度だけに頼って成功するものではない、とは言えそうである。

厳格な叔父の強烈なスパルタ教育

百合之助の実弟には大助《だいすけ》がいて、毛利家の山鹿流兵学師範《やまがりゅうへいがくしはん》を務《つと》める吉田家の養子となり、これを継いでいた。この大助も、百合之助以上の勉強家で、世の兵学者が兵学以外の書物を広く学ばないことを嘆き、みずからはすべての分野の書物を片端《かたはし》から読破したという。松陰は五歳の時、この吉田家に養子に入り、養父の死に伴って翌年、家督を相続したが、まだ六歳なので、実家の杉家でそれまでどおりの生活を続けた。

実父百合之助の薫陶《くんとう》以上に、厳しく勉学を仕込まれたのは、大助の弟で、玉木《たまき》家を継いでいた文之進《ぶんのしん》からである。「此人《このひと》の倹約をすることと剛直であつた事とは、大助よりもヒドかつたと云ふやうな、大変な堅い人物でありました」。つまり松陰にとって、父と二人の叔父にあたる、百合之助、大助、文之進の三兄弟は、揃いも揃って、厳格で勉学好きな堅物《かたぶつ》ばかりだったわけである。こういう環境のなかで、素質があって反発することなく育てば、いやでもひとかどの学者になってしまうだろう。

玉木文之進は「松下村塾」を開いて、近所の少年たちを教えていた。松陰と梅太郎の兄弟もそこへ通うようになったが、そこでの文之進の教え方も凄《すさ》まじいものだったという。たとえば、「毎日講義する間と云ふものは、少しでも首を傾けるとか、脇見《わきみ》をするとかいふやうな事があると、直《す》ぐに其《その》生徒の書物を取上げ、其者を窓の外に抛《な》げ出《だ》す、と云ふやうな激烈な仕込方《しこみかた》を致《いた》しました」。

いわゆるスパルタ教育の典型のようなもので、こういう教育の仕方が一般的に効果のあるものかどうかは疑問だが、少なくとも優れた素質のある子供を選別するには、分かりやすい方法だろう。こういう先生について来れるのは、ごく少数だからである。

文之進のこわさについては、さまざまなエピソードが伝えられている。松陰自身にしても成人した後、「玉木の叔父に叱られた程懼《こわ》いことはなかった」と書いているぐらいだ。近所の大人が子供のいたずらを叱る時など、「玉木先生が来るよ」と言って脅《おど》かした、という話もある。こういう話が残るのは、文之進のこわさが、ただの短気や粗暴によるものではなく、その根本には他者への誠意とともに、自らを律する厳しさがあることを、彼を知る人々がよく理解していたためである。

周囲の期待にそむかず、才能を開花させる

こういう勤勉な父や、厳格な叔父のもとで、松陰はその才能を開花させて行った。吉田家は兵学師範の家柄だから、そうでなくては困るのだが、周囲の期待にそむかなかったのである。すでに天保十一年（一八四〇）、十一歳の時には当主毛利慶親《よしちか》の前で、山鹿素行《そこう》の著書『武教全書《ぶきょうぜんしょ》』

のうちから「戦法篇」を講義した。慶親がその出来の良さに驚き、師匠は誰かと尋ねると側の者が、玉木文之進であると答えた。ついで、十五歳の時には、同じく『孫子《そんし》』の講釈を命じられて、賞せられた。親戚の者がそれを喜ぶと、父百合之助は、兵学師範が兵書に詳《くわ》しいのは当然であり、慢心するなかれと、松陰を戒《いまし》めたという。

ちなみに百合之助は、安政六年（一八五九）、松陰が刑死したとの知らせを受けたときも、さらに動揺の色を見せず、兼《か》ねてからの自分の教えに背《そむ》く事なく、主義主張を全《まっと》うしたものと言って泰然たる様子だったという。慶応《けいおう》元年（一八六五）八月病没。いっぽう玉木文之進は、やがて郡《こおり》奉行などの要職を務めるほど重用《じゅうよう》されるようになったが、明治二年（一八六九）には官を辞して松下村塾を再興し、昔どおりの厳格さで子弟を教えた。その頃の門人の一人が、後の日露戦争で旅順《りょじゅん》攻略軍の司令官となった乃木希典《のぎまれすけ》である。乃木の回想によれば、「玉木は常に、寅次郎の半分勉強すれば大丈夫ぢやと云ふて居た」そうだから、文之進も内心は松陰の勤勉ぶりに舌を巻く思いだったのだろう。その文之進も、明治九年（一八七六）十月、前原一誠《まえばらいっせい》が萩の乱を起こした際、門人がその一党に加わっていたことについて責任を取るとして、十一月六日、百合之助の墓前《ぼぜん》で自刃した。松陰の師にふさわしい死に方と言えるかもしれない。

岩瀬忠震――辣腕外交官の憤死――

岐雲園

明治の中頃、旧幕時代には江戸城の表坊主だった幸田成延《しげのぶ》という人物がいた。成延には五人の男子があった。長男は成常《しげつね》、四男は成行《しげゆき》、のちの文豪露伴であり、五男は歴史学者の成友《しげとも》である。長男の成常は、東京の向島、隅田川の言問《こととい》の渡し近くに住んでいた。成友の回想によれば、その屋敷は、「建物は大したものでは無かったが、敷地五百坪余、庭に大きな汐入《しおいり》の池あり又梨子《なし》畑あり」といったものだったという。

成常が、どういういきさつでそこに住むようになったのかはわからない。しかし、この屋敷こそ、岩瀬忠震《いわせただなり》が「岐雲園《ぎうんえん》」と名付けて退隠後の日々を送り、文久元年（一八六一）七月、憂悶のうちに四十四歳の生涯を終えた場所なのである。

岩瀬は、日米修好通商条約の締結をはじめ、黎明期の日本外交を一手にになった人物である。

図　岩瀬忠震肖像(『阿部正弘事蹟』より／設楽原歴史資料館写真提供)

橋本左内が岩瀬を評して、「急流激泉の如く、才に応じて気力も盛《さかん》に相見え、断あり識あり」といったように、当時の岩瀬を知るほどの者は異口同音に彼の才知と見識をたたえている。だが、岩瀬は大老井伊直弼《なおすけ》によって排斥され、安政六年（一八五九）八月、作事奉行の役を追われたうえ、隠居・差控《さしひかえ》の処分を受けた。

その後の岩瀬は、あたら才腕を埋もれさせたまま、岐雲園で書を書き、絵筆をとり、あるいはたまに訪れる友人と語らうだけであった。そうした日がほぼ二年続き、岩瀬は血を吐いて死んだ。病名はわからない。友人の栗本鋤雲《じょうん》のいうところでは、鬱積して病を発したものという。

それにしても通商条約調印を、政権担当者としての立場で実行したのは大老の井伊である。岩瀬はその部下として、最善を尽くして交渉に当たり、まとめあげた条約に調印した。その背後には開国・貿易についての雄大な構想があった。その岩瀬が、なぜこんな仕打ちを受けねばならないのか。納得がゆかなかったのは、だれよりも岩瀬本人であろう。その死が、福地桜痴《おうち》によって

「憤死」と評された所以《ゆえん》もそこにある。

昌平黌の秀才

文政元年（一八一八）十一月二十一日、千四百石取りの旗本設楽貞丈《したらさだとも》に三人目の男児が生まれた。母は、昌平坂学問所の大改革をやった林大学頭《だいがくのかみ》述斎の娘だから、篤三郎と名付けられたその子は、つまり述斎の孫にあたる。篤三郎の学才は、若い頃から評判だったようだが、やはり祖父の血を引いているのだろう。

やがて天保十一年（一八四〇）、八百石取りの旗本岩瀬忠正の養嗣子となり、岩瀬忠震と名乗るようになった。三年のちには昌平黌《しょうへいこう》の官吏登用試験に合格し、その六年後の嘉永二年（一八四九）、学問出精により部屋住みの身分のまま召し出され、西丸小姓組に入った。おおむね天保期の後半になると、昌平黌が徳川家官僚の養成機関という機能を果たすようになるといわれるが、岩瀬も官学出身の高級官僚としての道を歩み始めたわけである。

その年の初冬、徽典館《きてんかん》学頭として甲府に赴任した岩瀬は、翌々年の嘉永四年には江戸に呼び戻され、昌平黌教授に任じられた。こういう経歴をみるかぎり、岩瀬はその学識の深さで認められていたようである。もっともどういう学問に優れていたのかは、はっきりしないのだが、昌平黌出身でその教授になるぐらいだから、朱子学には違いないだろう。泰平の世であれば、岩瀬は朱子学者として名を残すようになったかもしれない。

しかし、時勢は岩瀬を学校秀才に終わらせなかった。嘉永六年六月、ペリー来航がその転機である。いやおうなしに対処を迫られた将軍家定は、老中阿部正弘の政策のもと、それまでにみられない積極さで人材登用をはかった。その中心となったのが、目付陣の強化である。

岩瀬は同年十月徒頭《かちがしら》に任命され、わずか四ヵ月後には目付に登用された。同じころ目付にのぼった人材に、堀利煕《としひろ》や岩瀬の盟友永井尚志《なおゆき》・大久保忠寛《ただひろ》らがいる。ついでにいえば、岩瀬と昌平黌の同期でやはり秀才をうたわれた栗本鋤雲《じょうん》が目付になるのは、だいぶ遅くて元治元年（一八六四）だが、これは栗本が校則違反で昌平黌を退学になったりしたためである。

その栗本が、明治になってから、「岩瀬肥後守（忠震）の事歴」と題する文章で目付の制度に触れながら、次のように書いている。

幕廷にては軍国の仕来《しきた》りにて、殊《こと》の外《ほか》に目付の役を重んじたり。抑《そもそ》も此官は禄甚だ多からず、位《くらい》甚だ高からずと雖《いえど》も、諸司諸職に関係せざる無きを以て、極めて威権あり。老中始め三奉行の重職と雖も、監察（目付）の同意を得るに非ざれば事を決行する能はず。或は其見を殊にする有るを顧みず断行するあれば、監察は直に将軍或は老中に面して啓陳《けいちん》するを中阻《ちゅうそ》する能はず。されば、人の以て仕途の栄とするは監察に過《す》ぐる無し。（中略）嘉永年間、米船渡来する日の如き、外国関渉一大変事に当り、満廷震動し、始めて非常の撰を行い、人材登庸せざる可からざるを以て、父子共に職に在れば其子たる者、賢と雖も父に超ゆる能はざるの旧規を改めて、堀織部《おりべ》（利熙）・永井玄蕃《げんば》（尚志）・岩瀬肥後（忠震）の三人を擢《ぬき》んで監察とせり。皆かつて予と同年に学試を経て科に登りし者なり

つまり、目付という職は行政全般にわたって査察を行うもので、その承認を得なければ老中も政策を実行できなかった。また将軍にも直接面会できる特権を持ち、きわめて権威があったという。その中で、岩瀬らはとくに海防掛目付に任じられた。

この海防掛という役は、弘化二年（一八四五）に新設されたもので、老中や勘定奉行・大目付・目付など徳川家の重職から選任される。現代風にいうなら、海防問題検討委員といえば、あたらずといえども遠からずだろう。当初は文字どおり海防計画の立案などが主だったが、ペリー来航の頃からは外交全般を担当するようになる。わかりやすくいうと、岩瀬らは、老中阿部の外交問題ブレーンとして、また実質上の外務官僚として抜擢されたのである。

といってしまえば簡単だが、儒学者的な側面を持つ岩瀬が、なぜ外交を担当するのかという点は、もう少し説明が必要だろう。

もともと江戸時代の対外関係の根本にあるのは、自国を中華とし、他国を夷狄《いてき》とみる儒学的な華夷秩序の理念である。そうした理念をきちんと理解でき、現実の外交交渉にあたって運用できるのは、やはり儒学者ということになる。ペリー来航の際、林大学頭煒《あきら》が日米和親条約締結交

渉にあたるのは、別に苦し紛れなどではなく、日本側の論理からすれば当然なのである。岩瀬らの抜擢は、官僚としての行政手腕と儒学的素養の両面が期待されたものだろうと思う。ちなみに、徳川家がこうした意識から抜け出て、近代西欧的な感覚に近い外交専門部局として、外国奉行の職を創設するのは、安政五年（一八五八）七月のことである。

外交の第一線に

海防掛目付となった岩瀬は、前年から進められていた品川台場の築造にあたった。これを手始めに、軍艦の製造、軍制改革の一環としての講武所の設立、蕃書調所《ばんしょしらべしょ》の拡充、長崎海軍伝習所の創設などに携わる。

その間、安政元年（一八五四）三月には日米和親条約が結ばれ、そのしばらく前には、長崎に来航していたロシアのプチャーチンと徳川家との間で条約締結交渉が行われていた。列強からの接触がますます積極化するにつれて、徳川家としても本格的な外交体制をとる必要に迫られてくる。そうした情勢の中で、岩瀬の切れ味が、いよいよ際立《きわだ》ち始めたとみてよいだろう。

その年の五月、岩瀬は「下田表取締御用」を命ぜられた。この当時は、日米和親条約で寄港許可地とされた伊豆の下田が外交交渉の場であったから、この任命は外交交渉担当要員に任ずという意味を持つ。もっとも、そのしばらくあと十月にプチャーチンがあらためて、条約締結のため下田にやって来た時、全権に任じられたのは、さきに長崎で交渉にあたった経験を持つ筒井政憲《まさのり》や川路聖謨《としあきら》らであった。岩瀬が実際の交渉の場に臨んだのは、十二月に日露和親条約が調印されたあと、翌安政二年になって、徳川家がその修正交渉を計画した際である。

岩瀬は川路・水野忠徳《ただのり》とともに応接委員を命じられ、二月から五月まで三ヵ月間にわたり、下田方面でプチャーチンと交渉にあたった。このときはじめて岩瀬は、実際の外国人に会い、外国の文物に触れたのである。作家の綱淵謙錠《つなぶちけんじょう》氏は、「この三ヵ月足らずのあいだに下田と戸田《へだ》でアメリカ人やロシア人に接触した忠震は、西洋に対する開眼を経験したようである」と述べ、この体験が岩瀬を積極的な開国主義者とするうえで大きな意味を持ったとしている。

たしかにこの体験が、岩瀬の外国に対する認識に与えた影響は大きかっただろう。だが、それは〈眼からうろこが落ちる〉といった感じとは少し違ったものであるように私には思える。あとで触れるように、岩瀬の開国論は、徳川家より日本という国家を重視するという点が特徴なのだが、それはちょうど横井小楠《しょうなん》などがそうであったように、基本的には儒学の思想をぎりぎりまで突き詰めたところに基盤があるのではなかろうか。

こうした点について、岩瀬が個人的にみずからの思想を書き残している例を、私自身も知らないから、状況的に考えるしかないが、岩瀬が国家の立場でものを考えていたことは間違いないと思う。本来の儒学は、支配者一己の利害を超えた思想なのである。

開国のリーダー

安政三年（一八五六）七月、下田にアメリカ総領事としてハリスが渡来した。その目的は、いうまでもなく通商条約の締結である。その前後から、すでに徳川家内部では将来の貿易開始を予想した対策が練られつつあった。その中で重要な意義を持つものに、同じ七月に出された海防掛目付の意見書がある。石井孝《いしいたかし》氏によれば、その意見形成の中心は岩瀬とされるが、積極的に貿易を行って関税収入をあげ、「富国強兵の御基本」にしようというものである。老中阿部はこれを受け、八月には貿易開始の基本方針を宣言した。

やがてハリスは交渉にはいるため、出府の許可を求めるようになった。このとき、最初から出府許可を主張したのも、海防掛の大目付・目付であった。また、安政四年三月の意見書では、繰り返しすみやかな貿易開始を主張しているが、それに加えて重要なのは、諸大名も貿易に参加させ、「天下と利を公共に」すべきとしている点である。「富国強兵」の「国」は、けっして徳川家だけを指しているわけではない。

こうして岩瀬をリーダーとする海防掛大小目付を中心に、徳川家の開国方針が固まりつつあるさなか、六月に老中阿部が病死した。岩瀬らを抜擢した当人であり、よき理解者でもあった阿部の死は、少なからぬショックであったろう。かわって安政二年以来老中に復帰していた堀田正睦《まさよし》が、首相兼外相の形で難局をになうことになった。堀田にしても、「蘭癖《らんぺき》」（オランダかぶれ）とあだ名されたほどの外国通であり、岩瀬らの意見を十分に消化していた。

堀田は七月、ハリスに対し、出府および将軍謁見の許可を伝えた。十月、江戸に入ったハリスは将軍謁見の儀式を終え、堀田と会見し、具体的な条約締結交渉の申し入れを行った。十二月、岩瀬が下田奉行井上清直《いのうえきよなお》とならんで交渉の全権委員を命じられたのは、当然の成り行きであろう。

岩瀬ほどの者が、交渉の場でハリスの言いなりになるわけはない。福地桜痴がのちにアメリカでハリスから直接聞いたことと断って、「岩瀬の機敏なるや論難口を突て出で往々ハルリスをして答弁に苦《くるし》ましめたる而已《のみ》ならず、岩瀬に論破せられてその説に更《あらた》めたる条款も多かりし」と書いていることは、その一端を示すものだろう。

交渉ほぼ一ヵ月、条約内容が固まった段階で将軍は諸大名を江戸城に集め、近く条約を締結する旨を公表した。その場で得意の弁舌をふるい、貿易による富国強兵の大構想を披瀝《ひれき》したのは、むろん岩瀬である。しかし、その岩瀬にも誤算があった。それは、譜代大名筆頭井伊直弼を中心とする、徳川家内部の反対派の存在である。

「社稷を重しとするの決心」

しかし、井伊一派と岩瀬らの対立は、必ずしも貿易開始の是非に関わるものではない。井伊にしても、貿易が世界の大勢であり、拒否しようのないことであるのは彼なりに理解している。両者の対立点は、貿易実施にともなって生ずる国家体制の転換に関わる問題なのである。

そのことは、開国政策推進の裏に見え隠れしていた将軍継嗣問題のほうによく表われている。この問題は、非常時にあって時の将軍十三代家定が病弱であり、また後継ぎもないため、すぐれた人物を養子に定めようと有力な親藩・外様大名が運動したことに始まる。表面的には御家騒動めいているが、根本的には外交問題を中心とする国家政策の決定に際して、これまでのように徳川家の専断に委ねるか、それとも全大名が加わることを認めさせるかを争点としていた。継嗣決定は、そのための第一歩なのである。

岩瀬らは徳川家内部にあっても、「天下と利を公共に」という観点から、国政への全大名参加をよしとみて、いわゆる一橋派に立っていた。この点をめぐる岩瀬の考えは、のちに幕議で無勅許調印を主張した際の彼の次の言葉にようかがえるだろう。

此調印の為に不測の禍《わざわい》を惹起《じゃっき》して、或は徳川氏の安危に係はる程の大変にも至るべきが、甚だ口外し難き事なれども、国家の大政に預る重職は、此場合に臨みては、社稷《しゃしょく》を重しとするの決心あらざる可からず

ここでの「社稷」とは「国家」であり、すなわち日本全体である。日本という国家のためには、たとえ徳川氏が滅びてもやむをえないというのである。

井伊直弼からみれば、これは許し難い危険思想であった。彼にとっては、徳川家あっての日本であり、その逆ではない。安政五年四月、堀田による勅許獲得失敗のあとを受け、大老に就任した井伊は、六月、やむをえず日米修好通商条約調印を認めたのち、九月に日仏条約の調印が終わるのを待って、岩瀬を二ヵ月前に任命したばかりの外国奉行から作事奉行の閑職に追った。

ついで翌六年八月、大獄の弾圧が進められる中で、岩瀬に罷免・隠居の処分が下った。井伊は岩瀬の処分について、「岩瀬輩軽賤の身を以て柱石たる我々を閣《さしお》き、恣《ほしいまま》に将軍儲副《ちよふく》（継嗣）の議を図る。其罪の悪《にく》む可き大逆無道を以て論ずるに足れり」、本来であれば死罪にすべきところ、条約締結に尽力した功を認めて、とくに寛典《かんてん》に処するのである、といったという。

西欧列強との国交・貿易の開始という新しい情勢のもとで、国家の体制が大きく変わろうとするとき、旧来の権力を守り抜こうとする勢力が台頭することもまた歴史の必然である。岩瀬はそうした必然に押し潰された。それを、先覚者の悲劇と呼んでしまうことに、私はなにがしかのためらいを覚える。岩瀬が死の床で抱いたであろう無念さは推察に余りあるが、それとは裏腹な、やるべきことをやり遂げたという達観にも似た明るさが胸裏には交錯していたと思いたい。

【参考文献】
石井　孝『幕末悲運の人びと』（有隣堂、一九七九年）
綱淵謙錠『幕臣列伝』（中央公論社、一九八四年）
松岡英夫『岩瀬忠震』（中央公論社、一九八一年）

伴林光平と「南山踏雲録」

伴林光平

幕末の河内に、伴林光平《ともばやしみつひら》という人物がいた。肩書風にいえば、草莽《そうもう》国学者というところだろうが、幕末史の中では、もっぱら文久三年（一八六三）の天誅組挙兵に加わり、その行動記録「南山踏雲録《なんざんとううんろく》」を残したことで知られている。しばらく彼の経歴を追ってみよう。

光平は、文化十一年（一八一四）九月九日、河内国南河内郡道明寺村にあった尊光寺という寺の住持、賢晴の次男に生まれた。もっとも、父賢晴は二ヵ月前に亡くなっていて、光平は兄とともに、母の手で育てられた。やがて文政元年（一八一八）、その母も亡くなると、五歳の光平は南河内郡丹比村西願寺住持、徳門のもとに養子として引き取られた。十五歳になった文政十一年（一八二八）の春に上京し、天保六年（一八三五）二十二歳のころまで、京都西本願寺や大和薬師寺などで仏典の研究に励んだが、その後、次第に国学に傾倒するようになった。

天保十年（一八三九）には、因幡国気多郡勝宿の飯田秀雄に入門し、国典と和歌を学ぶ。このとき、秀雄の次男、七郎年平と義兄弟の契りを結んだ光平は、仏教から離れることを考え始め、僧名を改めようとして、七郎に命名を依頼した。七郎は、光平の故郷にある伴林神社の名をとって姓とし、七郎より年長だったため六郎光平と名付けた、という。伴林光平と名乗るのは、したがって、このときからあとである。

光平は、ついで紀州の国学者で歌道にも堪能な加納諸平《かのうもろひら》の門に移り、さらに天保十一年（一八四〇）には江戸に下って、伴信友《ばんのぶとも》に入門した。いうまでもなく信友は、平田篤胤と並んで本居宣《もとおりのり》長《なが》の学統を継ぐ、国学の大家である。光平が、本格的に国学を研究するようになるのも、この前後からであろう。

図1　伴林光平自画像
（大阪・伴林俊道氏蔵／大阪城天守閣写真提供）

しかし、光平の江戸遊学は、長くは続かなかった。国学は一般に仏教排斥の立場をとるが、その門に光平が入ったことを知った西本願寺が、生家の尊光寺を通じて帰国を求めてきたためである。光平は、江戸に留まることを望んだが、信友にいさめられ、翌天保十二年（一八四一）春には帰郷した。

河内に戻った光平は、信友の勧めにしたがって河内の天皇陵を調査し、「河内国陵墓図《かわちのくにりょうぼず》」を著した。ついで弘化二年（一八四五）六月、河内国若江郡八尾郷成法寺村の教恩寺住職になったが、法話のかわりに国典を説き、念仏を唱えず和歌を教えた、という。おそらく、『古事記』や『万葉集』などを講じたのだろう。光平は、この教恩寺で十六年間を送ったのち、文久元年（一八六一）四十八歳のとき還俗して、大和駒塚の東福寺境内に草庵を建て、そこに住むようになった。現在の法隆寺の東側、中宮寺のそばという。

文久年間の政局と天誅組

光平が駒塚の草庵に住むようになった翌年の文久二年（一八六二）、幕末の政局は、大きく変動し始めた。そのきっかけになったのは、四月の薩摩の「国父」島津久光による率兵上京である。久光は、六月には勅使大原重徳《しげとみ》を擁して江戸に下り、徳川家の改革を実現させる。

そのいっぽう、薩摩に対抗する長州は七月、条約を破ってでも攘夷を決行するという「破約攘夷」に藩論を統一したうえ、朝廷にはたらきかけ、十月に三条実美《さねとみ》・姉小路公知《きんさと》を攘夷督促勅使として江戸に派遣させた。これを迎えた将軍家茂《いえもち》は、攘夷奉承を回答するため、翌文久三年（一八六三）三月、みずから上洛した。

　政局の主導権を握った長州攘夷論勢力は、朝廷を通じて将軍に攘夷期限を五月十日と決定させ、さらに奉勅攘夷の態勢を固めるため、大和行幸を計画した。この計画は、天皇が大和の神武《じんむ》天皇陵に参拝して攘夷成功を祈願し、あわせて「親征」のため軍議を開く、というものである。

　長州の攘夷論勢力がリードする、こうした動きには、在野の草莽も共感を持った。とくに国学系の尊王論を奉ずる者は、攘夷より、むしろ朝廷の権威浮上にともなって、「王政復古」が今にも実現するかのような期待感を抱いたようである。もともと国学は、対外危機が深刻化する状況のもとで、国家のアイデンティティを、天照皇大神《あまてらすおおみかみ》の子孫である天皇が最高統治者であることに求めようとする強固な観念を踏まえていた。その意味からすれば、奉勅攘夷から「倒幕」、さらに「王政復古」は、彼らにとって、事態の自然な展開ととらえられたのであろう。

　しかし、こうした活動を具体化させたのは、大名家の組織に拠る勢力ではなく、そこからはずれた浪士グループである。彼らの行動は、観念的であるだけに、同時に急進的でもあり、状況突破を主眼とする行動力を持つ反面、確固とした展望の裏付けがないところに、政治活動としての特徴があった。

　その典型が、天誅組の挙兵だった。首謀者は、土佐の吉村寅太郎・備前の藤本鉄石《てっせき》・三河刈谷の松本奎堂《けいどう》らだが、光平も早くから計画に加わっていたようだ。彼らは、八月十三日大和行幸の詔が発せられたことを機会に、行動を起こした。すなわち、この行幸を「倒幕親征」のためと解釈し、その先鋒をつとめようとしたのである。

吉村らは、権大納言中山忠能《ただやす》の七男、前侍従《さきのじじゅう》忠光を盟主に仰ぎ、翌十四日京都を発し、いったん大坂に下ったのち堺を経て、大和五條の徳川家代官所をめざした。総勢四十人程で、そのうち十八名が土佐脱藩である。

「南山踏雲録」の世界

大坂薩摩堀の廣教寺で開かれた和歌の例会に出席していた光平が、天誅組「御進発」の知らせを受けたのは、八月十六日の深夜である。彼は、ただちに大和五條へ向かった。昼夜兼行で道を急ぎ、五條に着いたのは、ちょうど襲撃が終わった直後の十七日夜のことである。

代官所を攻略し、南大和一帯の徳川領を支配下に収めた天誅組が、翌日の八月十八日政変により、一転して立場を失って追討の対象となり、十津川郷から北山郷に至る吉野山系を彷徨したあげく、九月二十四日東吉野の鷲家口《わしかぐち》で壊滅する結果をみたことは、「吉村寅太郎と天誅組」（本書I所収）でも述べたとおりである。

光平は、途中で忠光の本隊と別れて、吉野山系からの脱出には成功したものの、二十五日に田原村で捕縛され、翌元治元年二月十六日に処刑される。その光平が奈良奉行所に拘留されていた

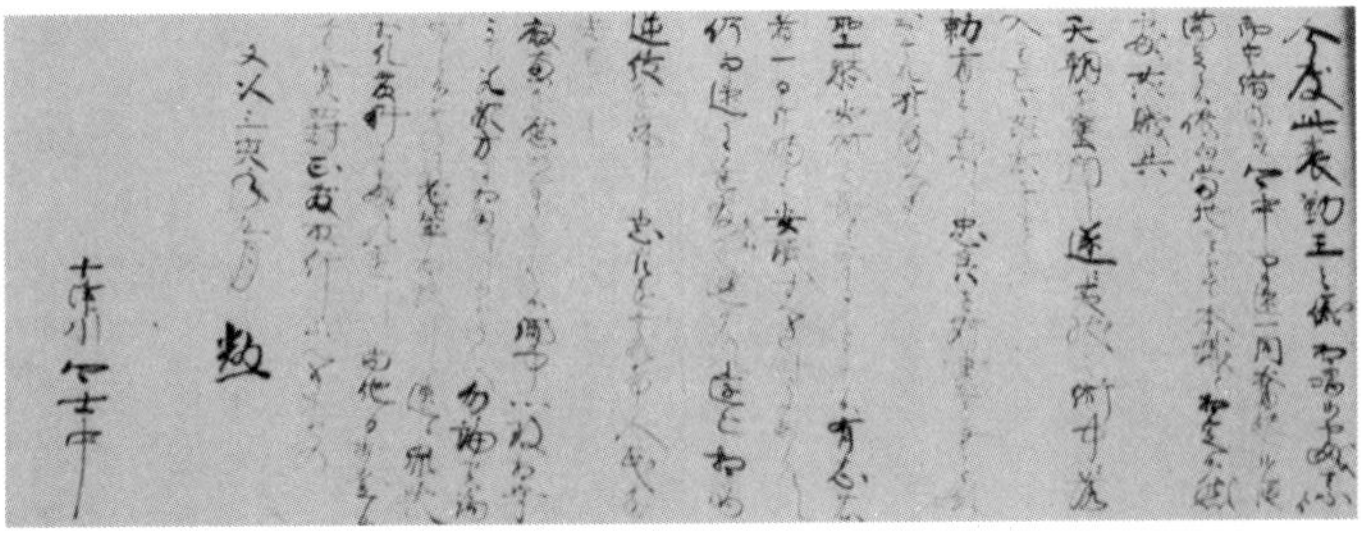

図2　十津川郷あて天誅組檄文。伴林光平の筆蹟である。(十津川村歴史民俗資料館蔵)

最中、九月二十七日から十月十一日にかけ、挙兵参加から捕縛に至るまでの経過を書き記した記録が、「南山踏雲録」である。以下では、その内容をかいつまんで紹介しながら、天誅組に加わった草莽が、自らの行動のなかに、どのような政治世界を思い描いていたのかをうかがってみよう。ちなみに、「南山踏山録」という書名は、「雲を踏み嵐を攀《よ》じて深熊野《みくまの》の果て無き山の果ても見しかな」という歌にちなんだものである。

「南山踏雲録」の最大の特徴は、その思想が持つ歴史性であり、具体的には南朝及び後南朝に対する思い入れの深さである。それはとくに、八月二十日五條を引き払って十津川郷天辻峠《てんつじとうげ》に本陣を移す辺りから、際立ってくる。

天誅組は、五條から天辻峠に向かって西熊野街道を南下する途中、賀名生《あのう》の堀家に立ち寄った。南朝方の「皇居」と伝えられるところである。このときの情景を、光平は次のように綴っている。

老楿佐巖、茅檐を囲繞し、密林幽松、庭除を遮断す。鳥語、元弘の餘愁を含み、水聲、建武の残悒を訟ふ。天下慷慨之士、

誰か思古之幽情を発せざらんや。かくの如く愁涙を掃ひて、聊懐旧之蓄念を述ぶ。短歌四首

大丈夫《ますらお》の世を嘆きつる男建《おたけび》に、たぐふか今も峰の松風

（三首は省略）。

光平の想念が、遠く十四世紀に飛んでいることは明らかだろう。また脱出行の際、武木村を通過したときには、土地の古老から、後南朝の最後にまつわる「古《いにしえ》の事ども」を聞いて、「かの大河内の御所に在《いまそ》かりし忠義王の御具足を、神崩の後、廿四ケ村に持分けて、社頭に祭て、年々二月五日、朝拝と云うこと仕え奉る」と記している。その筆致に、光平の感激ぶりを読み取ることは、あながち不当ではあるまい。

ここに取り上げた記述だけから即断することは、むろん控えねばならないにせよ、光平だけでなく、天誅組に加わった草莽たちが「倒幕」を口にするとき、具体的なイメージとして念頭にあったのは、後醍醐天皇の建武の新政に通じる体制だったと見てよいのではなかろうか。その体制が、十九世紀後半の現実に適合するものだったとは考えられないが、そうした想念が、政治活動のエネルギーとなっていた事実は、のちに実現する「王政復古」を底流で支えた政治意識の一形態として、注目に値すると思えるのである。

【参考文献】
久保田辰彦『いはゆる天誅組の大和義挙の研究』（大阪毎日新聞社、一九三一年）
保田與重郎評註「南山踏雲録」（『保田與重郎全集』第二十一巻、講談社、一九八七年）
佐佐木信綱編『伴林光平全集』（湯川弘文社、一九四四年）

坂本龍馬と文久・元治年間の政局

『贈位諸賢伝』に見る龍馬像

現在は行われていないが、第二次世界大戦以前までは、位階の追贈という制度があった。一般に「贈位」と呼ばれる。明治二十年代から昭和初期まで、さかんに行われたが、それはとくに明治維新の際に功労があったと認定された物故者に、政府が位階を追贈したものである。明治元年（一八六八）から昭和二年（一九二七）までの贈位者は、総数約二千二百人にのぼり、それらの人物一人一人について、簡単な伝記（略伝）をまとめた書物がある。田尻佐《たすく》編『贈位諸賢伝』（昭和二年、近藤出版社）が、それである。

そのなかの坂本龍馬の項には、次のように記されている。龍馬は中岡慎太郎とともに、明治二十四年（一八九一）四月、正四位《しょうしい》を追贈されていた。読みやすくするため、一部を現代語に直しながら紹介してみよう。

名は直柔《なおなり》、高知藩の世臣《せしん》なり。資性《しせい》は豪毅《ごうき》にして忠実、識見は遠大、軀幹《くかん》また雄偉《ゆうい》、幼少より歌道を好み、兼ねて弓槍《きゅうそう》の術に達す。弱冠江戸に遊び、千葉周作の塾に剣を学ぶ。安政年間、藩主山内豊信の、幕譴《ばっけん》をこうむり、幽居するに際し、武市瑞山等とその間に奔走し、幕政の刷新につとめ、義を天下に唱導す。すでにして藩を脱し、才谷《さいだに》梅太郎と変名し、各所に遊説す。のち勝安房《あわ》（海舟）門客となり、航海水戦の術を練習す。技熟するや、国に帰り、海援隊を組織し、みずから隊長となる。同志中岡慎太郎の陸援隊とあい応じて他日に期待するところあり。慶応の初め、時勢やや切迫せるを見、統率する船艦を岩崎弥太郎にゆだね、再び京摂《けいせつ》の間に諸豪とまじわる。さらに長州に赴き、高杉晋作の幕僚となり、しばしば軍功をあらわし、その間、陰に薩長連合の策に斡旋し、西郷隆盛と相約するの事あり。三年にいたり、幕府に、政権を奉還すべき策を立案し、藩主の名をかり、将軍に建言す。書を後藤象二郎等に寄せ、二条城に至り、徳川慶喜を勧説《かんせつ》せしむ。このこと早く幕臣の探知するところとなる。十一月十五日、龍馬、同志と宴を京都河原町旅寓《りょぐう》近江屋に開き、中岡慎太郎と密議中、幕府見廻り組の徒数人、不意に侵入し、これが刃傷《にんじょう》によりて絶命す。時に年三十三。明治四年、朝廷、遺功を賞し、後嗣《こうし》に永世禄《えいせいろく》を賜う。

いちおう納得できる略伝なのだが、よく見ると、「龍馬ファン」ならずとも、少し幕末史に詳しい人なら思わず首をかしげたくなるような箇所があるのに気づくだろう。それも一ヵ所ではな

図１　京都・霊山の坂本龍馬墓。向かって右は中岡慎太郎墓。

い。たとえば、「海援隊を組織し、みずから隊長となる」は良いとして、それは慶応三年（一八六七）四月になってからのことだ。続いて「高杉晋作の幕僚となり……」というのは慶応二年六月、幕長戦争の時だから、時間的な前後関係がおかしい。さらに「薩長連合の策に斡旋」は、上京した木戸と西郷の会談、いわゆる「薩長同盟」締結を指すのだろうが、それは慶応二年正月で、さらにさかのぼる。

しかし、このように『贈位諸賢伝』の細かなミスをあげつらうことが、ここでの目的ではない。要は、この書物が刊行される昭和初期までに、海援隊長で海軍の祖、あるいは薩長連合の斡旋者、政権奉還の立案者、という龍馬伝説の三大要素が、すでにできあがっていたことを確認できれば、とりあえず用は足

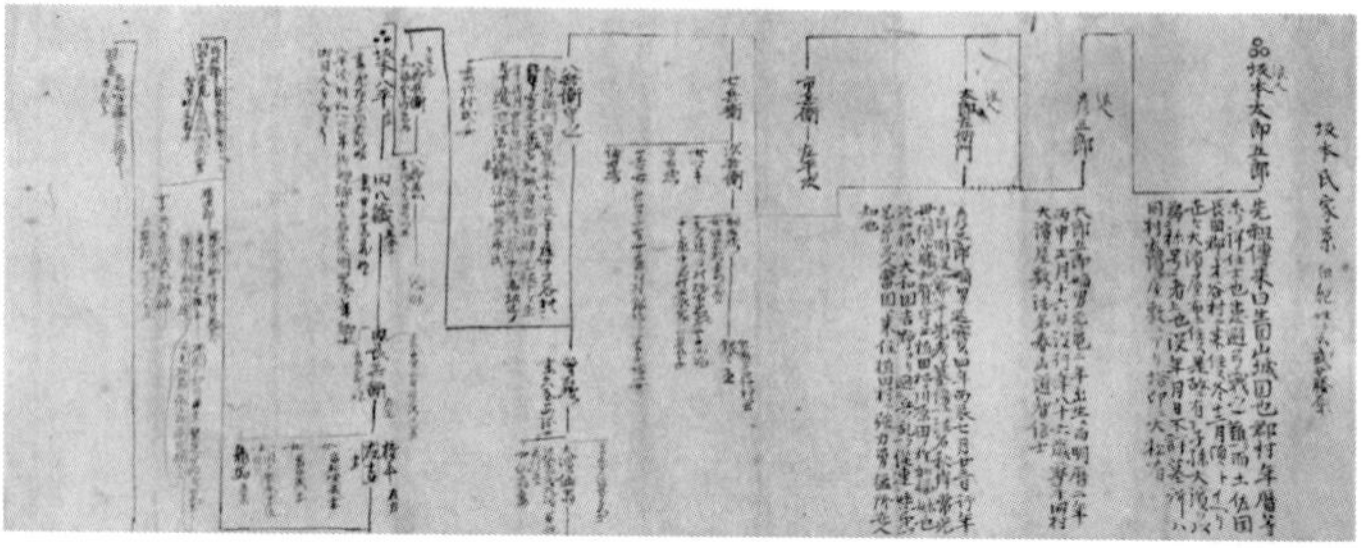

図2　重文・坂本家先祖書並系図（部分）　写真：@KYOTOMUSE（京都国立博物館）

りるのである。

実を言えば、坂本龍馬（一八三五～六七）については、いま例をあげたように、「伝説」化された側面がたいへん大きい。どこまでが真実で、どこからが伝説的な創作なのか、簡単には見定め難いところがある。龍馬とは、一体なにものだったのだろうか。

坂本龍馬は天保六年（一八三五）十一月、土佐高知城下に生まれた。父は郷士で裕福な商家を営む坂本八平。八平には子供が五人いたが、男子は長兄の権平と末子の龍馬だけで、あとの三人は女子である。

龍馬は文久二年（一八六二）三月、国抜けを決行して江戸に出ると、諸国の浪士らと交わり、国事に奔走するようになった。むろん、このような行動を取った人物は、全国に数え切れないほど存在した。いわゆる「草莽《そうもう》」あるいは「志士」と呼ばれた人々である。彼らはみずからの意志で、各地の草深い農山村から、また都会から、江戸や京都に出ると、時には死の危険をも顧みずに、政治活動に奔走したのである。

しかし、それらの人々のうち、生き延びて明治政府の高位高官に昇ったのは、ほんのわずかでしかない。残りの人々は、名を後世に残すこともないまま動乱のなかに没し、また命永らえたとしても、郷里でひっそりと余生を終える場合のほうが多かったのである。

そのようななかにあって、龍馬は異例である。明治の世を迎える直前に殺害された彼の名は、昭和初期までには、一般庶民のあいだにも知らぬ者がないほどに広まり、さらに第二次世界大戦後に至ると、長州の高杉晋作とならんで、幕末の二大ヒーローの地位を占めるようになった。

それらの知識やイメージは、歴史学の研究成果によるというより、むしろ、映画や小説、テレビドラマなど、マスメディアの影響によるところが大きい。学問研究という点から見ると、龍馬の事績は、さほど厳密に検討されているとは言えない。したがって、幕末期政局のなかでの龍馬の位置付けや役割も、必ずしも明らかにされているわけではないのである。本稿では、こうした点を踏まえながら、龍馬が政治の舞台に登場してくる文久・元治年間（一八六一～六四）を主な対象に、その間の政局の推移を、彼の活動を織り混ぜながら、広い視野から追ってみることにしよう。

長州と薩摩の公式周旋

長州では、文久元年（一八六一）を「勤王年」と呼んだ。この年は、神武天皇即位から数えて二千五百二十一年目の辛酉《かのととり》にあたり、改元されることが慣例でもあった。それだけがきっかけではなく、政治的には前年三月、桜田門外の変で大老井伊直弼が暗殺されたことも大きいのだが、ともあれこの年から、長州毛利家をはじめとする諸大名は、京都・江戸の政局に直接参入を図るようになった。

毛利家の場合は五月以降、直目付長井雅楽《うた》の献策による「航海遠略策」を藩論とし、天皇・将軍の間の仲介活動、いわゆる公武周旋に乗り出したのである。この長井献策は、安政五年に調印された諸外国との通商条約を認め、むしろ積極的に交易を行おうとするものである。

その要点は、長井が京都で議奏の正親町三条実愛《おおぎまちさんじょうさねなる》に差し出した建議書によると、おおむね次のようなものである。議奏とは武家伝奏とならぶ「朝廷両役」のひとつで、文字通り天皇の側近にあたり、天皇に対し、ときには関白以上の影響力を発揮する職であった。

すなわち、天皇・公家がこれまでの考えを改めて、「急速に航海を開き、武威を海外に振るい、征夷大将軍の職掌が立つように」と、厳しく勅書を将軍に下せば、将軍はただちに諸大名に、その旨にしたがって命令を下し、実行の手段を取るであろう。そうすれば、「国是遠略」は天皇から出て、将軍がそれを実行する態勢が整い、皇国は五大州を圧倒できるような国家となるであろう。

この気宇壮大な献策は、実愛を通じて天皇の眼にも触れた。天皇は、これを読んで大いに喜んだという。天皇の内諾を得て、長井は江戸に下り、さらに老中久世広周《くぜひろちか》・安藤信正を説きつけ、彼らの賛同をも得ることができた。

こうして長井献策は実現するかに見えた。しかし、これに対する強力な反発は、毛利家内部から起きた。反対論者は、江戸邸にあった桂小五郎・周布政之助《すふまさのすけ》・久坂玄瑞《くさかげんずい》らである。彼らによる反論の中心は、将軍が国内諸勢力の合意を得ずに独断で調印した条約を追認したのでは、国家としての威信を損なうことになる、という点にあった。したがって、この条約はいったん破棄し、国内諸勢力の合意を得たうえで、あらためて結び直すべきであるが、その過程で外国側と武力紛争が生じることも辞さない、という議論である。いわゆる破約攘夷論の正体は、このようなものであり、単純素朴な打ち払い論ではない。

結局、長井はこれらの反対にあって失脚し、文久二年六月には、帰国のうえ謹慎の処分に付され、最後は切腹の憂き目を見ることになるのだった。さらに長州毛利家は、その七月、京都において当主慶親《よしちか》・世子定広《さだひろ》を前にした会議を重ね、ついに藩論そのものを破約攘夷に大転換させてしまった。さらに、天皇・公家にも入説を繰り返し、天皇側も破約攘夷論で統一させることに成功した。

その一方では、薩摩島津家が動き始めていた。毛利家が公武周旋を続けていた最中の文久二年四月、島津久光が一千名と称する大兵力を率いて上京した。久光は、安政年間に活躍した当主島津斉彬《なりあきら》の実弟で、斉彬の病没（安政五年七月）に際し、当主の座を継ぐことができなかったが、実子茂久を当主の地位に就け、その実父として島津家の実権を握る立場にあった。

久光は、縁戚の公卿として深い関係にあった五摂家筆頭の近衛家を通じて、天皇にはたらきかけ、六月には勅使大原重徳《しげとみ》を擁して江戸に下り、将軍・老中に対して、国政全般にかかわる改革実施を要求した。

その結果、参勤交代制の事実上の廃止が実現するとともに、大きな人事異動として、七月初めには将軍後見職に一橋慶喜が、政事総裁職に越前松平家の隠居春嶽《しゅんがく》（慶永）が、それぞれ就任した。いずれも、かつて安政五〜六年に、大老井伊直弼と対立し、隠居謹慎などに処せられていた人物である。つまり、この改革では、旧井伊政権に連なる勢力が一気に没落し、逆に反井伊グループが政局表面に復帰してくるのである。

当面の目的を達した久光は、八月には江戸から京都に戻るが、このような長州・薩摩の行動は、多くの人々を刺激し、政治活動へと駆り立てるきっかけとなった。文久年間が草莽や志士の時代となるゆえんである。ちなみに久光は京都に戻る途中、横浜郊外の生麦村で、乗馬のまま行列をさえぎったイギリス商人を殺傷する事件を起こしていた。これはまったくの偶発事件なのだが、周囲からは「夷人斬り」の壮挙と見なされる結果を生んだ。

しかし、京都に戻った久光を待ち構えていたのは、長州の久坂玄瑞グループや、武市瑞山《たけちずいざん》率いる土佐勤王党をはじめとする急進攘夷論者の攻勢だった。久光は、自身が実現させた制度改革を有効なものにするため、それに対抗しようとしたが、天皇・公家に深く食い込んだ長州・土佐系勢力の前に動きがつかず、不満を抱きながら鹿児島に引き上げざるを得なかった。

攘夷論の高揚するなかで

この当時の龍馬の動きを伝える史料が、わずかながら残されている。龍馬「脱藩」は文久二年(一八六二)三月だが、いま見たように島津久光が上京する直前であり、諸国の草莽や志士たちが、薩摩ついに立つの報に沸き返っていた、ちょうどその頃である。そのように考えると、龍馬の行動も、言わば流行の最先端に乗ったものだったことが分かる。

土佐を抜け出してからの、正確な足取りなどは必ずしも明らかではない。大坂・京都を経て、江戸に出たのは確かで、勝海舟と接触を持つようになったのが、その年末だったのも間違いないだろう。海舟は万延元年(一八六〇)、咸臨丸渡米を成功させた後、しばらく閑職に左遷されていたが、文久二年閏八月、軍艦奉行並《なみ》(「並」は補佐の意)の要職に返り咲いたばかりだった。龍馬は、その海舟を「開国」論者と見て斬りに行ったところが、逆に世界の大勢を説かれて感服し、その門に入ったという話がある。確実な史料根拠はないが、海舟自身の回顧談でもだいたいそのようなニュアンスで語られているし、当時の海舟日記でも、龍馬を門人とみなしているから、まったくの作り話でもないようである。

いずれにせよ、龍馬は文久二年秋以降、江戸で土佐あるいは長州系の攘夷論グループとともに行動していた。たとえば、明治期に越前松平家が編纂した歴史書、『続再夢紀事《ぞくさいむきじ》』同年十二月五日条は次のように記す。

> 同日（春嶽が）帰邸後、土藩間崎哲馬・坂下《(ママ)》龍馬・近藤昶次郎《ちょうじろう》来る、（春嶽）公、対面せられしに、大坂近海の海防策を申し立てたりき。

政事総裁職に就いていた春嶽は、この日午前十一時頃に江戸城に登り、攘夷督促の勅使として十月末から江戸に下って来ていた三条実美《さねとみ》・姉小路公知《あねがこうじきんさと》の両卿と会見した。その後、老中と一緒に、両卿の旅館にあてられていた辰ノ口の伝奏屋敷に赴き、攘夷勅書布告の打ち合わせなどを終え、常盤橋《ときわばし》の越前邸に戻ったのは、午後十時頃である。そのあと、間崎哲馬や龍馬らと会って、大坂湾の海防策などを聞いた、というのだ。春嶽は、要職にあるわりには意外と気軽に身分の低い者と会見する。度量の大きさもさることながら、越前松平家の隠居という身軽な立場にあり、制約が少ないという事情も手伝っているようだ。

ともあれ、龍馬たちがこのとき具体的にどのようなことを申し立てたのかは、記されていない。春嶽にしても、それほど重要な人物として、彼らを扱っていたはずはないが、あるいは事前に海舟からの紹介でもあったのだろうか。『続再夢紀事』（全二十四巻）の文久二年分は三巻あるが、龍馬の名が見えるのは、実はこの一条だけである。
その点、海舟の日記に、龍馬はたびたび登場する。先に触れたように、攘夷督促勅使の下向を迎えて将軍は、攘夷実行を承知し、策略などの詳細は上洛のうえ申し上げると回答していた。ここに二百三十年振りの将軍上洛が実現することになったのである。海舟は、先発する老中格小笠原長行《ながみち》の海路上坂にともなって、十二月十七日、蒸気軍艦順動丸に乗り組み、品川沖を出航した。このとき、龍馬や近藤長次郎らも同行しているから、すでに門人となっていたことはたしかである。順動丸の兵庫入港は二十一日。そのあと、海舟は龍馬を、京都へ情勢を探りにやらせた。数日置いて、文久三年の海舟日記は、正月元日条の次の記事から始まる。

龍馬、昶次郎、十太郎、外一人を大坂へ至らしめ、京師に帰す。

浜口義兵衛方に文通す。

昨夜、愚存草稿を龍馬子《し》へ属《しょく》し、ある貴家へ内呈す。

「昶次郎」は前出の近藤長次郎。いうまでもなく土佐出身の仲間である。「十太郎」は千葉重太郎で、龍馬が五年ほど前に修行した北辰一刀流、千葉定吉道場の息子。この頃はいずれも、海舟門人となっていた。海舟は兵庫に腰を据えたまま、龍馬ら四人を大坂に派遣し、さらに再び京都へやった。「浜口義兵衛」は紀州和歌山の豪商で、海舟とは若い頃からの知人である。そのあとの「昨夜、愚存草稿を龍馬子へ属し、ある貴家へ内呈す」というのは、謎めいた書き方だが、詳細は不明である。一説によれば、「貴家」は姉小路公知を指し、「愚存」云々は、打ち払い攘夷論の無謀を説いたものと言われる。

やがて四月に姉小路は大坂に下り、海舟の案内で、順動丸に乗って大坂湾内を巡視し、船上で海舟から世界の大勢や海軍のことを説かれて、攘夷論を放擲《ほうてき》した。その後、五月二十日夜に皇居のすぐ側で暗殺されるのだが、攘夷論者から変節漢と決めつけられたためであったという。龍馬は、その姉小路に海舟から大切な書類を預かって行ったわけで、入門以来、わずかな期間で海舟から大きな信頼を寄せられるようになっていたことがわかる。同時に龍馬自身も、すでに素朴な打ち払い攘夷論は卒業していたであろう。

神戸海軍操練所

この頃の龍馬の動きは、いま見たように、海舟「門下」というかたちでしか史料上に現れてこない。しかし、海舟にしても徳川家軍艦奉行（翌元治元年五月昇進）という要職にあって、政事総裁職松平春嶽はもとより、長州の桂小五郎・久坂玄瑞とも交渉ルートを持つ大物政治家である。つまり、彼の動きは、政局の推移そのものと、ほぼ連動していると見てよい。その日記を通して、状況の変化を追ってみよう。

江戸から兵庫・大坂へ上った海舟は、やがて彼の生涯のうちでも最も晴れがましく、また得意の日を迎えることになった。折からの攘夷実行を控えて、将軍家茂が直々に順動丸に座乗し、大坂湾を巡視することになったのである。海舟日記、四月二十二日条を見よう。

(大坂城に)登城。明日、順動船にて兵庫・西宮辺へ(将軍が)成らせらる旨、仰せ出さる。夜に入り、御治定《ごじじょう》。

明日、将軍が大坂港の天保山沖で蒸気軍艦へ乗り組み、巡視を実施することが、夜に入るころ決定し、海舟に伝えられたのである。その翌日、二十三日条の記事は、まるで踊るような筆致で書かれている。よほど嬉しかったのだろう。

払暁《ふつぎょう》、御乗船場、堂島川へ出張。それより天保山に至り、順動船に至る。はしけにて同所へ(将軍を)御出迎え、御先へ漕ぎ返す。四ツ時(午前十時)頃、御本船順動へ(将軍が)御乗船、即刻出帆。船間ことごとく御巡覧、御満足の由、たびたび上意これあり。当将軍家(家茂)いまだ御若年といえども、真に英主の御風あり、かつ御勇気盛んなるに恐服す。九ツ時(十二時)前、和田ケ岬へ御着船。思し召しをもって、はしけにて同所へ御登岸。御供に候ずる者、わずかに五、六輩、臣(海舟)御後ろにあり、方向を示令す。和田明神の社へ御休息、それより再びはしけに御駕《ぎょが》、神戸へ成らせらる旨、命あり。御供同断。同所にて、操練局御開き、かつ土着の者、置くべきことを言上。直ちに英断あり。御前において仰せ出され、議ことごとく

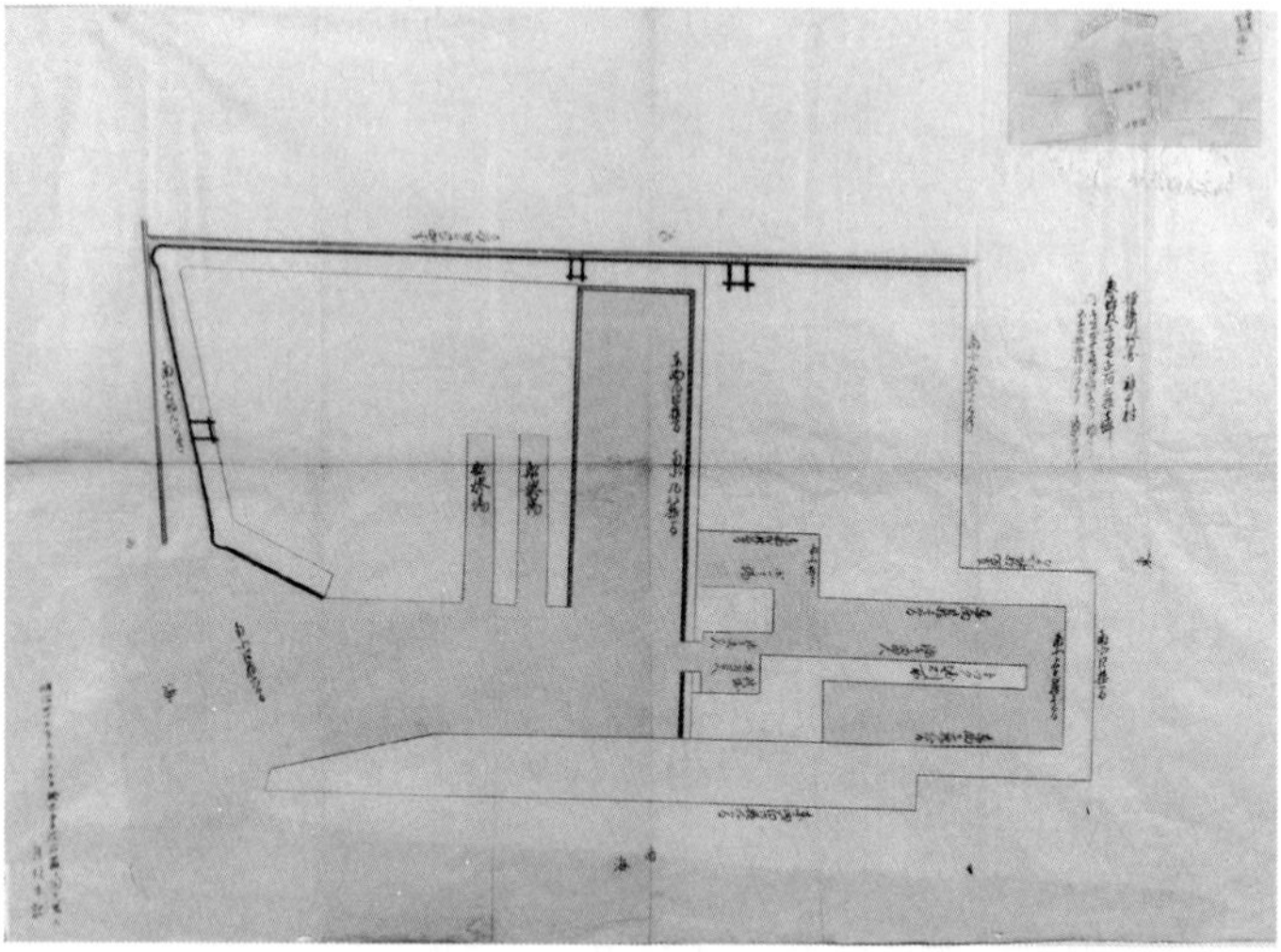

図3　神戸海軍操練所絵図写（神戸市立博物館蔵）

成る。

海舟は、まだ十七歳の少年である将軍家茂を、「英主」の風がある、とほめちぎっている。兵庫港の和田岬に上陸したとき、御供はわずか五人ほどしかいなかった。海舟は、将軍のすぐ後ろについて歩き、あちらこちらを指し示しながら、方角や地形を説明したのである。そこから少し東へ移動すると、神戸村の海岸である。そこで、海舟はちょっとした離れ業を演じてみせた。

将軍に向かって、この地に海軍の操練所を開き、またその要員を土着させることを許していただきたいと直訴し、その場で許可を得たのである。「議ことごとく成る」と海舟は書く。してやったり、という思いだったであろう。彼にとって、まさに会心の一日だった。

こうして神戸海軍操練所の設立が決定した。この五月から翌元治元年（一八六四）にかけ、建物などの施設整備が進み、専属の練習船も決まり、さらに諸国から広く練習生が募集されるようになる。海舟は、操練所を徳川海軍のものではなく、日本全国にとっての「一大共有の海局」に仕立てようとしていた。

残された図面によれば、東西百六十五間（約三百メートル）余り、南北九十七間（約百八十メートル）余りの敷地を持つ立派な施設である。場所は現在の阪神高速道路神戸線の直下で、神戸税関に近い京橋ランプのすぐ西側に、「海軍操練所跡」という、錨をデザインした記念碑が建ち、隣接する公園には松平春嶽の書になる「海軍営之碑」もある。いまはグルメとファッションの街として知られる神戸も、かつては日本海軍発祥の地だったわけだ。

さて龍馬はと言えば、いうまでもなく、この操練所の練習生になっていた。ただし、操練所設立が決定したとはいえ、すぐに十分な資金が投入されたわけではなく、困った海舟は、越前の松平春嶽に援助を頼んだ。その使者に選ばれたのが龍馬である。海舟日記、文久三年五月十六日条に、次のようにある。

龍馬子を越前に遣わす。村田生（巳三郎《みさぶろう》氏寿《うじひさ》・越前家重臣）へ一書を附す。これは、神戸へ土着を命ぜられ、海軍教授のことにつき、費用そなわらず、助力を乞わんがためなり。

龍馬は、この指示を受けて越前福井に赴き、首尾よく使命を果たして資金を持ち帰ったという。

もっとも、金額については、一千両から五千両まで諸説あって定かではない。

それにちょうど同じ頃の五月十七日付で、郷里にあてて近況を報じた龍馬の手紙がある。よく知られたものだが、ここで紹介すると、前後関係がたいへん分かりやすいので引いておこう。

この頃は天下無二の軍学者勝麟太郎という大先生に門人となり、ことのほか可愛いがられ候て、まず客分のような者になり申し候、近き内には、大坂より十里あまりの地にて兵庫という処にて、おおきに海軍を教え候処をこしらえ、また四十間、五十間もある船をこしらえ、弟子共も四、五百人も諸方よりあつまり候事

ここで龍馬は、神戸海軍操練所の建設計画について、壮大な夢を語っている。「弟子共」がすでに四、五百人も集まっているというのは、明らかに誇大広告だが、そのような計画だったことは、たとえ海舟がこの手紙を見たとしても、否定はしないだろう。はしなくも龍馬の稚気が、よく現れた文章と言える。

海舟の海軍構想は実現の端緒が開かれ、その門人として龍馬の歩みも着実に進みつつあるようであった。

村田巳三郎との議論

海舟構想が将軍の鶴の一声で実現に向かい、龍馬も大手を振ってその門人と称することができ

るようになったとはいえ、世の中の大勢は、あくまでも急進的な破約攘夷論であり、海舟の一派は反主流もしくは少数派である。そのなかで、龍馬は実際、どのような考えを持っていたのだろうか。

龍馬は手紙などで、自分の思想を詳しく述べるようなことをしなかったから、その辺りが分かりにくいのだが、その一端がうかがえる史料として、『続再夢紀事』文久三年六月二十九日条の、次の記事は貴重である。その日、さきに松平春嶽から海軍操練所に資金を提供された礼を伝えるため、龍馬は海舟の命で、京都堀川二条の越前邸を訪れた。そして応対に出た重臣村田巳三郎（氏寿）と、攘夷実行をめぐり、長時間にわたって懇談したのである。読みやすくするため、前後関係を補い、また一部を現代語に直しながら、その議論を紹介してみよう。

龍馬はまず一番に、最近の長州の動向から話を切り出した。破約攘夷論の急先鋒、長州は、先に天皇から布達された攘夷実行の期限である五月十日に、下関海峡を通りかかったアメリカ商船を砲撃し、攘夷戦争の火ぶたを切った。その後、フランス艦をも砲撃したため、六月五日には戦備を整えたフランス艦隊の攻撃を受けて惨敗、下関の砲台を一時的にせよ占領される事態にまで陥《おちい》っていた。

これを指して龍馬は、「長防二州（長門・周防）の地はついに異国の有に帰すべきか。いったん異国の有に帰する時は、再びこれを挽回するのは難しいだろう。されば、今日は有志の者が傍観して済むときではない。よろしく外国側と談判して、外国人を国内から退去させ（条約破棄）、もっぱら国内を整備すべきである。ところが、これを実行するには、幕府の俗吏を退けることが第一なので、勝海舟と、その盟友大久保忠寛《ただひろ》の計画に従って、春嶽・茂昭の越前侯父子、肥後の長岡良之助公子（細川護良）、土佐の山内容堂の四人が急速に上京して、一気にその大策をあげるべきである」。

ここで「俗吏」と目されている人物を特定することは難しいが、たとえば将軍側近の老中、板倉勝静《かつきよ》・水野忠精《ただきよ》あたりかと思われる。要するに彼らを排除するための政変計画であり、ことは簡単ではない。この提案に対して、村田は次のように答える。

「今回の事態は長州人が軽挙して事を誤ったものであり、たとえ外国人が談判に服して内地を退去することになったとしても、すでに実行してしまった軽挙（無差別砲撃）については、賠償金を支払って謝罪しなければなるまい。そうでないと日本は万国に対し、不義無道の汚名を蒙るわけだから、かえって得策でない。ところが現在のところ、朝廷はむしろ長州の挙動を是認しているので、賠償金支払いも簡単には実行できないだろう。これ目下の一大難事なり」。

龍馬、答えていわく。「そのような事情もあるだろうが、長州は（日本）国のために死を決して戦ったのであり、その気節は称賛すべきである。ゆえに助けないで放っておくわけには行かない。それに空しく傍観していては、長防二州は外国人の所有するところになってしまうであろうし、長州人が自暴自棄《じぼうじき》になって、江戸焼き打ちや横浜砲撃などを企てないとも限らない。そのような事になれば、国難はさらに数倍になってしまう。とにかく現在の急務は速やかに幕吏を処置し、また外国人へ退去の談判を開くべきなり」。

村田いわく、「外国人もし退去の談判に承服しなければどうするか」。

龍馬、「談判に服せず、もし戦争を仕掛けてくるなら、全国一致の力を以て防戦すべし」。

このような龍馬の過激な発言にあって、村田はいささかあわて気味である。「それでは長州の軽挙のために、日本全国が共倒れになるというものだ。一国の臣民のなかに、外国の臣民に暴行を加える者があれば、その君主たる者、必ずその理非を鑑別して相当の処置に及ばざるべからず。あまり長州にばかり片寄るべきではない」。

村田の言うことは、理が通っているが、龍馬もこれくらいでは引き下がらない。「長州が軽挙して事を誤った罪は、貴説にてよく分かった。しかし、小生に言わせれば、そのことは二の次で、まず幕吏を処置する方が先決である。そこで、速やかに（貴藩から）勝海舟と大久保忠寛のもとへ使者を派遣されるように望む」。村田によれば、このときの龍馬の態度はかなり強硬だったという。

翌日、龍馬は近藤長次郎とともに、再び越前邸を訪れ、村田と議論を尽くした。その結果は、「ついに双方、同論に帰した」。つまり、一致した結論に達したというのだが、その内容は、以下の三件である。長州の事は天下の公論に帰し、いささかも私論（私情）を差し挟まないこと、外国の事は当然の道理（国際的な慣例）に基づき、談判を尽くすべし、内国の事は人心の一和を図り、もし外国と戦いを開くことになった場合は、全国一致して必死を極めるべし。

公平に見て、龍馬の方が村田にやりこめられた格好だが、龍馬の主張は、こと攘夷に関する限り、久坂玄瑞ら長州系破約攘夷論者のそれと、あまり変わらない。特徴は、越前侯父子らが上京して俗吏を除く、という政変計画の点であり、これの立案者は海舟・大久保忠寛だとされている点である。このあたりの真相は明らかでないが、いずれにしても、政変に関する龍馬の提案は、越前村田側から相手にされない結果に終わった。

以上の『続再夢紀事』の記述による限り、龍馬は海舟門下とはいえ、破約攘夷論にかなり共感を持っていた様子であり、それは諸国浪士らにほぼ共通する感覚だった。また、幕吏を処置しようという政変計画も、この時期には珍しくない。要するに龍馬は、この文久三年夏の頃、神戸海軍操練所の練習生として海軍修行に勤《いそ》しむかたわら、攘夷浪士的な活動にも片足を突っ込んでいたのである。

海舟失脚、薩摩のもとへ

今みた龍馬と村田の議論があったのは、文久三年六月末。その頃、一時は京都政界を席巻《せっけん》したかに見えた破約攘夷論も、実はすでに陰りが見え始めていた。対立の大本は、孝明天皇と議奏三条実美のそれである。三条は、攘夷督促勅使の役目を果たし終えて江戸から帰京した二年十二月以来、「ことのほか暴激にてしきりに無謀の攘夷を主張せられ、ほとんどあたるべからざる勢い」(『続再夢紀事』文久三年正月十七日条)を振るい、事実上、勅諚の降下までも取り仕切るような状態にあった。その背後についているのは長州・土佐系の破約攘夷論勢力である。天皇は、そのような事態を朝廷内秩序の混乱を招くものとして憂慮し、三条を議奏から罷免することを計画した。

やがて八月十八日早朝、天皇の命を含んだ京都守護職会津藩、それと組んだ薩摩藩をはじめとする諸藩の軍勢が御所の各門を固めるもとで、朝議が開催され、三条実美を謹慎処分に付すことが決定された。二千六百人にのぼる長州勢は、一時は反発の動きを見せたものの、結局は抵抗をあきらめ、三条ら仲間の七公卿とともに国元めざして落ち延びていった。いわゆる八月十八日の政変であり、俗に言う「七卿落ち」である。

京都といわず全国政界の勢力地図は、この事件で一挙に変化した。長州が没落し、かわって会津・薩摩の株が急騰する結果になったのである。それでも、長州は勢力挽回のチャンスを狙い続け、京都守護職松平容保《かたもり》を標的として、京都に攻めのぼる機会が来るのを待っていた。長州にその機会を与える結果になったのが、翌元治元年(一八六四)六月五日の池田屋事件である。長州藩士三人を含む即死七人、捕縛二十三人という事件の第一報が、山口に届いたのは六月十二日。長州長州の内部では、さすがに抑えが利かなくなり、益田右衛門介・福原越後・国司《くにし》信濃の三家老が、朝廷への嘆願を名目に兵を率いて上京を開始した。真のめざす相手は松平容保である。

七月十九日、待ち受けた会津・薩摩兵との間に、ついに戦端が開かれた。御所の北西にあたる蛤御門付近での戦闘がもっとも激しく、この付近から出火した火災は、御所から南側一帯の京都市中を焼き尽くした。俗に「どんどん焼け」と呼ばれている。勝敗はといえば、長州側の惨敗であり、久坂玄瑞・寺島忠三郎・来島《きじま》又兵衛、それに久留米の真木和泉など、破約攘夷論のリーダーたちは、この戦いで壊滅したのである。

この政界大変動は、ひるがえって龍馬の身にも変化をもたらさずにはいなかった。いや、その前に後ろ盾の海舟が失脚してしまうのである。海軍操練所設立などの海舟構想は、ある意味では攘夷論の圧力を利用し、外国に対抗する有効な力として日本海軍を建設しようとするものだったから、攘夷論勢力の壊滅は、追い風を失う結果を意味するのである。

かくて海舟は、十月二十二日、大坂城代を通じて江戸に帰るようにとの命令を伝えられ、十一月十日、軍艦奉行の御役御免、ついで逼塞《ひっそく》が申し渡された。これに前後して、神戸海軍操練所にも閉鎖の命が下った。結局、操練所という存在は、設立決定から閉鎖まで、わずか一年間半ほどしかなかったのである。

これとともに、龍馬ら海舟門下の連中は、行き場を失ってしまった。それを引き受けたのが薩摩であり、個人的には海舟に心服していた西郷吉之助（隆盛）である。西郷、それに家老の小松帯刀《たてわき》は、龍馬らをまとめて引き取り、大坂または京都の薩摩邸に収容した。

実は史料的に見ると、海舟が失脚する元治元年十月から翌慶応元年（一八六五）四月まで、龍馬の足取りは不明である。京坂でなければ、あるいは下関に行っていた可能性もある。龍馬が史料の上で、再び姿を現すのは、土佐の浪士仲間、土方楠左衛門《ひじかたくすざえもん》（久元）の日記『回天実記』四月五日の条で、その日に大坂から京都の薩摩邸に帰ってきたという。

ついで、四月二十五日、龍馬は西郷・小松とともに、薩摩の蒸気船胡蝶丸に乗り組み、鹿児島に向けて大坂港を出港した。初めての鹿児島行である。高くそびえて間断《かんだん》なく噴煙を吐く桜島と、そのもとに青く広がる錦江湾《きんこうわん》。鹿児島城下の雄大な風景に抱かれながら、龍馬にとって、新たな活動の舞台が用意されたのであった。

その後の龍馬像

このように龍馬の活動経歴を追ってみると、それはおおむね、次の四段階に分けることができるように思う。すなわち、まず第一段階が文久二年（一八六二）三月の国抜けから、同年末の海舟へ入門まで、第二段階が海舟門下としての活動で、元治元年（一八六四）十月の海舟失脚まで、第三段階が元治元年末に、薩摩の庇護を受けるようになって以来、土佐との関係を復旧させて海援隊を組織する慶応三年（一八六七）四月まで、第四段階が薩摩から離れて土佐の後援を受けながら、海援隊長として活動し、十一月十五日殺害されるまでである。

世上に知られる龍馬の功績として、薩長政策提携の周旋がある。いわゆる「薩長盟約」の成立として結実するものだが、その活動は慶応元年（一八六五）五月から翌年にかけてのものであり、先の整理に従えば、第三段階にあたる。また政権奉還建白との関わりは、第四段階のことであり、土佐の後藤象二郎との連携が大きな契機となっている。

薩長提携にせよ、政権奉還建白にせよ、それらはむしろ明治以降になってから、幕末維新の時代が、歴史と記憶の世界に組み込まれて行くとき改めて思い起こされ、事実と伝承とをないまぜにしたストーリーが、関係者のさまざまな思惑とあいまって形作られるのである。その簡単な要約は、すでに冒頭の『贈位諸賢伝』で紹介した。それらにまつわる問題は、稿を改めて論じなければならないだろう。

【参考文献】
青山忠正『幕末維新――奔流の時代――』（文英堂、一九九六年）
同『明治維新と国家形成』（吉川弘文館、二〇〇〇年）
同『明治維新の言語と史料』（清文堂、二〇〇六年）
池田敬正『坂本龍馬』（中央公論社、一九六五年）

勝海舟全集刊行会編『勝海舟全集1　幕末日記』（講談社、一九七六年）
芳　即正『坂本龍馬と薩長同盟』（高城書房、一九九八年）
笹部昌利「幕末期公家の政治意識形成とその展開――三条実美を素材に――」（『佛教大学総合研究所紀要』第八号、二〇〇一年）
仙波ひとみ「幕末における関白――『両役』と天皇――安政五年『外夷一件』をめぐる『朝議』を中心に――」（『日本史研究』四七三号、二〇〇二年）
日本史籍協会叢書『坂本龍馬関係文書』全二巻（東京大学出版会、一九八八年復刻再刊）
日本史籍協会叢書『続再夢紀事』全六巻（東京大学出版会、一九八八年復刻再刊）
松浦　玲『勝海舟』（中央公論社、一九六八年）
松岡　司『定本　坂本龍馬伝――青い航跡――』（新人物往来社、二〇〇三年）

龍馬は「暗殺」されたのか

龍馬「暗殺」

坂本龍馬は中岡慎太郎と共に、慶応三年（一八六七）十一月十五日、京都河原町四条上がる、近江屋で「暗殺」された――。これは、どの概説書や人名辞典類にも書かれていることで、日本史の常識に属する。

しかし、考えてみよう。そもそも「暗殺」とは何なのだろうか。『広辞苑』第三版（一九八七年）には、「ひそかにねらって人を殺すこと」と、あっさり書いてあって、いささか拍子抜けさせられるが、歴史的事件としては、「政治的な意図を持って」という補足があるべきだろう。

龍馬の場合も、当然そうである――と言いたいところなのだが、実を言えば、「暗殺」であったことを証拠だてる一次史料は存在しない。彼が殺害されたこと自体は疑いようもない事実だが、その実行者や意図については、よく分からない部分が多いのである。

ところが、その〈よく分からない部分〉について、明治以降になってから、龍馬が有名人として祭り上げられるにつれ、さまざまな〈語り〉が生み出された。その〈犯人〉たちの正体は、おおむね割れていて、幕末当時に龍馬と多少とも関わりがあり、のちの政界のなかでは土佐閥として存在した連中である。

代表は田中光顕《みつあき》（一八四三〜一九三九）。明治二十八年（一八九五）七月宮内次官に就任、同三十一年（一八九八）二月には宮内大臣に昇り、四十二年六月まで、在任期間は十一年四ヵ月に及んだ。ちなみに前任の宮内大臣は同じ土佐閥の土方久元《ひじかたひさもと》（一八三三〜一九一八）。明治二十年九月から三十一年二月まで、在任十年五ヵ月である。この二人が、明治後半のほぼ全期間にあたる二十二年間を、宮中関係の総元締めとして頑張っていた。

彼らはその地位を利して、強力な薩長閥に対抗しながら、弱小な土佐閥として、明治の政界を生き抜いたのである。土方は大正七年に亡くなるが、田中は長命で、昭和十四年まで生きた。昭和三年（一九二八）が「昭和戊辰」と呼ばれたように、その頃には「御一新」から三世代を過ぎているから、さすがに幕末当時の生き残りは希有《けう》な存在で、田中は「維新生き残り」の名を恣《ほしいまま》にした。その体験に基づく〈語り〉は、当時を知らない人々にとって、有無をいわさぬ迫力があったことだろう。

岩崎英重と『坂本龍馬関係文書』

その田中の〈語り〉をはじめとして、龍馬に関する史料類を一書にまとめて、世に提供した書物が、日本史籍協会叢書のひとつとして大正十五年（一九二六）六月に刊行された『坂本龍馬関係文書』全二巻（以下、『坂本文書』と略記）である。編者は岩崎英重《ひでしげ》、号を鏡川《きょうせん》という。

岩崎鏡川（一八七四〜一九二六）については、ほとんど知られていなかったが、平成十六年（二〇〇四）に高知県立坂本龍馬記念館が「坂本龍馬と岩崎鏡川」展を開催し、図録を刊行してから、事績などもかなりの部分が明らかにされた。土佐出身の歴史家で、大正十五年当時は文部省維新史料編纂官であった。それ以前の著作として、井伊直弼を襲った水戸の連中を烈士として称揚した『桜田義挙録』（吉川弘文館、明治四十四年〈一九一一〉）がある。当然ながら、政治的には田中光顕の子分といった立場にあった。ちなみに刊行元の日本史籍協会は維新史料編纂会の外郭団体として、大正四年（一九一五）に岩崎と出版実業家の早川純三郎が設立した組織で、同年から昭和十年（一九三五）までに合計一八七冊にのぼる維新関係の史料類を刊行した。田中光顕は、同協会の幹部として、設立当初から組織に深く関わっていた。

ともあれ、龍馬の事績が史料の上でたどれるようになったのは、この『坂本文書』刊行以降である。といっても、刊行当時、日本史籍協会叢書はわずか三百部が会員に限定頒布されただけであったから、一般読者が書店店頭で自由に購入できるような書物ではない。史料という基本情報の開示が、極めて制約された条件のもとに置かれていたのが、当時の実情であった。文字通り誰でも自由に読めるようになったのは、ようやく昭和四十二年（一九六七）から四十九年にかけ東京大学出版会が日本史籍協会叢書全巻を復刻してからだ。

さて、その『坂本文書』なのだが、残念ながら、現代の史料学の水準に照らせば、史料集と言えるような書物ではない。これは、同書に限ったことではなく、日本史籍協会叢書全体に関わる問題なのだが、たとえば、ある文書を収録するにあたって、現代の史料学の観点からすれば必要かつ当然な、その文書類の真偽判定はもとより、伝来の経緯の検討、現時点での所蔵先の明記などの措置がなされていないのだ。そのことが、『坂本文書』の史料集としての価値を非常に低いものにしてしまっている。史料としての伝来の経緯を明確にしないままで、ある文書を収録されても、利用者（読者）がその背景を検証できないようでは困るのである。

そのような困る史料の典型が、いわゆる船中八策である。この文書は『坂本文書』一（東京大学出版会、一九八八年覆刻再刊）二九七頁に、「慶応三年六月十五日（新政府綱領八策）」と題して収められる。すなわち、「一、天下ノ政権ヲ朝廷ニ奉還セシメ政令宜シク朝廷ヨリ出ツヘキ事」に始まる八ヵ条の綱領である。これについて、編纂者の岩崎は、「此綱領ヲ俗ニ『船中八策』ト云フ是月龍馬後藤象二郎ト同船長崎ヨリ上京ノ際船中ニ於テ協定シ海援隊書記長岡謙吉ヲシテ起草セシメシヨリ此名アリト云フ」と注を付している。私の結論だけを指摘しておけば、この注には根拠がなく、したがって龍馬が、長崎から上京する船中で、このような綱領を案出したとする事実は確認できない。

龍馬「暗殺」に関する史料

ここで、ようやく本題に戻ろう。龍馬殺害事件に関する史料は、主に『坂本文書』二に収められている。瑞山会採集史料の中から採録された「坂本中岡遭難一件」（毛利家書抜調）、伯爵田中光顕の談話「坂本中岡両雄の凶変」、岩崎鏡川執筆「坂本と中岡の死」、明治三十三年頃の谷干城《たてき》の談話「坂本中岡暗殺事件」の四編である。前二者は、それぞれ六頁、四頁半の超短編、また谷談話は二七頁の中編だが、岩崎の文章は実に一一六頁にわたる長編で、龍馬の死の模様を最も具体的に詳しく叙述している。ただし、その叙述は、小説を思わせるようなそれであり、現代の水準でいう「研究」とは異質の文章と言わざるを得ない。そして、この岩崎「坂本と中岡の死」の発表後、龍馬の死は、おおむね、この文章に基づいて描かれるようになる。

その「坂本と中岡の死」のなかで、岩崎は龍馬殺害の実行者の一人として、元見廻り組の今井信郎という人物をあげた。これには今井本人が明治三十三年（一九〇〇）五月に、『近畿評論』という雑誌の第十七号に、「自から下手人と名乗りて当時の実歴談を掲載」する（『坂本文書』二、四四八頁）という経緯があったのだが、岩崎はこれを契機として調査を始め、「明治三年二月より九月に渡れる兵部省及び刑部省の口書《こうしょ》判決文の抜粋」を得て（同前、四五五頁）、これを「坂本と中岡の死」に収録したのである。田中光顕や谷干城の〈語り〉を別にすれば、龍馬の死に関わる一次史料は、実に、この今井の「口書」（供述書）と刑部大輔《ぎょうぶだゆう》佐佐木高行からの申し渡し（判決に相当）しかない。「口書」には、次のように記されている（カッコ内は青山による注）。

（慶応三年）十月中比、與頭《くみがしら》佐々木唯三郎、旅宿へ呼び寄せ候に付き、私ならびに見廻り組渡邊吉太郎・高橋安次郎・桂隼之助・土肥仲蔵・桜井大三郎、六人罷《まか》り越《こ》し候処、唯三郎申し聞け候には、土州藩坂本龍馬儀、不審の筋これ有り、先年伏見に於いて捕縛の節、短筒を放し、捕手の内、伏見奉行組同心二人打ち倒し、その機に乗じ逃げ去り候処、当節河原町三条下る町、土州邸向かい町家に旅宿罷り在り候に付き、この度は取り逃がさざる様捕縛致すべし、万一手に余り候得ば討ち取り候様、御差図これ有るに付き、一同召し連れ出張致すべく、尤も龍馬儀旅宿二階に罷り在り、同宿の者もこれ有り候由に付き、渡邊吉太郎・高橋安次郎・桂隼之助は二階へ踏み込み、私ならびに土肥仲蔵・桜井大三郎は台所辺に見張り居り、助力いたし候者これ有り候はば差図に応じ、相防ぐべき旨にて手筈相定め（中略）私ならびに土肥仲蔵・桜井大三郎はその辺に見張り居り候処、奥の間に罷り在り候家内の者騒ぎ立て候に付き取り鎮め、右二階上がり口へ立ち帰り候処、吉太郎・安次郎・隼之助下り来り、龍

図　昭和3年(1928)、京都市教育会により、近江屋跡に建てられた遭難記念の標柱。

馬その外両人ばかり合宿の者これ有り、手に余り候に付き、龍馬は討ち留め、外二人の者切り付け疵《きず》負わせ候えども生死は見留《みとど》めざる旨申し聞け候に付き、左候《さそうらえ》ば致し方これ無きに付き引き取り候様、唯三郎差図に付き、立ち出で銘々旅宿へ引き取り、その後の始末は一切存ぜず（後略）

これによると、龍馬は先に伏見奉行所の捕手を殺害した（慶応二年正月）罪で追われ、今井ら六名は、組頭佐々木唯三郎から、手に余るようなら討ち取れとの指図を受けて、近江屋へ捕縛に向かい、実際「手ニ余リ候ニ付、龍馬ハ討留メ」たとされている。

これを受けた明治三年九月二十日付の申し渡し書では、「其方儀、京都見廻組在勤中、與頭佐々木唯三郎差図ヲ受、同組のものと共ニ、高知藩坂本龍馬捕縛ニ罷り越し、討ち果たし候節、手ヲ下サスト雖《いえど》モ、右事件ニ関係致し（中略）禁錮申し付ル」とあって、今井は静岡藩で禁固刑に処された。これらによる限り、龍馬は捕縛に来た見廻り組隊士に抵抗したため、討ち留められたという。龍馬の関係者は当初から、政治的意図に基づく殺害だと断定している。どちらの言い分が正しいか、あるいは観点ないし立場の問題と見るべきなのかもしれない。

Ⅳ　変動する政局

岩国と薩摩——水面下の薩長交渉——

『吉川経幹周旋記』

戦国大名毛利氏の家臣として、「毛利両川《もうりりょうせん》」と呼ばれたのが吉川《きっかわ》家と小早川《こばやかわ》家だった。この「両川」の、その後の経過は対照的である。関ケ原の戦いのあと、小早川のほうは秀秋の代に、備前・美作《みまさか》五十万石を領する大大名にまでなったが、一代限りで断絶してしまった。吉川のほうは、毛利氏から周防《すおう》国玖珂郡など、三万石を与えられ、岩国に城を築き、江戸時代を生き延びて明治維新まで続いた。毛利氏の分家である長府・徳山・清末の三支藩とならんで、「岩国藩」と通称されるが、徳川将軍から分知を認められていたわけではないから、公式の大名ではなく、したがって官位もなかった。

幕末の頃の当主は、吉川監物経幹《きっかわけんもつつねまさ》という。毛利敬親《たかちか》を当主とする萩の本家が、文久年間（一八六一～六四）から中央政局に関わるようになり、徳川家老中など外部との交渉の機会が増えると吉川家は、交渉の仲介にあたることが多くなった。公式の大名ではないからかえって動きやすく、また外部からも、接触しやすいという事情があったようである。

吉川家では明治になってから、こうした動きを軸に家史を編纂し、『御周旋記』（全二十六巻）と名付けた。完成したのは明治十四年（一八八一）であり、一般にはのちに日本史籍協会叢書に収められたときの書名『吉川経幹周旋記』（全六巻、一九二七年）の名で知られている。

この書物は、上に述べたような事情から、長州と藩外との交渉における水面下の動きをよく伝える史料となっている。とくに慶応三年（一八六七）の後半に入って、「王政復古」に向けた武力挙兵が計画され、薩長提携が進んで政局の動向が複雑になってきた時、京都薩摩邸と長州との間で、どのように連絡が取られていたかを見るうえで、他の史料ではうかがえない内容を持っている。ここでは、そのなかから西郷吉之助の山口下向計画に関わる動きについて、かいま見ることにしよう。

西郷下向の情報

吉川家が、薩摩と関わりを持つようになったのは、元治元年（一八六四）後半の第一次長州出兵の際、西郷が征長総督府参謀として、長州側と交渉にあたるようになった時である。吉川は本家との仲介にあたり、それ以来、薩摩とのラインを保つようになった。慶応元年（一八六五）に入ると吉川家士が、京都薩摩邸にひそかに滞在するようになっていて、翌二年（一八六六）正月に薩長盟約が成立する際も、伏線的な動きをになっていた。

慶応二年の冬からは河上深蔵が「潜伏」していたが、三年春には岩国に戻っていた。四月になると、いわゆる四侯会議の開催が具体化したことにともない、同十一日、あらためて境金一郎と中島文蔵が、「京都薩邸へ潜行、仰せ付けられ」た。長州側の最大の関心は、二年前から棚上げ状態の長州処分が、どのように決定されるか、ということであり、そのあたりの見通しが付くまで潜伏せよ、と申し含められていた。

やがて六月十二日に境だけが岩国に戻ってきたが、『吉川経幹周旋記』には、復命に関わる直接の記事が見えず、何のために戻ってきたのか、よく分からない。もっともこの時点では、四侯会議の失敗が明らかになり、京都薩摩邸および長州本家指導部の間で、武力挙兵が決意された頃だから、それに関わる情報を持ち帰ったものには違いあるまい。また、あとで触れるように、このとき境は、次に見る西郷の山口下向予定をすでに知っていたという。

いっぽう京都に残った中島文蔵からの情報は、本家の品川弥二郎と山縣狂介が、六月二十二日に京都から山口に戻ってきた際に、もたらされた。品川が持ち帰った中島の書簡を、吉川側は遅くとも二十六日までに入手している。それによると、「当月下旬へ懸け、薩藩西郷吉之助、山口罷り越し候風聞内々承候由、尤右之趣は余程深密之趣にて、文蔵より右様之儀報知致し候抔と申

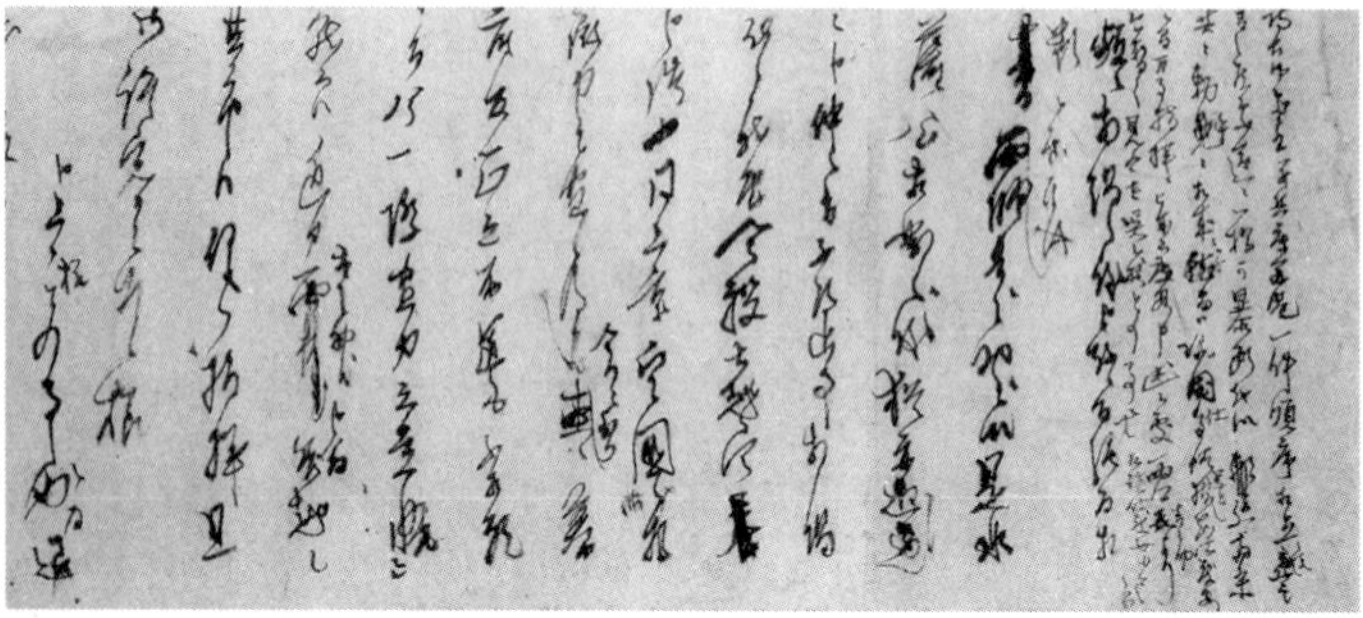

図　品川・山縣復命書草按（部分・京都大学附属図書館蔵）。久光との会談内容を主君に報告したもの。

儀相知候ては、（薩に対し）文蔵信義をも失ひ相済難き由」という。

この西郷下向の件は、六月十六日、京都で島津久光が品川と山縣を引見した際、はっきりと申し渡したことだから、「余程深密之趣」には違いないが、本家側に対して秘密にしなければならないようなことではない。あくまでも、「西郷儀、当節御本家などへ往復致し候様之儀、万一他藩へ相顕《あいあらわれ》候ては相済まず候儀」というように、外部へ漏れることに対する警戒が中心である。ただ、本家への公式的な伝達以外に表に出ない情報ルートとして、岩国―薩摩ラインがあったことは確認しておいてよいだろう。薩摩にしても、中島が当然、岩国に報知することを予想したうえで、情報を提供しているに違いないのである。

西郷下向の目的

さて、では西郷が山口に下向する目的は何だったのか。

この点について、六月十六日に久光に会った時の模様を、品川・山縣が記録した覚書には、毛利敬親にあてた久光の伝言として次のように記されている(『大西郷全集』第一巻、八九六頁)。

今般、土越宇申談、一同上京、皇国の御為微力を尽し候得共、建言の旨趣、御採用もこれ無く、幕府反正の目途とてもこれ無き事に付、今一際《ひときわ》尽力の覚悟罷《まか》りあり候。右に付、近日吉之助へ申含め、御地差し越し候間、其の節は何も御指揮且御許容成し下され候様、申し上げ呉れ候様

四侯会議の失敗を踏まえ、「今一際尽力の覚悟罷りあ」るので、その打ち合わせのために西郷を山口に派遣するというのだ。だが、抽象的な言い回しで、「今一際尽力」の具体的な内容が、はっきりしない。

この点について実際は、品川・山縣は具体的な説明を受けていた。そのことが、史料のうえで明らかにうかがえるのは、今のところ、この『周旋記』だけである。すなわち、その七月一日条に、山口詰の吉川家士稲葉八郎左衛門が六月二十九日発で、岩国に送った連絡書簡の「要旨」があげられている。それには、稲葉が西郷下向の件について本家側に問い合わせた時の状況が記されている。

それによると、「西郷下向の趣は、境(金一郎)氏御承知にて御帰りの次第は、既に私(稲葉)より(本家)直目付柏村数馬へ内咄《うちばなし》致し置」いたことという。稲葉は、この日、山口政庁で杉孫

七郎に会い、「このあいだは品川殿そのほか御帰山の由、ついては西郷趣は御分かり共には相成らずや」と尋ねた。これに対し、杉は次のように答えている。

境殿このあいだ御帰宅の様子は承知仕り居り候。品川弥二郎・山縣杏介（ママ）両人もこのあいだ罷り帰り申し候。右罷り帰り候節、両人とも大隅守様（久光）へ拝謁仕り候処、是迄色々尽力周旋も致し候得共、何分幕府不条理を申し詰め候に付き、此の上は大いに尽力致すの他手段これ無きに付いては、山口へ西郷吉之助差し遣わし候積もりとの仰せに付き拝承、御席を下り候得は小松帯刀・西郷吉之助……（ママ）名前、失念 右の三人相対、何分幕府不条理にて一通りの尽力周旋にては、志は相届かず候故、此の上は天子を守護し勅許を受け、幕府を伐罪する外はこれ無く候。右に付き、委細は吉之助儀山口表へ罷り下り、申し上ぐべく候間、右の段早々御引き取りにて仰せ上げられ候様に、と申し述べ、それより両人引き取り候由（以下略）

ここに見える薩摩側の「右の三人」のうち、「名前失念」とされているのが大久保利通であるのは明らかだが、三人は品川・山縣に対して、はっきりと「天子を守護し勅許を受け、幕府を伐罪する」ことを明言したとされている。

この時期の薩摩側の内情は、もう一つ明確でないところが多いのだが、この史料によるかぎり、薩摩は明らかに武力挙兵を計画していたと見ることができる。

虚々実々の駆け引き

もっとも薩摩の動きは、実は長州側が受け止めているほど、明解ではない。実際に、薩摩はこれと同じ時期の六月下旬に、土佐山内家と盟約を結び、今後の方針を土佐の提唱する大政奉還路線で進めることを申し合わせ、西郷の山口下向は、中止されてしまうのである。

薩摩の腹を計りかねた長州側は、七月末に柏村数馬を実情を聞き質すため、京都薩摩邸に派遣することになるのだが、この点については、「長州の密使」（本書Ⅳ所収）で書いたので、ここでは触れない。

いずれにしても、幕末維新期の政治過程は、きわめて重層的であった。そこでは、大名家を単位とする諸勢力の思惑と行動が、虚々実々の駆け引きをともないながら複雑に絡み合っている。そうした動きを、「討幕」から「近代国家」の成立へ、といった図式的な枠組みに収斂《しゅうれん》させてしまうことなく、解きほぐしてゆくことが今後の課題の一つであろう。

慶応三年九月、土佐と袂を分った薩摩は、大久保を山口に派遣し、長州とようやく出兵協定を結んだ。これについて岡山池田家の水原新左衛門は長州の野村靖之助に向かい、「薩は従来の狡《こう》黠《かつ》国に候へは、御疎《おぬかり》もこれある間敷候へとも随分御油断これ無きように」と「冷笑」したという。

薩長武力挙兵の勇断

挙兵への道

慶応四年（一八六八。九月から明治改元）正月三日の夕刻、京都郊外の鳥羽・伏見で、薩長と旧幕府徳川方は、全面的な武力衝突の状態に入った。これに先立つ前年十二月九日、薩摩は、朝廷内部グループと結んで、いわゆる「王政復古」政変を引き起こしていた。その後、薩摩は長州とともに、新政権の完全掌握をめざし、一方そこから排除された旧幕府は、政権への割り込みを策して、互いに駆け引きを繰り広げていた。鳥羽・伏見の戦いは、そうした緊張状態が続く中で、起こるべくして起こった事件であった。

両軍の兵力は、薩長三～四千、徳川方一万五千という。薩長にしても、必ず勝てるという確信が持てたわけはあるまい。勝敗の要因はともあれ、結果として薩長は戦いに勝った。「勝てば官軍」の言葉が示すとおり、薩長は戦いに勝つことによって、自らが拠る新政権が正当性を持つことを主張しうるようになったのである。

このような意味を持つ徳川方との武力衝突は、薩長においても、必ずしも早くから構想されていたわけではない。通説的な明治維新史の理解からすれば、慶応二年（一八六六）正月の「薩長同盟」成立以来、薩長はすでに「武力討幕」を行動方針として確立させていたように思われる。しかし、そうした理解は、慶応三年半ば以降の挙兵に向けた動きの起点を、慶応二年正月の西郷隆盛―木戸孝允会談という象徴的事件に、さかのぼってあてはめたものである。とくに明治十年代になって、薩長藩閥が確立したあとから振り返ってみれば、藩閥政権の重みとあいまって、二人の会談は、そうした決定がなされた、と思わせるに十分なだけのイメージを持つようになっていた。それは、歴史過程に対する理解とは別の次元に立つ、〈政治的神話〉とでも呼ぶべきイメージである。

現実の過程において、幕府徳川方と武力衝突に至るまでには、薩長にとっても段階を踏んだ決断を必要とした。安政五年（一八五八）に亡くなっていた先代当主島津斉彬の言葉をかりれば、それは、まさに「勇断」そのものだった。ここでは、その「勇断」に至るまでの過程を追ってみることにしよう。

四侯会議

慶応三年（一八六七）はじめ、西郷隆盛・大久保利通ら薩摩在京指導部は、有力諸侯を京都に集めて会議を開催し、対外交渉権を軸とする国家レベルの政策決定権を、徳川将軍家から、諸侯の合議体に移管させることを構想し、その具体化をめざした。

この薩摩の動きは、前年十二月五日、徳川慶喜に将軍宣下がなされ、さらに同二十五日には孝明天皇が死去して、幼少の新天皇が立てられるという事態が生じたことを、直接の契機としていた。さらには、諸侯会議の開催を呼びかけるにあたり、議題として念頭に置かれたのは、次の二つの懸案事項であった。

その一つは、この年十二月七日（一八六八年一月一日）を期日とする兵庫開港問題である。兵庫開港は、もともと安政通商条約に一つの条項として含まれていたものだが、慶応元年（一八六五）十月、条約が勅許されたときも、この条項だけは、兵庫は京都に近すぎるという理由で不許可となっていた。期日が近づくにつれて、将軍がその勅許を得るかどうかが、徳川側・反徳川側の双方にとって、大きな政治課題となっていたのである。

もう一つは、元治元年（一八六四）七月の禁門の変以来、官位を停止《ちょうじ》され、「朝敵」とされていた長州毛利家の処分問題である。これについては、慶応二年（一八六六）正月、当主の隠居と十万石の領地削減を柱とする処分が勅許を得て確定され、長州側に伝達されていた。長州が、仮にこの処分を受け入れれば、その時点で官位停止は解除される。しかし、自らの過去の行動は正当だったと主張する長州は、その処分を受け入れようとしなかった。慶応二年六～八月の幕長戦争は、将軍家茂《いえもち》が実力で長州を処分に従わせようとしたところから始まったものだった。しかし、諸大名側が将軍の意図を認めようとしなかったため、徳川方は長州を制圧できないまま、兵力を引き揚げざるを得なかった。混乱の火種であり続ける長州処分は、全国の諸大名にとって、早急な解決を要すべき課題となっていたのである。

慶応三年五月、薩摩の要請によって、四名の有力諸侯が京都に集まった。すなわち、薩摩の島津久光・越前の松平春嶽・土佐の山内容堂・宇和島の伊達宗城、である。彼らは、厳密な意味での大名（現役の当主）ではないが、それぞれ家政の実権を握っていた。久光は、少年当主茂久の実父、ほかの三名は、すべて隠居の前当主である。

彼らが、この時点で諸侯会議を構成することについては、安政期以来の長い背景がある。嘉永六年（一八五三）ペリーが来航して、翌安政元年和親条約が結ばれ、ついで安政四～五年（一八五七～八）にかけて、通商条約調印と将軍継嗣問題が政治課題となっていたとき、家門または外様国持ちの立場から、国政に介入しようとしていたのが、彼らだった（薩摩の場合は、先代斉彬。久光は、その後継者）。彼らは、そのために大老井伊直弼と対立し、実質的には「安政の大獄」の一環として、当主の座を追われたのだった。

したがって、大老井伊が暗殺された後、彼らの地位は、国内外にあって、かえって高く、政局運営に大きな発言権を持った。実際に、文久二年（一八六二）四月、久光の率兵上京以来、朝廷の権威を踏まえた諸大名と、将軍との間で、権力関係の変化が生ずると、春嶽・容堂・宗城は、政局復帰を果たし、徳川政権あるいは朝廷政治へ参与するようになっていた。こうした背景を踏まえてみれば、慶応三年五月時点で、彼らが、兵庫開港・長州処分を課題とする諸侯会議を構成し、新将軍徳川慶喜と対決する、という構図は、事態の展開において歴史的な脈絡に沿ったものだったことが理解できよう。

五月十四日、二条城において、将軍慶喜と会談した久光以下の四侯は、長州を「寛典」に処することと、及び兵庫開港については、将軍のみによる勅許要請を止め、さらに全諸侯の会同に基づいて、改めて勅許を要請すべきことを求めた。これは、慶喜に対し、彼が将軍として持つ国家レベルの政策決定権を、全面的に放棄するよう、要求したものにほかならない。

しかし、慶喜は四侯側の要求を受け付けず、五月二十四日には徹夜の朝議において、兵庫開港・長州処分についての勅許を同時に獲得した。兵庫開港は無条件勅許、長州処分は将軍に委ねるとの内容である。ここに至って四侯会議は、失敗が明らかになった。

四侯会議が、このような結果を見たことには、四侯側内部の意見不統一をはじめ、様々な要因がからむが、根本的には将軍慶喜と天皇との結び付きの深さによる。十九世紀半ばという歴史段階において、政策決定にあたっての正当性の根拠は、常に「叡慮」に置かれていた。「叡慮」をコントロールのもとに置いた政策決定の構造を作り出し、それを我が手に握るのでない限り、将軍制度を超えた政治体制の構築は不可能であることが、四侯会議を主催した薩摩、及びその成果に自らの復権を切実に期待した長州にとっては、明らかになった。彼らのボキャブラリーによれば、そうした政治体制の構築こそが、「王政復古」と呼ばれる。薩長は、この意味での「王政復古」を決意するとともに、さらにそれは、武力を用いない限り達成されることはない、と認識したのである。

薩土盟約

慶応三年六月半ば、右に述べた経緯を踏まえ、薩摩の大久保利通は京都から鹿児島の島津家政府に宛て、次のような書簡を送り、「一大隊」の兵力派遣とともに、当主茂久の上京出馬を促した（『大久保利通文書』一。読み下しは青山）。

（前略。薩摩が）これまで天下に大義を唱えさせられ候無二の御忠誠、全く水泡と相成るのみならず、皇国の大事去り、ついに幕府、朝廷を掌握し、邪を以て正を討ち、逆を以て順を伐つの場合に立ち至り候は案中の勢いゆえ、今一層非常の御尽力遊ばされたく、此のうえは兵

力を備え、声援を張り、御決策の色をあらわされ、朝廷に御尽くし御座無くては、なかなか動き相付きかね候（後略）

大久保が、この書簡を発信したのと同じ時期の六月十六日、島津久光は、在京中の毛利家臣山縣有朋・品川弥二郎を引見し、近日中に西郷隆盛を山口に派遣する予定であることを告げ、それを主君に伝えるため、帰国するよう命じた。

西郷派遣の目的について、久光以下の薩摩側は、このとき明言しなかったが、先に引用した大久保書簡には、「御引き合わせのため、長州へも御使、差し立てらる御つもり」という言葉があるから、薩摩の武力発動に連動した計画だったことは間違いないだろう。

ただし、この六月時点で薩摩が、徳川家との全面的な武力衝突を計画していたと見ることはできない。私の解釈を交えて言えば、薩摩側計画は、朝廷内部グループと連携しつつ、武力を背景にして朝廷を占拠し、おそらくは勅命の形式を取って慶喜から将軍職を剝奪することだったと思われる。それは、同時に制度としての征夷大将軍の廃止という意味を持った。その後の政体については、大久保らが必ずしも明確な構想を持っていたことを示す証拠はないが、それまでの経過を踏まえるならば、漠然とはいえ、諸侯会議から、さらに上下両院制のような政体を展望していたものと判断される。

薩摩は、このような政変計画のもとに、山口に西郷を派遣し、長州側の応援を要請しようとしたのであろう。しかし、この西郷派遣は、中止されることになった。それは、六月末、薩摩が土佐との間に盟約を結び、計画実行を一時延期することにしたためである。

この、いわゆる薩土盟約は、六月二十二日に成立したものとされることが、これまでは多かった。この点についての詳細な検討は、ここではスペースの関係で省略するほかないが、私は二十二日の原案「約定の大綱」検討を踏まえて、二十六日に「約定書」が完成したものと考えている（拙著『明治維新の言語と史料』清文堂、二〇〇六年を参照）。内容的なポイントにあたる「約定書」第四条を、大久保のメモから引いておけば、次のとおりである（『大久保利通文書』一）。

一、将軍職を以て天下の万機を掌握するの理なし。自今宜《よろし》くその職を辞して、諸侯の列に帰順し、政権を朝廷に帰す可きは勿論なり。

「約定書」が、この将軍職剝奪条項を含む限り、薩摩と土佐、そして長州との間に、行動目的についての相違は生じない。相違があるとすれば、土佐が主張するように、建白を当面の手段とするという、方法の問題である。薩摩は、その点を含めて、土佐と提携することを了承したのだった。

西郷は、以上の旨を含んだ、山縣・品川宛書簡を七月七日付で記し、「盟約書」を添え、村田新八に託して山口に派遣した。これに対する長州側の受け止め方は、やや複雑である。少なくとも、西郷下向の約束を山口に伝えた山縣は、それが反故《ほご》にされたことによって、長州内部での立

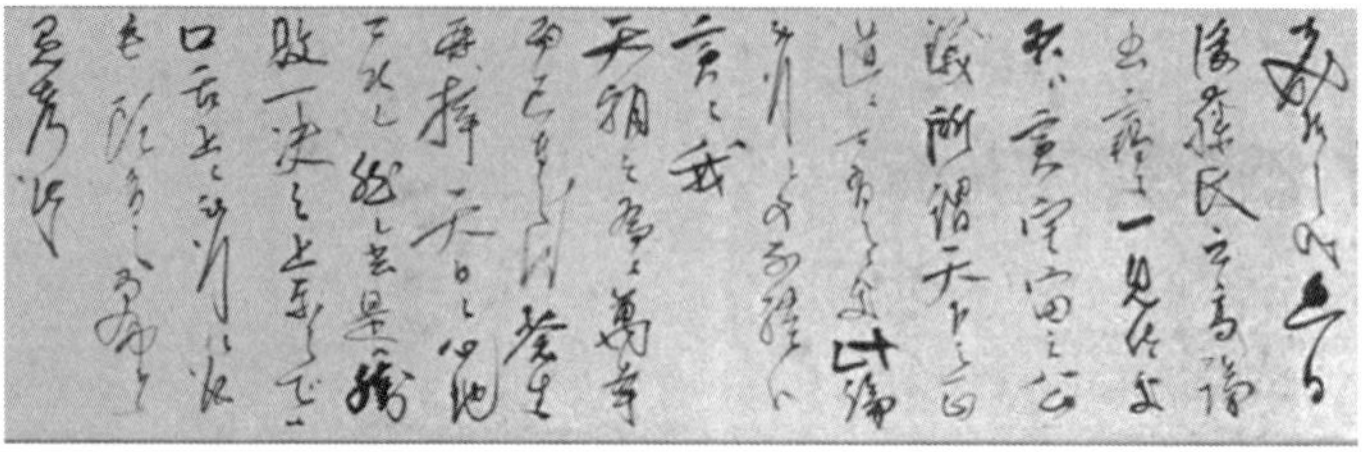

図１　慶応３年（1867）８月６日付品川弥二郎あて伊藤俊輔書簡（部分／京都大学附属図書館蔵）

場を失った。彼は、この後、政庁のある山口から、奇兵隊本陣のある吉田に引きこもることになるのである。

　山縣が立場を失う、というのは、たんに西郷下向の約束が反故にされたから、というだけでは、むろんなかった。将軍職剝奪をめざすにあたり、建白という方法を採ることに、長州が不信の念を持ったためである。この点について、伊藤博文は、京都に戻っていた品川に宛てた八月六日付書簡で、次のように述べている（京都大学附属図書館蔵）。

（前略）過日、後藤氏の高論書、竊《ひそか》に一見仕り候処、右は実に宇宙の公議、いわゆる天下の正道にこれあるべく候処、この論、行われ候ことなれば、実に我が天朝のために万幸のみならず、蒼生天日を再拝の心地仕るべく候、しかれども、これは勝敗一決のうえならでは、口舌《くぜつ》上に行われ候儀、毛頭これあるまじくと愚考仕り候（後略）

　ここに言う「後藤氏の高論書」とは、西郷書簡に添えられた「盟約書」を指す。伊藤は、その内容について、「右は実に宇宙の公議、いわゆる天下の正道」と全面的に賛成しながらも、建白という方法については、「これは勝敗一決のうえならでは、口舌上に行われ候儀、毛頭これあるまじく」と、深い疑念を漏らしたのであった。

この伊藤の認識は、長州側のそれを代表するものと見てよいだろう。長州政府は、薩摩の方針変更に、不信の念を抱きながら、薩摩の真意を確認するため、直目付《じきめつけ》柏村数馬《かしわむらかずま》と参政《さんせい》御堀耕助《みほりこうすけ》を、京都薩摩邸に使者として派遣することを決定した。

西郷・柏村会談と薩長芸派兵協定

七月二十七日、山口を発った柏村は、八月六日備前下津井《びぜんしもつい》(岡山県倉敷市)で御堀と落ち合い、同十一日入京した。柏村・御堀が、西郷を中心とする薩摩側と会談したのは八月十四日である。このとき西郷は、柏村の問いに答え、「兵力を以て模様を付け替え候」手順を、初めて明らかにした。『柏村日記』(毛利家文庫)同日の条には、その薩摩側応答の模様が次のように記されている。

藩邸居合わせの兵員、千人これあり候間、期を定め候えば、三分の一を以て御所の御守衛に繰り込み、このとき正義の堂上《とうしょう》がた、残らず御参内《ごさんだい》、御詰めなされ候、今一分を以て会津邸急襲仕り、残る一分を以て堀川辺幕兵屯所を焼き払い候策に御座候、且つ国元へ申し遣わし兵員三千人差し登し、これは浪華（大坂）城を抜き、軍艦を破るの策にこれあり、なお江戸表に定府《じょうふ》そのほか取り合わせ千人くらいまかりおり、外に水藩浪士等、同志の者、ところどころ潜伏仕り候につき、甲府城に立て籠もり、旗下の兵隊を京師《けいし》に繰り込み候を相支え候策にて、期を定め、三都一時に事を挙げ候積もりに御座候、もとより勝敗利鈍はあらかじめ期すべからず候えども、弊国（薩摩藩）斃《たお》るる時は、また跡を継ぎ候藩もこれあるべきやと、それを見詰めに一挙動仕り候心算《しんさん》に御座候

西郷は、このように、京都・大坂・関東方面の三ヵ所で、同時に武力発動を実行する計画を示した。ここで明らかにされた薩摩の行動計画の基本は、「正義の堂上がた、残らず御参内、御詰めなされ候」という言葉からうかがえるとおり、武力を背景に「御所」を占拠することである。そのうえで、どうするかについて、西郷は、「弊藩において討幕は仕らず、事を挙げ候已後、趣により、討将軍の綸旨《りんじ》は差し出さるべきか」と続けた。これは、勅命によって、慶喜から将軍職を剥奪しようとする意図を示すものである。

さらに、西郷は、その計画実行を今まで見送っていることについて、次のように説明した。すなわち、まず建白を手段とするという土佐藩後藤象二郎の提案がもっともなので、土佐と盟約を結んだ。後藤が高知に帰り、藩論をまとめて京都に戻る予定なので、彼の帰京を待っているのだが、もし土佐が協力しないようなら、薩摩だけでも事を挙げるつもりである――。以上の薩摩側

の計画を柏村は、八月二十四日、山口に戻って報告し、長州政府も、これを了解したのだった。

しかし、土佐藩論は、当初京都で後藤がもくろんだような形では、まとまらなかった。後藤の計画では、兵力をも京都に派遣する予定だったが、山内容堂の反対で中止された。

さらに重要なことには、薩土盟約のポイントであった将軍職剝奪条項も、実際の大政奉還建白からは削除される結果になったのである（佐々木克『幕末政治と薩摩藩』吉川弘文館、二〇〇四年を参照）。土佐藩政府が、その決定を下したのは、八月二十日と判断されるが、その決定を踏まえて後藤が大坂に着いたのは、九月二日（入京は七日）であった。

後藤は、翌三日から西郷と会談したが、西郷は九日に至って最終的に盟約の破棄を宣言した。薩摩側としては、建白という方法はともあれ、土佐側の行動方針から将軍職剝奪条項が抜け落ちたことを、方針の決定的な食い違いと判断したのである。

こうして土佐との提携を断った薩摩は、長州及び芸州と協力して京坂地域に派兵し、その兵力を背景として政変を実行する計画を立てた。その実行に際しては、当然ながら朝廷内部の「王政復古」グループと強い提携を結ぶ必要がある。そのグループは、岩倉具視・中山忠能・中御門経之らを中心としていた。大久保は、薩長芸の「三藩、連名」で彼らに提出する予定の決議書草案を、九月八日付で作成した。「要目」と題されている、その文書を、大久保自筆本（京都大学附属図書館蔵）から、次に掲げておこう。ちなみに、『大久保利通文書』二、では、これを十月八日

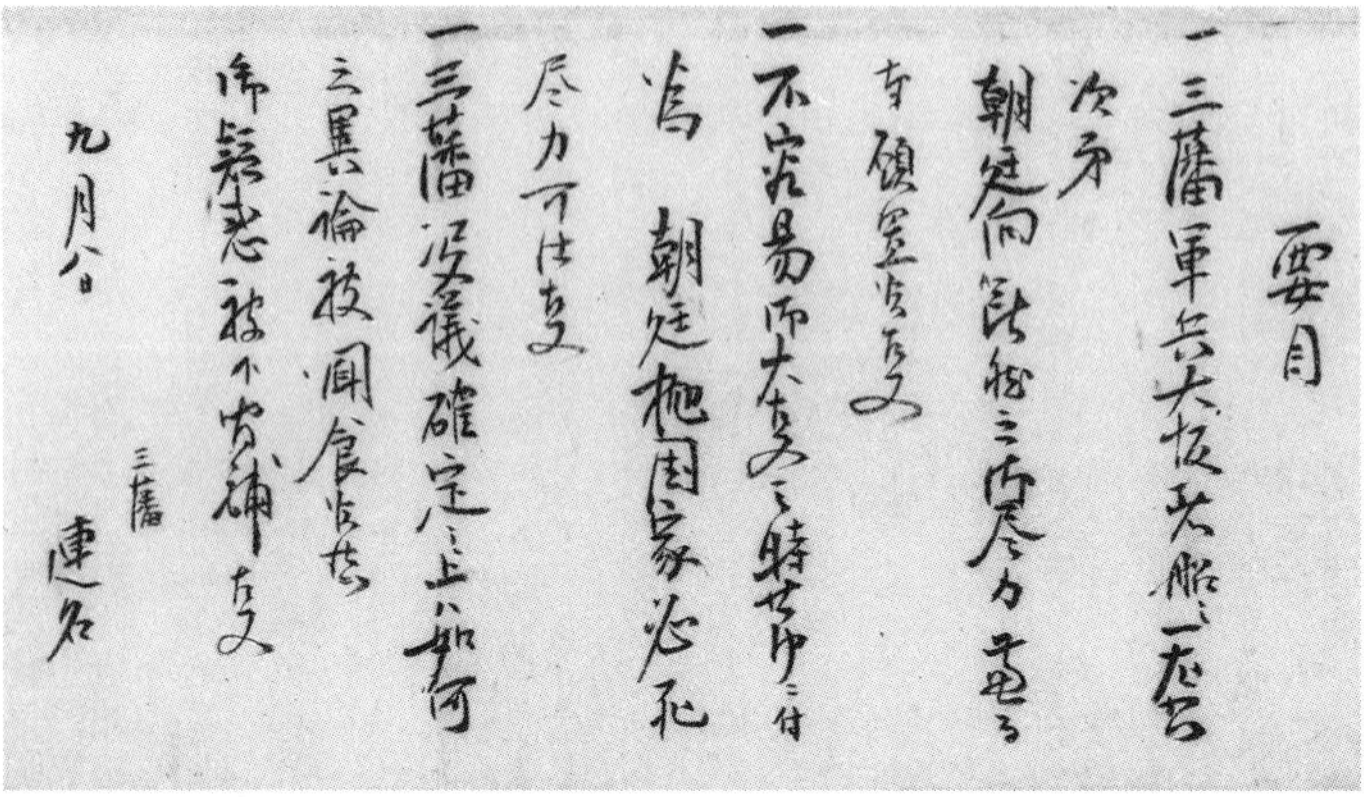
要目
一三藩軍兵大坂着船之一左右
次第
朝廷向断然之御尽力兼而
奉願置候事
一不容易御大事之時節ニ付
為　朝廷抛国家必死
尽力可仕事
一三藩決議確定之上ハ如何
之異論被聞食候共
御疑惑被下間敷候事
九月八日
三藩
連名

図2　慶応3年(1867) 9月8日付薩長芸三藩出兵要目草按。大久保一蔵の自筆である(京都大学附属図書館蔵)。

付として収録しているが、十月八日は、三藩協議において内容が確定された後、実際に中山らに対して提出された日である（『大久保利通日記』同日の条）。

要目

一、三藩軍兵、大坂着船の一左右次第、朝廷向き断然の御尽力、兼ねて願い置き奉り候事

一、容易ならざる御大事の時節に付き、朝廷のため国家をなげうち、必死尽力仕るべき事

一、三藩決議確定の上は、如何の異論、聞こし召され候とも、御疑惑下されまじき事

九月八日　三藩

連名

長州との協力は当然として、芸州とのそれは、経過からして唐突のように見えるが、遅くとも六月ころから、薩摩と芸州が何らかの形で連絡を取りあっていたことは確かである。ただし、その経過につい

ては、現在のところ、私もまだ明らかにできていない。

この案を携えた大久保は、九月十五日、京都を発って山口に赴き、十九日昼に長州側と、さらにその夜に芸州側と、それぞれ派兵協定を結んだ。とくに長州側との協定では、九月二十五、六日ころまでに兵隊を乗せた薩摩船二艘が、長州三田尻に着き、待機している長州兵と合同して大坂湾に乗り込み、その翌日を期して政変を起こすこと、その期日はおおむね九月中とすることが予定された。大久保は、この協定を結んだあと九月二十三日、京都に帰り着いた。

武力挙兵と慶喜討伐の勅命

大久保が、長芸と結んだ九月十九日協定に基づく派兵計画は、実際には、さらに延期されることになる。その理由は、芸州藩内部に動揺が生じたこともあるが、より大きくは鹿児島の薩摩藩政府が、派兵を決断しなかったためである。九月二十五、六日までに、長州三田尻に着くはずの薩摩船は、十月一日になっても到着しなかった。このため長州藩政府は、十月三日、自藩による派兵の一時延期を決定、京都薩摩藩邸及び芸州広島にその旨を報知するとともに、両藩に対しても計画延期を「御忠告」することに決した。

その報が京都に伝えられる直前、十月八日、薩長芸三藩指導部は、京都で会合を持ち、先の協定による派兵計画を再確認していた。これを第一次三藩協議と呼ぼう。出席者は、薩摩の西郷・

大久保・小松帯刀、長州の広澤真臣・品川弥二郎、芸州の辻将曹・寺尾生十郎・植田乙次郎、以上八名である。彼らは、この日、先に見た三藩決議書を中山らに提出し、さらに「相当の宣旨」降下を要請した。

ところが、その直後の九日夜、長州の福田侠平が山口から京都に着き、派兵延期を伝えた。これを受け、十日から十一日にかけ、第二次三藩協議が持たれた。その模様は、十月十一日付の長州藩政府宛、広澤書簡によって分かる（『年度別書翰集』三十二）。その広澤書簡の内容を、三点に要約しながら紹介しておこう。

第一に、八日に薩芸と協議して、派兵計画を確認したが、九日に福田によって長州の派兵延期が知らされ、この件を薩芸に申し入れたところ、両藩いずれも尤もと、これを了解した。

第二に、その結果、政変実行はさらに延期するとともに、薩摩側では、小松・西郷・大久保の三人が三田尻を経由して鹿児島に行き、当主茂久の率兵出馬を促すことになった。

第三に、幕府側も警戒態勢を強めているので、「孰れの道、当月中には、きっと三藩手筈《てはず》を合《がっ》し、断策これなくては、決して王政御復古の御実行は、相挙がり申すまじく」と考えられる。

ここに見るように、政変実行は、十月中と予定された。この広澤書簡では、直接記されていないが、第二にいう、茂久出馬による大挙派兵を薩摩藩政府に決断させるため、徳川慶喜討伐の勅命が必要と判断されたものであろう。

以上の内容を持つ第二次三藩協議を経て、十月十四日、慶喜討伐の勅命が秘密のうちに、薩長両藩主父子に宛てて下された。薩長が、徳川側と全面的な武力衝突、すなわち挙兵を決断したのは、まさにこの時点である。

この計画が、スムーズに進展していれば、十月中には薩長側による御所の占拠と、将軍職廃止の処置、さらにそれに続く徳川側との武力衝突が発生していた可能性が強い。ところが実際には、計画を狂わせる事態が生じていた。すなわち、十月三日に提出された土佐の大政奉還建白を受け入れ、徳川慶喜が十四日、奉還の上表を朝廷に呈したことである。

この上表で、慶喜が言う「政権を帰し奉り」の内容は、甚だあいまいだが、天子が翌十五日、それを聴許し、今後諸大名に対する命令や、諸大名からの伺いなどは、朝廷の議奏・武家伝奏が取り扱う、と声明したことは、将軍の諸大名統率権を消滅させる意味を持った。さらに十月二十四日には、慶喜は将軍職そのものの辞表をも天子に提出した。これに対して天子は、諸大名に国事衆議のため上京を命じてある折から、それまで辞表の受理を保留すると回答した。

このような情勢変化は、薩長側にとっても予想外だった。たしかに派兵そのものは、次のような経過で実現する。すなわち、薩摩から藩主茂久が、十一月十三日、兵力を率いて鹿児島を出港、二十日大坂着、また長州から家老毛利内匠《たくみ》が、やはり兵力とともに十一月二十九日摂津内出浜に上陸するのである。しかし、それは、先の第二次三藩協議（十月十一日）で決定した、十月中の計画発動という予定から見れば、大きく遅れたものだった。
　この間、十月下旬から十一月末にかけ、京都では大政奉還による事態の新たな展開を受けて、薩長在京指導部の間で、政変計画の練り直しが進められていたのである。それは、十一月二十七日に最終的に決定を見た。その内容は、同日付で品川が、木戸孝允・広澤真臣ら長州藩政府要路にあてた次の書簡からうかがえる（『年度別書翰集』三十二）。

（前略）朝廷のところ、火急に一発と申すわけに参らず、大（久保）氏その外色々尽力なれども明晩ころ一発にはとかく参らず、そのわけは将軍、大政を朝廷へ帰し候については、ひと通り条理を立て、そのうえ（将軍慶喜が）聞かざるときは、この前の秘書（慶喜討伐の勅命）通りとの事の由、ついてはまず不日惣参内、太政官を立て、即日将軍を諸侯の列に下し、会桑を奪職（会津藩京都守護職・桑名藩京都所司代を廃止）、帰国を命じ、我が藩の兵を入るる等の勅を下し、その他云々の事件を運び候との事也（後略）

　ここに見えるように、現実の「王政復古」政変のシナリオは、ようやくこの十一月二十七日時点で決定したものであった。薩摩は、このシナリオに沿い、芸州及び土佐藩内の挙兵派、ならびに越前・尾張両藩を引き込んで十二月九日、政変断行にこぎつけた。
　その夜の、いわゆる小御所会議で薩摩が、前将軍慶喜に対して辞官・納地を命ずる決定を下そうとしたのは、品川書簡にいう「ひと通り条理を立て、そのうえ（将軍慶喜が）聞かざるときは、この前の秘書（慶喜討伐の勅命）通り」という手順を踏もうとしたものである。実際には、この薩摩構想は、会議に加わって「王政復古」政権を構成していた、土佐・越前・尾張藩の勢力により、阻止された。

だが、薩長は、新政権確立をめざすうえで、外見的な制度面の改変だけでは不十分であり、徳川方勢力の実質的な排除が絶対に必要である、と認識していた。その目的に沿って、さきに武力挙兵方針を確立していた薩長は、あからさまな挑発をも交えて、旧幕府徳川方を戦いの場に引きずり出したのである。鳥羽・伏見の戦いは、以上のような錯綜した経過の最終的な帰着点だったと言えるだろう。

長州の密使

山口出立

慶応三年（一八六七）七月二十七日、長州毛利家の直《じき》目《め》付《つけ》柏《かしわ》村《むら》数《かず》馬《ま》は、二人の家来を供に連れ、山口を出立した。これに先だつ七月十五日、京都から薩摩の使者村田新八が山口に着き、薩摩が土佐との間に大政奉還にかかわる盟約を結んだことを伝えていた。六月以来、長州は薩摩とともに、将軍徳川慶喜討伐のため挙兵することを計画していたのだが、その計画とこの薩土盟約締結との関わりを聞きただすため、柏村が京都薩摩邸に派遣されることになったのである。

柏村の立場は、文字どおりの密使だった。長州は、元治元年（一八六四）七月の禁門の変以来、「朝敵」とされている。毛利家人士の入京は禁止されていたし、そもそも領外に出歩くことさえ認められていないのである。柏村の派遣は、毛利家中でも上層部にしか知らされない極秘事項だった。柏村は、その行動を、「薩州応接のため上京日記」と題する記録に、詳細に書き綴っている（山口県文書館蔵毛利家文庫『柏村日記』）。ここでは、この『日記』にもとづいて、作り話ではない本物の密使が、どのような行動をとるものか、その行程をたどってみることにしよう。

朝五ッ時、山口を発った柏村は、山陽道を東に向かい、夕八ッ時、瀬戸内海に面した港町富海《とのみ》に着くと、大坂までの運賃二十二両で一艘の小船を借り切った。ちなみに、江戸時代の暦はいうまでもなく旧暦である。しかも時刻が季節によって変化する不定時法が使われているため、たとえば「朝五ッ時」が現代でいえば何時なのか、簡単には分からない。だが、この季節ならだいたい午前七時ころ、「夕八ッ時」は、午後三時ころにあたるはずである（橋本万平『日本の時刻制度』塙書房、一九六六年を参照）。面倒なので、以下では換算した現代時刻で書いておくが、日付は旧暦のままである（七月二十七日は、太陽暦で八月二十六日）。

翌七月二十八日、午前三時ころ富海を出帆した船は、潮待ちを重ねながら六日目の八月四日午後五時過ぎ、岡山池田家領の備前下津井《びぜんしもつい》（岡山県倉敷市）に着いた。あまり快速とはいえない。

備前下津井

ここで柏村は、別の用件で岡山に派遣されていた参政の御堀耕助《みほりこうすけ》と落ち合い、同行する予定にしていた。供の者を上陸させて尋ねさせると、御堀はまだ来ていなかったので、船の中で待つことにした。

その夜中、浦役人が船にやって来て、滞在中は芸州広島藩士だということにしておいてくれ、という池田家の意向を伝えた。五日夜には、御堀が因州鳥取池田家の村上順三と一緒に到着する。このあたりのやり取りなどを見ていると、中国地方の諸大名家が、長州に肩入れする立場で動いていることが、よく分かる。実際、そうでなければ、山口から大坂・京都まで密《ひそ》かに旅行できるものではないだろう。

それにしても岡山池田家は、ひどく好意的で、これから先、大坂へ向かう船まで仕立ててくれることになった。六日午後、その船に乗りかえた柏村一行は、下津井を出港、八日夜十一時ころ播州二見《ばんしゅうふたみ》に着船した。途中、「逆風にてまきり」という記事がみえて、和式の横帆船《おうはんせん》だったことが分かる。横帆船が風向に正対して進むことは、むろん不可能だが、ある程度の角度を保てば、風上に向かって走れる。この走法を「間切《まぎ》り」と呼ぶのだ。

大坂から京都へ

八月九日午前四時半ころ二見を出港した船は、正午に大坂港に着いた。もともと大坂港は安治《あじ》川の河口だが、川を少しさかのぼった川口に徳川家の番所がある。岡山池田家のはからいで、柏村は「柏原清五郎」、御堀は「島田耕助」とそれぞれ変名を名乗り、鳥取池田家の村上順三は御堀の供ということにして、検問を通り抜けた。

図　長州萩藩蔵屋敷跡
中之島の南側、土佐堀通となにわ筋の交差点の東北角に立つ。長州屋敷は元治元年(1864)に没収されて取り壊され、柏村上坂当時には存在しなかった。

安治川橋下に船をつなぎ、大坂薩摩邸留《る》守《す》居《い》役《やく》木場《こば》伝内《でんない》に手紙を出して到着を知らせると、迎えを出すという返答があった。しばらくしてやってきた薩摩船に乗りかえ、「江戸堀浜屋敷」に着いた。土佐堀川に面した薩摩の蔵屋敷を指していることは間違いないと思う。

さっそく応対に現われた留守居添役《そえやく》福島新次郎に向かい、柏村が、「このたび両人（柏村と御堀）、差し登され候旨趣」を述べると、「委細承知致し、すぐさま京都へ申し越し候、今晩は当邸に止宿仕《つかまつ》り候よう」との挨拶があった。ここまで来れば、柏村の役目もどうやら達成できそうなめどがついた。山口を出てから、十二日目である。その夜、五種の肴を添えて酒が出た。

翌十日午前九時半ころ、邸前の船着き場から乗船し、淀川をさかのぼって伏見に向かう。途中、摂津と山城の境にある山崎の改《あらため》番所も、薩摩船ならフリーパスのようなものだった。伏見に着いたのは十一日の午前三時、真夜中である。

伏見薩摩邸留守居役大山彦八が柏村一行を出迎えたほか、黒田了介・村田新八の二人が京都から来て、待っていた。それに以前から京都薩摩邸に滞在して連絡にあたっていた長州の品川弥二郎と世良修三も、迎えに来ている。

伏見で一休みした一行は、午後に出立、午後四時半ころに京都二本松の薩摩邸に入った。御所の北側で、現在の同志社大学のある辺りだった。「邸内ニ旅宿仕構《しかまえ》これあるにつき、落ち着き候こと」というから、邸内の長屋に特別の宿泊施設でも設けてあったのだろう。

会談

翌十二日、西郷吉之助が会いに来た。いうまでもないと思うが、西郷と大久保一蔵（利通）、それに小松帯刀《たてわき》の三人が、この時期の京都薩摩邸を牛耳《ぎゅうじ》る実力者である。

柏村は西郷に向かい、自分と御堀が派遣された趣旨を、あらためて説明した。西郷のほうは、この日はありきたりの挨拶程度で帰ってしまった。十三日の条は、記事がまったくない。柏村も、内心ではいらだっていたのではなかろうか。

十四日、また西郷がやって来ると、柏村が山口から持ってきた当主の毛利《もうり》敬親《たかちか》から薩摩の島津久光にあてた書簡などを受け取った。島津久光は、少年当主茂久《もちひさ》の実父として、薩摩の実権を握り、この当時は京都に滞在していたのである。

そのあと夕方になって、西郷と大久保が連れだって現われ、小松帯刀の下宿まで同道願いたいという。そこで、「一同、小松方へ罷《まか》り越し」た。「座敷へ通り、着座のうえ一応挨拶、終わって茶・たばこ」が出された。柏村にとっては待望の、薩摩側との会談の開始である。柏村は、そのやり取りを、いやというほど細々《こまごま》と書き記している。もっとも彼は、この会談が目的でわざわざ派遣されたのだから、ていねいに記録するのも役目のうちには違いない。

その内容は、前節「薩長武力挙兵の勇断」で述べたので、ここでは省略する。

ともあれ会談は、その夜のうちに終わった。かかった時間は正確には分からないが、数時間ぐらいだったようだ。内容的には別に波乱もなく、薩摩側の事情説明を長州側が聞いてひととおり納得したという恰好である。

最後に薩摩側が、「今晩は御苦労の至りに御座候、拝承仕り候件々、さっそく大隅守様（久光）へ申し上ぐべく候」と答え、饗応があってから散会となった。

翌十五日は雨だったが、夜には晴れあがり、柏村は「洛陽の名月」を鑑賞した。大仕事を終え、ひと息ついた雰囲気が行間から漂ってくる。ついで十六日には、翌日の出立を前にして、薩摩の人々と連れだって長州人の墓所がある東山の霊山《りようぜん》へ参詣に出かけた。

帰国の途

八月十七日、朝食のあと柏村は西郷と内田仲之助のもとへ別れの挨拶に行った。午後二時出立、四時過ぎ伏見に着く。留守居役大山彦八からもてなしを受け、午後十時、川船に乗りこんで淀川を下る。備前下津井から同行していた鳥取池田家の村上順三は、ここで別れ、伏見薩摩邸にしばらく滞在することになった。

翌十八日午前八時半ころ、船は大坂に着いた。上りは十五、六時間かかったのに対し、下りは十時間程度だった。いったん薩摩邸に落ち着くと、下坂していた大久保がやって来て、明後日薩摩の蒸気船三邦《みくに》丸が長崎経由で鹿児島に帰るため、出港するが、良ければそれに便乗しないかという。柏村は、願ってもないことだと答えた。

十九日午後、大坂港に停泊している三邦丸に乗り込む。二十日午前三時ころ、出港。往路の帆船とは違って、蒸気船はさすがに速く、翌日午後九時ころ下関の対岸、豊前《ぶぜん》田ノ浦に着いた。柏村一行は、すぐ下関に上陸する。

二十二日は荷物の整理に手間どり、出立するつもりだったのが、一日下関に滞在する結果になった。二十三日午前七時ころ下関出立、長府、小月《おづき》、吉田と通過して船木に着いたのが午後十二時近かった。途中、吉田では四月に亡くなった高杉晋作の墓に詣でている。

二十四日午前七時、船木をたち、小郡《おごおり》で昼休み。旧知の小郡代官北川清助がやって来て、昼から酒になった。柏村もここまで帰れば、くつろいだ気分になったのだろう。その日の夕刻、午後四時ころ山口に帰り着いた。

二十五日は政庁休日のため、とりあえず帰着の届けだけを提出、二十六日御堀とともに出勤し、主君に復命した。ちょうど一ヵ月に及んだ密使の旅は、こうして無事に終わったのである。

政権奉還と王政復古

政権奉還

慶応三年（一八六七）十月十四日、第十五代将軍徳川慶喜《とくがわよしのぶ》は、天皇に対し、「朝権一途に出ずしては紀綱《きこう》立ち難きを以て、従来の旧習を改め、政権を朝廷に帰したてまつり、広く天下の公議を尽くし、聖断を仰ぎ、同心・協力、共に皇国を保護せば、必ず海外万国と並立するを得ん」との上表を提出した。世にいう大政奉還《たいせいほうかん》の上表である。天皇は翌十五日、慶喜を御所に呼び、その上表を受け入れる旨を答えた。

これをもって、徳川将軍が約二百五十年間にわたって保持していた「政権」は、天皇に移管されたのである。ただし、ここでいう「政権」の内容は、必ずしも明確ではない。天皇側にせよ、将軍側にせよ、その概念内容をはっきり確認したうえで、授受を行っているわけではないのだ。

したがって歴史的な解釈として、その内容は、この前後の現実の状況変化から読み取っていく以外にない。つまり、この政権奉還によって、何がどう変わったのだろうか。

天皇は奉還許可と同時に、まず、これまで将軍が取り仕切ってきた諸大名に対する政令伝達や、大名からの伺いなどは、今後は「朝廷両役」が取り扱うと声明した。「両役」は議奏《ぎそう》・武家伝奏《ぶけてんそう》のことで、もともと天皇家内部の執行機関である。つまり、大名は将軍との主従関係を、形式的とはいえ、とりあえず解消され、すべて「王臣」(天皇の直臣)に位置付けられたのである。

ついで天皇は、今後の事態を協議するため、一〇万石以上の大名に上京を命じた。さらにその対象を万石以上、すなわち全大名に拡大し、招集期限は十一月中旬とされた。政権奉還後の政体構想については、後述するように、公論衆議を具体化させるための上下両院制などが考えられていたが、その制度化を実現するためにも、諸大名衆議が必要とされていたのである。

さらに十月二十四日、慶喜は征夷大将軍の辞表をも、天皇に提出した。時に誤解されるようだが、政権と将軍職は、それぞれ別のもので、後者は諸大名に対する軍事指揮権にあたる。慶喜は政権奉還許可の十五日以降も、まだそれを保持していたのである。

しかし、天皇は二十六日に、諸大名上京までは辞表の受理を保留すると回答した。つまり、慶喜は一ヵ月半後の十二月九日政変(王政復古《おうせいふっこ》の大号令)で辞職が許可されるまで、征夷大将軍であり続けていた。要するに、この十月下旬という時点で、天皇側・将軍側から見れば、事態の推移は、すべて十一月中旬の諸大名上京と、その衆議の進行状況いかんにかかっていた。

薩長芸による武力挙兵計画

さて、よく知られているように慶喜の上表は、十月三日に行われた土佐の老公山内容堂《やまうちようどう》による政権奉還の建白を受けたものであった。建白の別紙には、「天下の大政を議定《ぎじよう》する全権は朝廷にあり、皇国の制度・法則、一切の万機《ばんき》、必ず京師《けいし》の議政所より出づべし、議政所は上下を分かち、議事官は上公卿より、下陪臣・庶民に至るまで、正明純良の士を選挙すべし」とうたわれていた。つまり、天皇を頂点に、その下に公卿から庶民までを議員として網羅した上下両院制を設置する構想であり、慶喜にしても、この構想を承認したうえで、奉還を実行したのである。

先に触れたように、諸大名上京・衆議において、この政体構想が実現していれば、現実に起きたそれとは、かなり違った事態が出現しただろう。しかし、このような事態の進展を阻もうとする動きが、一方では進展していた。

それが薩長芸三藩を中心とする武力挙兵計画である。なかでも、薩摩はすでに六月中旬から、長州とともに武力を用いた政変を計画していた。その骨子は、武力を動員して皇居を封鎖し、まず長州毛利家当主父子の官位を復旧させることである。毛利家は元治《げんじ》元年(一八六四)八月以来、官位を停止《ちようじ》され、大名としての公的な地位を否定されていたのだが、長州が京都で政治活動を行うためには、官位復旧の措置は絶対に必要であった。

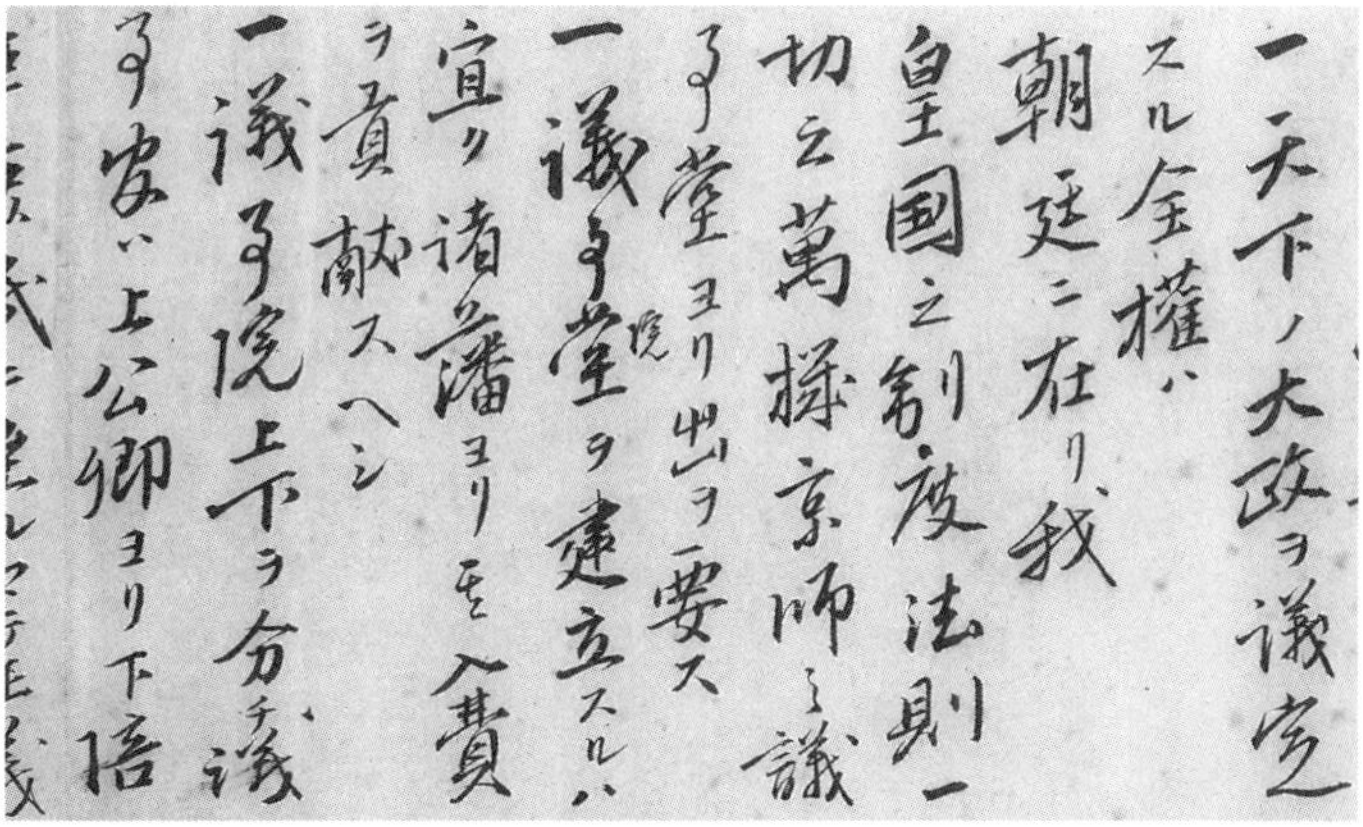

一天下ノ大政ヲ議定
スル全權ハ
朝廷ニ在リ我
皇国之制度法則一
切之萬機京師ノ議
事堂ヨリ出ルヲ要ス
一議事堂ヲ建立スルハ
宜ク諸藩ヨリ其入費
ヲ貢献スヘシ
一議事院上下ヲ分チ議
事官ハ上公卿ヨリ下陪

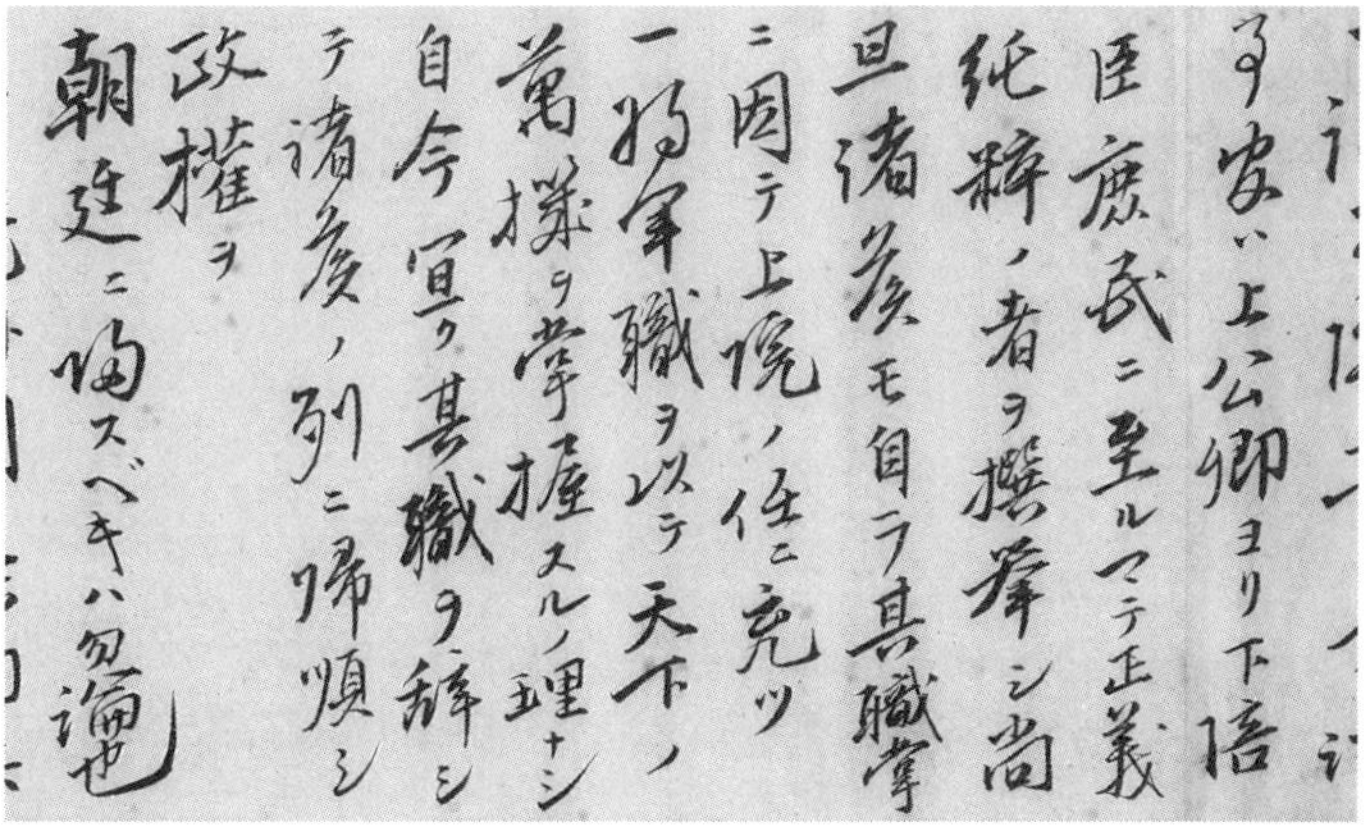

事官ハ上公卿ヨリ下陪
臣庶民ニ至ルマテ正義
純粋ノ者ヲ撰挙シ尚
且諸侯モ自ラ其職掌
ニ因テ上院ノ任ニ充ツ
一将軍職ヲ以テ天下ノ
萬機ヲ掌握スルノ理ナシ
自今宜ク其職ヲ辞シ
テ諸侯ノ列ニ帰順シ
政権ヲ
朝廷ニ帰スヘキハ勿論也

図　薩土盟約書木戸系写本(部分／京都大学附属図書館蔵)。直接の筆者は杉孫七郎。

ついで、薩長両藩の武力を背景に、朝廷内部の審議において、将軍職の廃止を強行させることであった。薩長側の認識においても、「天下の大政を議定する全権は朝廷にあり」とする理念は、すでに共通理解である。ただし、その理念を実現させるにしても、将軍慶喜は、旧体制を名実ともに一新させるためには新政体から排除すべきであった。また、このような朝廷内部工作を行うには、公卿と結び付くことが必要だが、そのための同志としては、大納言中山忠能《なかやまただやす》・大納言中御門《なかみかど》経之《つねゆき》・中納言正親町三条《おおぎまちさんじよう》実愛《さねなる》・岩倉具視《いわくらともみ》がいた。

その後、薩摩は七月初めに、土佐との間に、奉還建白実現のための盟約を結んだ。それは、その時点での土佐側建白構想に、将軍辞職の条項が含まれていたためである。ところが、土佐側では容堂の反対により、九月に入って、建白の内容から将軍辞職条項を削除することになった。ここにいたって、薩摩は土佐との盟約を破棄し、芸州をも巻き込んで、三藩共同による京都への出兵計画を具体化させていった。

薩長芸は、十月八日から十一日にかけて、在京指導部の間で協議を持ち、「当月中には、きっと三藩、手筈《てはず》を合《がっ》し、断索《だんさく》これなくては、決して王政復古の御実行は相挙がり申すまじく」(十月十一日付、在京の広澤真臣《ひろさわさねおみ》から山口宛書簡)と、十月中に計画を実行に移すことを予定していた。島津・毛利両家当主にあてて慶喜の討伐を命ずる詔《みことのり》(いわゆる「討幕の密勅」)降下が奏問《そうもん》されるのは、この十一日のことと見られる。

中山・中御門両卿を通じて、この詔が出されるのは、十月十四日（その前日、毛利家当主の官位復旧も非公式ながら沙汰《さた》されている）。まさに、慶喜による政権奉還の上表提出と同日であった。徳川側、薩長側ともに相手の出方を探りながらの駆け引きがあるため、同日になったものであり、単なる偶然ではない。薩長在京指導部の西郷隆盛《さいごうたかもり》・大久保利通《おおくぼとしみち》・広澤真臣らは、詔を携えて、すぐ藩地に戻り、これを主君以下に提示した。

天皇の名の下に決行された王政復古

薩長側のもくろみでは、詔の威信によって、藩地からの出兵は問題なく実現し、政変も実行に移せるはずだった。しかし、問題はむしろ朝廷内部から生じた。すなわち、慶喜からの政権奉還を受けて、中山・中御門は十月二十六日、先の詔の凍結を命じたのである。「そのわけは将軍、大政を朝廷に帰し候についてはひと通り条理を立て、そのうえ聞かざるときは、この前の秘書通りとのこと」（十一月二十七日付、在京の品川弥二郎《しながわやじろう》から山口宛書簡）とされたように、政権を奉還した相手をいきなり討伐することはできないという、公卿側のいう「条理」が、薩長の進路をふさいでしまったのである。

ここにいたって、三藩共同出兵計画を練り直した形で、さらに政変計画が立て直された。その要点は、近日中に公卿・大名の総参内《さんだい》を命じ、「太政官《だじょうかん》」などの職制創立を宣言すること、同時に将軍職を廃止し、慶喜を一大名の地位に落とすこと、などである。慶喜の処遇に関する限り、少なくとも、薩長側の十月段階の計画から見れば、だいぶ後退した観があるのは否めない。

さらにまた、この政変計画には、薩長芸だけでなく、土佐・越前・尾張が参加することになった。天皇から命ぜられていた諸大名上京の期限は、十一月中旬だったが、実際に上京してきたのは十数家に過ぎず、そのうち有力諸侯は、薩摩の島津茂久《しまづもちひさ》・越前の松平春嶽《まつだいらしゅんがく》・尾張の徳川慶勝《よしかつ》・芸州の浅野茂長《あさのもちなが》（長訓《ながみち》）の四名であった。それに、十二月八日には土佐の山内容堂が、ようやく上京した。それまでの実績や政治的立場からして、これらの有力諸侯を無視して、政変は決行できない。なお、長州毛利家は、まだ公式の官位復旧がなされていないため、当主の上京参内は不可能である。

十二月九日、薩摩兵が主力となって御所の各門を固め、許可者以外の入構を差し止めた。政変で改革される内容には、摂関《せっかん》制をはじめとする朝廷内旧制度の廃止も含まれているから、現摂政《せっしょう》の二条斉敬《にじょうなりゆき》などは参加させず、彼らを除いた中山・中御門・正親町三条・岩倉など、ごく一部の公卿だけで、天皇の名の下に制度改革を宣言するのである。

一般にクーデターと呼ばれる事態は、ある制度を、制度内での審議によらず、外部から変則的に改変することをいう。その意味で、十二月九日政変は、たしかにクーデターという言葉が当てはまるだろう。これによって、総裁（一名）・議定《ぎじょう》（十名）・参与（二十名）という政府最高執行部の職制が定められ、参与に就任した西郷・大久保は、新政府から旧将軍勢力の排除をあくまでも貫くことになるのである。

御一新と明治太政官制

文明開化と官僚

明治九年（一八七六）といえば、ちょうど西南戦争の起きる前年にあたる。その年に来日したドイツ人医師エルウィン・ベルツは、日本社会の急激な変貌ぶりを目《ま》のあたりにして、次のように日記に書いた。

日本国民は、十年にもならぬ前まで封建制度や教会、僧院、同業組合などの組織がわれわれ中世の騎士時代の文化状態にあったのに、昨日から今日へと一足飛びに、われわれヨーロッパの文化発展に要した五百年たっぷりの期間を飛び越えて、十九世紀の全世紀を即座に、しかも一時にわが物にしようとしている。したがってこれは真実、途方もなく大きい「文化」革命です。

たしかに来日間もない外国知識人の眼には、政府が矢継ぎ早に打ち出した政治経済制度のさまざまな改革や、社会の隅々にまで及ぶ「文明開化」の様相は、ヨーロッパの一世紀を十年に縮めて実現させた変化のように見えただろう。

しかし、現実には日本列島においても、十八世紀末~十九世紀初めごろから、社会の基礎にあたる部分では、ヨーロッパに比較して優るとも劣らぬほどの経済的・文化的な成熟が進展しつつあった。明治元年以降の、目に見える制度的な変化は、それらの蓄積が一気に開花したものと見る方が自然である。

そしてまた、それらの制度的な変化を主に担ったのは、旧武士身分出身のいわゆる開明派維新官僚たちだった。代表的な人物として、下級公家の岩倉具視《いわくらともみ》、薩摩の大久保利通《おおくぼとしみち》・西郷隆盛《さいごうたかもり》、長州の木戸孝允《きどたかよし》・伊藤博文《いとうひろぶみ》・井上馨《いのうえかおる》、土佐の板垣退助《いたがきたいすけ》・後藤象二郎《ごとうしょうじろう》、肥前の大隈重信《おおくましげのぶ》らを挙げることができる。彼らは、出身藩の立場にある面では制約され、またその力に依拠しながらも、基本的には日本「国家」という大局的な観点で状況を見据え、その「国家」を海外万国に並立させるという大きな課題を見失うことなく、政策を立案し、実行に移していったのである。その具体的な様相について、かいま見てみることにしよう。

太政官の成立

慶応三年(一八六七)十二月九日の政変(王政復古《おうせいふっこ》の大号令)によって、それまでの将軍を中心にした武家政治の制度は、一夜にして消滅した。それと合わせて重要なことは、天皇家内部でも、摂政《せっしょう》関白《かんぱく》などの旧制度が廃止されたことである。

これにともない、総裁（一名）・議定《ぎじょう》（十名）・参与（二十名）の三職が設置された。この三職はすなわち国政審議機関であり、参与には、岩倉・西郷・大久保・後藤・木戸らが任じられた。言い換えれば、それまで、公家・武家の身分差やその中での家格差に妨げられて成立しえずにいた、統一的な国政審議機関が、はじめて本格的に成立する手掛かりが得られたのである。

その後、この新政府は翌年正月十七日に三職の下に内国・外国・会計など七つの事務課を設置し、それぞれの事務の分担を図った。この制度は二月三日には三職八局制（総裁局および内国・外国・会計などの各事務局）に改正された。制度的な変化はこの後も目まぐるしく行われるが、実情と睨《にら》み合わせながらの手直しだから、試行錯誤の一環として当然であっただろう。

閏《うるう》四月二十一日には政体書が公布され、太政官《だじょうかん》七官制が成立した。この制度は、「天下の権力、すべてこれを太政官に帰《き》す」ことをうたい、議政・行政・刑法・神祇《じんぎ》・会計・軍務・外国の七官を設けたものである。「太政官」の名称は、古代律令制のそれにならったもので、「皇政維新」が神武《じんむ》創業の精神に立ち返るという復古の理念を掲げていたことの現れだが、内容的にはアメリカの聯邦《れんぽう》制を参考に、議政官（立法）・行政官（行政）・刑法官（司法）の三権分立の建前をとっていた。

むろん、それは制度上の権限のあり方から見ても不徹底なものだが、さきに名を挙げた参与の面々は、それぞれ議政官参与などの地位を占め、政策決定の実質的な方向付けを担っていくのである。

府藩県三治一致の制と版籍奉還

政体書によって制度的な枠組みが確立した政府にとって、まず取り掛からねばならない課題は、大名という存在を廃止し、日本列島の全領域に統一した統治体制を敷くことであった。

言うまでもないが、江戸時代には約二百七十の大名家があり、それぞれが自分の領地を支配し、また家臣団（武士身分）を抱えていた。それらを武家の棟梁《とうりよう》として統率していたのが将軍であるが、そのような制度は、欧米国家との通交関係が条約勅許により最終的に確定した慶応元年（一八六五）十月以降では、もはや実情にそぐわないものとなっていたのである。

この点について、政体書は大名の支配領域を「藩」と呼び、政府直轄地である府・県（旧徳川家領の一部を接収）と並び立つ、三治一致の理念を掲げていた。つまり、大名が支配する「藩」をも、事実上、政府の統一的な管轄下に置かれる地方制度として位置付ける方向を示したのである。

この府藩県三治一致制は、会津落城によって戊辰《ぼしん》戦争が峠を越えた九月末ころから、本格的に進められる。すなわち、明治元年（一八六八・九月八日改元）十月二十八日に公布された「藩治職制」が、その現れである。

それは、「天下地方、府藩県の三治一致に帰し、三治一致にして御国体《こくたい》相立つべし」と述べ、藩の職制が大名家ごとにまちまちであることを改め、それまでの家老などに代えて執政・参政・公議人を置くこと、また本来的な意味での大名家政と、地方制度としての藩政とを明確に分離するように定めていた。

このような流れの中で、明治二年（一八六九）正月には、「毛利宰相中将・島津少将・鍋島少将・山内少将」という、有力大名四家（長州・薩摩・肥前・土佐）の当主から、土地人民を天子に返上するという、いわゆる版籍奉還《はんせきほうかん》の上表が政府に宛て提出された。

こうした動きを直接に進めたのは、むろん大名当人ではなく、木戸・大久保・板垣らの維新官僚たちである。残りの大名も、これにならって、続々と同様の上表を提出した。

その結果、六月十七日、政府は版籍奉還を勅許《ちょっきょ》する旨を回答し、旧大名は改めて「華族」の称号を与えられたうえ、それぞれの藩の地方官として、知藩事《ちはんじ》に任ぜられた。知藩事任命にしても、世襲を良しとする大久保と非世襲を主張する木戸・伊藤との間で、激しい意見対立が見られたが、世襲制は見送られ、とりあえず旧大名は、かつての支配地をそのまま預けられた形になったのである。

さらに六月二十五日、政府は諸藩に諸務変革十一ヵ条を達し、旧大名家臣をすべて「士族」と称することなどを命じた。「士族」はすべて藩の付属とし、俸禄は廃止（かわりに家禄を支給）されたから、旧主君との君臣関係は解消された。この時点でかつての大名家は消滅したのである。

民蔵合併への不満と廃藩置県の断行

知藩事任命という地方制度の大改革を受けて、明治二年（一八六九）七月には中央政府でも制度改革が行われた。すなわち神祇官《じんぎかん》を太政官の上位に置き、太政官のもとに六省（民部《みんぶ》・大蔵《おおくら》・兵部《ひょうぶ》・刑部《ぎょうぶ》・宮内《くない》・外務《がいむ》）を設けるという二官六省制である。

太政官は右大臣（三条実美《さんじょうさねとみ》）・大納言（岩倉具視・徳大寺実則《とくだいじさねつね》）・参議（副島種臣《そえじまたねおみ》・前原一誠《まえばらいっせい》・大久保利通・広沢真臣《ひろさわさねおみ》）で構成される最高執行機関である。また各省の長官は卿《きょう》、次官は大輔《たゆう》と呼ばれたが、実権を持ったのは公卿や大名出身の卿ではなく、士分出身の大輔であった。いずれにせよ、この二年七月官制改革を経たあたりから、のちの内閣制（明治十八年十二月施行）をおぼろげながら展望し得るような中央官制が姿を見せはじめたと言えよう。

この体制のもと、最も強大な権限を握ったのは大蔵省であった。大蔵卿は宇和島の旧大名・伊《だ》達宗城《てむねなり》だが、肥前の大隈重信が大蔵大輔として辣腕《らつわん》を振るった。そのもとに伊藤博文・井上馨ら少壮官僚が結集し、諸般の政策について最も急進的な論を主張し、それを実力者・木戸孝允がバ

図　明治初期の中央官制（明治２・７～８・４）

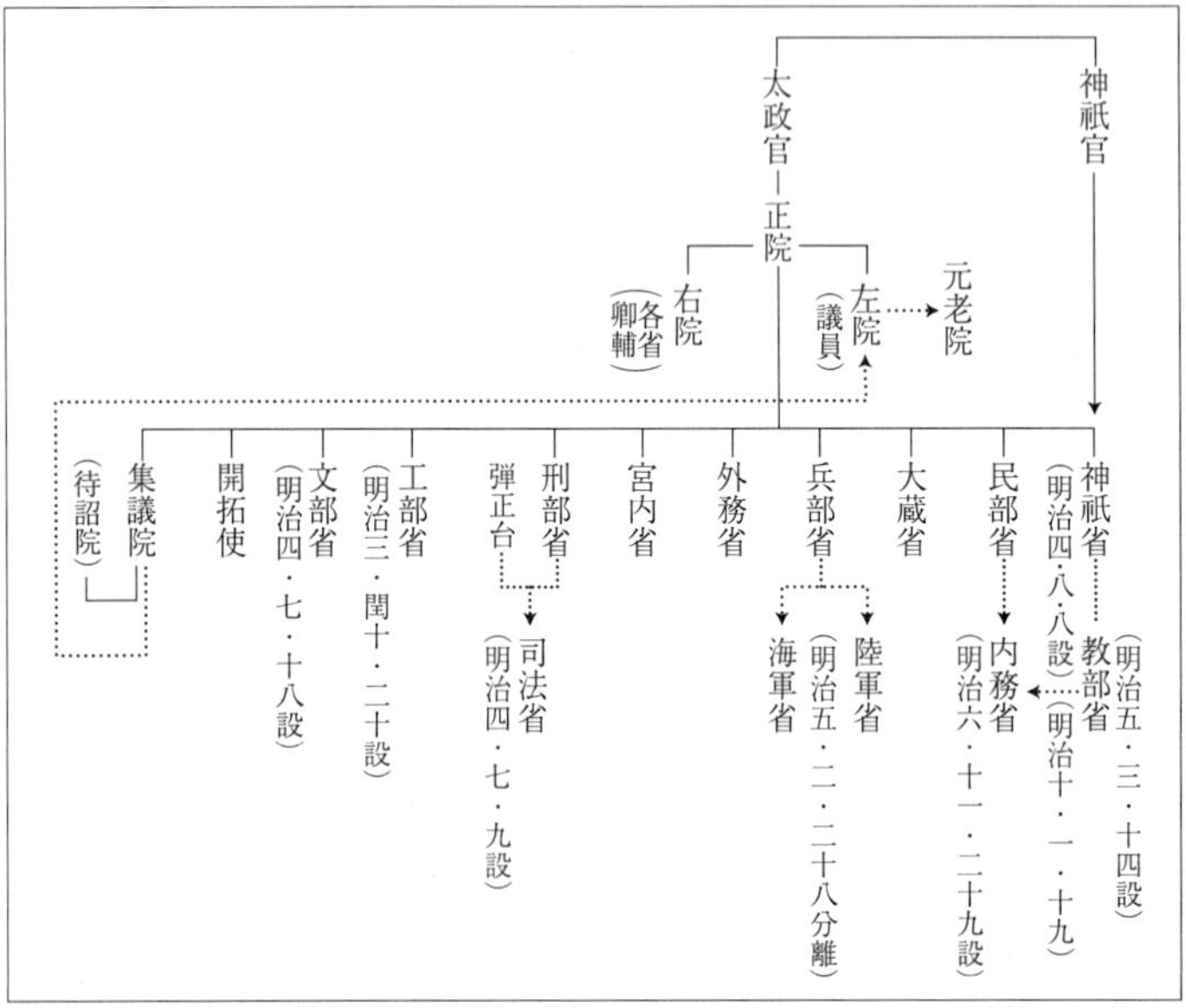

※集議院は明治４年７月29日の官制改革で左院が設置されると明治６年６月25日廃される。

※※明治８年４月14日元老院をおく。

ックアップするという構造が形作られていた。二年八月には、大蔵省が民部省を事実上吸収し（いわゆる民蔵合併）、その勢力はますます増大した。

このため、明治三年になると、政府内部でも大蔵省に対する批判が強まり、民蔵分離の必要が叫ばれるようになった。木戸はこの時点でも急進派の巨頭として、大隈を擁護《ようご》し、むしろ大隈を参議に昇任させようと運動した。結果として民蔵分離は七月十日に実現（民部大輔が大隈から大《おお》木喬任《きたかとう》に交代）するが、九月に大隈は参議昇任を果たした。

大隈の主導した大蔵省が不評をこうむったのは、一つにはその地方政策のためであった。すなわち、政府の財政を強化するため、苛酷《かこく》な貢租《こうそ》の徴収を地方官に命じたのである。そのような税制面での締め付けは、言うまでもなく諸藩にも及んだ。

諸藩側でも大蔵省の推進する諸政策に対応する意味を込めて、かなり徹底した藩政改革を行うようになっていた。その中心は、旧大名家時代の家格制度を廃止し、すべての士族を身分として平均化すること、同時に家禄も整理して等級を単純化し、高禄の者ほど大きな削減率で減禄することである。

このような改革が進めば進むほど、藩はそれまで持っていた独自性を失い、均一的な地方制度としての性格を強めるようになるだろう。実際に鳥取藩・熊本藩・高知藩などの中には、薩長の突出ぶりを嫌い、むしろ薩長より急進的な地方制度改革論を提唱する藩も現れるようになった。

明治四年七月十四日、皇居大広間に呼び集められた、在京中の知藩事五十六人に向かい、右大臣三条実美が詔書《しょうしょ》を読み上げた。詔書には、さきに版籍奉還を許可し、知藩事を任命したが、数百年にわたる因習のため、実《じつ》があがらない場合もあり、「何をもって億兆を保安し、万国と対峙《たいじ》するを得んや、朕《ちん》深くこれを慨《がい》す、よって今さらに藩を廃し、県と為す」とあった。続いて、すべての知藩事に免官が申し渡された。いわゆる廃藩置県《はいはんちけん》である。

この政変劇は、七月に入ってから長州の野村靖《のむらやすし》・山縣有朋《やまがたありとも》・井上馨らによって具体化され、木戸・大久保・西郷ら実力者たちの了解を得て実行されたものである。公家の代表格、岩倉に計画が伝えられたのはわずか二日前のことだった。つまり、現実の廃藩置県は、政府の主導権を手放すまいとする薩長藩閥による、武力を背景にした政変として行われたのであった。

征韓論政変を制した大久保政権

明治四年（一八七一）十一月十二日、右大臣岩倉具視を全権とし、参議木戸孝允・大蔵卿大久保利通・工部大輔伊藤博文らを副使とする約五十名の大使節団が、米欧回覧に向けて横浜を出港した。彼らは嘉永・安政期（一八五〇年代）から、それぞれの立場で政治活動を続けてきたメンバーである。その彼らにしても、廃藩置県によって、目指すところの改革が一段落を迎えたという思いがあったのだろう。

彼らが帰国するのは、明治六年のことであり、まず五月に大久保が真っ先に日本に着いた。ところが、ちょうどその頃、日本の朝野《ちょうや》は征韓《せいかん》論で沸き返っていた。朝鮮李《り》王朝との国交樹立は王政復古直後からの懸案であったが、朝鮮側が旧来からの習慣にのっとり、日本の国書受理を拒んだため、暗礁《あんしょう》に乗り上げていた。さらに朝鮮が日本商人の密入国を摘発し、「無道の国」と非難したことから、朝鮮の態度を無礼として、これを征伐しようとする気運が一気に高まってきた。

その中心は筆頭参議の西郷隆盛だった。西郷は大久保の盟友《めいゆう》ながら、この頃には鹿児島士族をはじめ、士族層の利害を代弁する立場にあった。特権を失いつつある士族にとって、外征はみずからの存在意義を最も雄弁に物語る機会なのである。

大久保はこの方針に真っ向から反対した。一年半にわたって欧米諸国の制度文物をつぶさに体験してきた彼から見れば、鹿児島士族の利害を日本の利害に置き換えることはできなかった。大久保は、後を追って帰国してきた岩倉・木戸と図って、一度閣議決定した西郷の遣韓使節計画をくつがえした。十月二十四〜二十五日、西郷・板垣退助・後藤象二郎・江藤新平《えとうしんぺい》・副島種臣の五参議は辞表を提出した。これが征韓論政変である。

その後十一月、大久保は内務省を設立、みずから初代内務卿に就任し、地租《ちそ》改正事業や殖産興業政策の推進、さらには秩禄《ちつろく》処分による旧武士身分の最終的解体などに取り組んでいくのである。

草莽のゆくえ

民衆の国事参加

幕末維新という激動の時代、丹波国船井郡に一人の「勤王の志士」が現れた。本稿の主人公、湯浅五郎兵衛《ゆあさごろうべえ》（一八三四～一九〇九）である。

嘉永六年（一八五三）ペリー来航とともに、草深い丹波の山中にも、ようやく時代の波が打ち寄せ始めた。安政四年（一八五七）五月、五郎兵衛は肥後の松田重助《まつだじゅうすけ》の誘いを受け、京の都へ出ると、諸国の志士と交わり、ともに国事を談じ、政治活動に奔走するようになったのである。ちょうどアメリカとの間に通商条約が調印される前年、五郎兵衛、二十四歳の夏であった。

実はこの時代、誰から強制されたわけでもなく、むろん金銭のためでもなく、みずからの意志で政治活動に飛び込んで行った人々が無数にいた。多くは二十代の若者である。たとえば、二〇〇四年のＮＨＫテレビ大河ドラマの題材になった新選組の主人公、武州（東京都）農民出身の近

図1　湯浅五郎兵衛肖像（個人蔵／南丹市日吉町郷土資料館寄託・写真提供）
箱書に「従五位　湯浅征一郎宗成公」とある。没後、大正4年(1915)に贈位された後、描かれたものであろう。「征一郎」は生前の改名。

藤勇や土方歳三たちも、その一人である。

　しかし、彼らのうち、激動の時代をくぐり抜けて、明治まで生き延び、大臣参議の高位高官に昇って功成り名を遂げた人物は、ほんの一握りでしかない。そのほとんどは「無名」のままで世を去ったのである。五郎兵衛も、どちらかと言えば、後者の部類に入るだろう。この稿では、そのような人々が活動した、時代的な背景について、できるだけ大きな視野から概観してみることにしよう。

　ところで、先程わざわざ「勤王の志士」とカッコを付けたのは、その言葉が明治も半ばを過ぎてから、過去を語るときに、はじめて使われるようになったものだからである。「御一新」前の当時、「勤王の志士」を指す言葉があったとすれば、それは「草莽《そうもう》」であろう。

　「草莽」とは、古くは中国の古典に見える言葉で、たとえば『孟子』には、「国に在って市政の臣という。野《や》に在って草莽の臣という」とある。仕官し、政府の然るべき地位にあって国政に携わる者（役人）に対して、仕官せず、在野の身で君のために忠節を尽くして国事に関わる者、といった意味だ。現代風に言えば、ボランティアである。

江戸時代にあてはめて、別の言い方をすれば、「無位無官」の人物とも言える。当時の秩序感覚に従えば、国事に携わるのは公家であり、武家であった。五摂家（近衛《このえ》・鷹司《たかつかさ》・九条・二条・一条）以下の公家はもとより、大名や高級旗本クラスの武家は、すべて天皇から叙位任官の沙汰を受けている。たとえば江戸の名奉行として知られる遠山金四郎景元《かげもと》は、従五位下《じゅうごいのげ》の位階に叙せられ、「左衛門尉《さえもんのじょう》」の官途名《かんとめい》を許されていた。だから、遠山左衛門尉と呼ばれるのである。ただし、それらの人数（正確には家数）は、ごくわずかで、公家武家を合わせても、せいぜい五百家以下に過ぎない。一般の士分は、それら大名などの家臣として、つまりワンクッション置いた位置で、国事参加の資格を認められるという理屈になるのだ。

これに対し、どの大名の家臣でもなく、もとより無位無官で、農村に住んでいるような人々は本来、国事に関わることはないとされていた。それは、関わる必要がない、という意味でもあり、関わることができない、という意味でもある。ところが、ペリー来航以来、日に日に高まる外圧の危機感は、そのような士分・庶民の区別を吹き飛ばしてしまった。農民であれ、商人であれ、学者であれ、国事に関心を持つほどの人々は、山奥からも、都会からも、みずから望んで政治の場へ躍り出るようになった。幕末とは一面で政治の季節であり、無名の民衆、つまり草莽が国事に参加する時代でもあったのである。

草莽の登場

そのような草莽たちにとって、いわば先輩にあたり、「草莽之臣」の典型と仰がれた人物の一人に、高山彦九郎《たかやまひこくろう》（一七四九〜一七九三）がいる。彼が活動したのは、ちょうど、松平定信によって、「寛政の改革」が行われるころだ。のちに蒲生君平《がもうくんぺい》・林子平《はやししへい》と並んで、「寛政の三奇人」と称される。この場合の「奇人」とは、先見の明に富んだ、尋常ならざる人物という意味のほめ言葉である。

ちなみに、君平は歴代天皇陵を調査した『山陵志《さんりょうし》』（文化五年〈一八〇八〉刊）を著し、「前方後円墳」という言葉を初めて用いたことで知られる。子平は『海国兵談』（寛政三年〈一七九一〉刊）を書いて、四面を海に囲まれた日本にとって海防体制を整える必要を論じた。

彦九郎はと言えば、上野国《こうずけのくに》新田郡（群馬県）細谷村の郷士の家に生まれ、家業をなげうって先駆的な尊王論の思想を説き、全国を行脚《あんぎゃ》した。「花は桜木、人は武士、気概は高山彦九郎、京は三条、橋のうえ、はるかに皇居を伏し拝み、落つる涙は鴨の水」という歌がある。全国行脚の途中、京都にのぼったとき御所の衰微のありさまを嘆いて、思わず落涙したという逸話があり、それを題材にしたものである。歌が作られるのは、むろん近代に入ってからのことだが、事績としては、当時からよく知られていたようだ。明和元年（一七六四）のできごとと伝えられるが、

図２　高山彦九郎皇居望拝之像

全くの事実かどうかは分からない。それにしても、伝説として、それこそ草莽を自認する人々の共感を呼ぶ逸話だったのであろう。ちなみに、文久二年（一八六二）四月、寺田屋事件で上意討ちに会う薩摩の攘夷志士、有馬新七は、仲間から「今彦九郎」と呼ばれていた。現在でも、京都市内の鴨川にかかる三条大橋の東詰めに、土下座して御所の方角を見つめる彦九郎の銅像があるが、あまり一般の関心を呼ぶことはないようである。

彦九郎は、寛政五年（一七九三）六月、九州久留米（福岡県）で遊説《ゆうぜい》の途中、徳川方の役人の追求を受け、ついに自刃して果てた。維新ののち明治政府は彦九郎の事績の追彰を図り、明治二年（一八六九）に、太政官から遺族に対し、「草莽一介の身を以て、勤王の大義を唱え、天下を跋渉《ばっしょう》し、有志之徒を鼓舞す」という賞詞を与えた。彦九郎の事績の「正しさ」は、新政府によって公認されたわけである。

彦九郎は、安政年間（一八五〇年代）以降に活動する五郎兵衛たちにとっても、すでに五十年以上も前に亡くなった、伝説上の人物だが、同時代を生きた先輩としては、長州の吉田松陰（一八三〇〜一八五九）がいた。

松陰は長州毛利家の家臣、杉百合之助《ゆりのすけ》の次男として萩（山口県萩市）の城下に生まれた。天保元年寅年生まれの次男だから、通称は寅次郎。六歳の時、毛利家軍学師範の吉田家の養子となり、軍学者になることを運命づけられた。養父にあたる吉田大助は、しばらく前に亡くなっていたため、実家で育てられた。長じてからの「松陰」は、軍学者としての号である。

その松陰が二十四歳の晩夏、ペリーが相模半島（神奈川県）浦賀沖にやってきた。ちょうど江戸に遊学中だった松陰は、浦賀に駆けつけて、アメリカ大統領国書受け取りの一部始終を目撃した。その直後、郷里に宛てて、「幕府の役人は腰抜けばかりで、アメリカ賊徒は驕りたかぶり、国体はさんざんに失われてしまった」と憤りに満ちた手紙を書いている。この事態を、国家の威信が損なわれたものと受け止めたのである。これが、松陰にとっても、またその後に国事に奔走する多くの人々にとっても、まさしく原体験だった。

松陰は翌安政元年（一八五四）正月、ペリーが和親条約調印のため、再び来航したとき、その艦隊に密航しようとして失敗し、下田奉行所に捕縛されて取り調べを受けた末、萩に強制送還された。萩では、しばらく野山獄という牢獄に入れられていたが、安政二年暮れには、病気療養の名目で実家の杉家に帰宅を許され、その一室で謹慎のような生活を送ることになった。

そのかたわらで、近所の少年たちを相手に塾を開いた。これが世に言う「松下村塾」であり、その門下生から、のちに明治政府の大臣級の人物が輩出する結果になった。そのため、松陰と松下村塾は、明治中期から昭和戦前期に至るまで、理想的な教育者と教育の場であったかのように位置付けられていた。

現実の松陰が行ったことは、尊王思想を鼓吹《こすい》することであり、具体的には講義と著述活動である。表向きは幽囚中だから、実際の政治活動はできず、弟子たちを誘導して行動させようとしていた。その計画はかなり過激で、たとえば老中暗殺などまで考えていた。

そのため、安政五年（一八五八）四月、井伊直弼が大老に就任して通商条約に調印し、さらに九月から反対勢力に対する弾圧を始めたとき、松陰も容疑者の一人として江戸に送られ、吟味を受けることになった。その江戸送りの直前、松陰は北山安世《きたやまやすよ》という門人に宛てた手紙で、諸大名や一般の武士だけでは頼みにならない、もはや「草莽崛起《くっき》の人を望むのほか頼みなし」（安政六年四月七日付）と書いている。在野の「無位無官」の人物が立ち上がるほか、この国難を救う道はない、というのである。この手紙を書いた後、松陰は江戸伝馬町の牢獄に収監され、十月二十七日、処刑された。満二十九歳二ヵ月である。

しかし、この松陰の言葉が、当時の人々の間で広く知れわたったわけではない。当時、通信手段は限られているから、一人の人物が手紙に書いた言葉を広く世に知らしめることは簡単ではない。また処刑され、あるいは遠島などの処分を受けた人物は、松陰以外にも数多くいた。松陰も、その中の一人に過ぎず、とくに注目を浴びていたとも言いにくいが、草莽の政治の場への登場は、時代の流れである。その意味で、この松陰の言葉は、その流れを先取りし、あるいは象徴していたものと言えるだろう。

燃え盛る攘夷論と草莽

将軍上洛と攘夷期限

大老井伊直弼による反対勢力への弾圧は、かなり徹底したもので、たとえば公卿では、太閤鷹《たか》司《つかさ》政通《まさみち》や左大臣近衛忠熙《このえただひろ》・右大臣鷹司輔熙《たかつかさすけひろ》ら、また大名では越前松平家の当主慶永《よしなが》（春嶽《しゅんがく》）・土佐の山内豊信《とよしげ》（容堂《ようどう》）などにまで及んだ。さすがに彼らが処刑されるようなことはないが、公卿の場合は辞官落飾（官を辞して仏門に入ること）、大名の場合は隠居謹慎などに付されるのだ。その反動で、井伊は万延元年（一八六〇）三月、桜田門外で暗殺されてしまった。

その翌年、文久元年になると、それまで将軍・大老側によって押さえ込まれていた大名勢力が活発な政治活動を開始する。その皮切りは、長州毛利家であり、直目付長井雅楽《うた》が唱える航海遠略策を「藩論」に掲げ、天皇・将軍の間に立った周旋活動を行うようになった。この長井献策は、それ通商条約を踏まえて天皇から将軍に対し、積極的に通商航海を行うべしとする勅語を下し、それを将軍が奉戴するようにせよ、そうすれば日本の国威は五大州に輝くようになるであろう、といった気宇壮大《きうそうだい》な議論である。

航海遠略策は天皇の耳にも達し、天皇は大いに喜んだという。ただ、この議論の難点は、将軍が国内諸勢力の同意を得ないまま調印してしまった条約を、追認するというところにあった。つまり、問題は条約内容そのものより、その結び方、言い換えれば欧米諸国との関係の持ち方にあり、そこをあいまいにしたままでは、将来に禍根《かこん》を残すという批判を避けられなかった。攘夷論は、その難点をついたものである。

毛利家が周旋活動を続けていた途中の文久二年四月、薩摩の島津久光が兵力を率いて上洛するという、前代未聞《ぜんだいみもん》の事件が起きた。久光の意図は、天皇の意向を受け、勅使を奉じて江戸に下り、将軍・老中に対して政治制度の改革を要求しようというものであった。

久光は、まだ少年だった当主茂久の実父であり、その後見役として島津家の実権を握っていた。身分が高いとはいえ無位無官の人物であり、その意味では彼も草莽である。その久光は勅使に任ぜられた大原重徳《おおはらしげとみ》を擁して東下し、実際に改革を実現させた。

これを機に実現した改革内容は広汎だが、人事面に絞って言えば、七月に入り一橋慶喜が将軍後見職に、越前の松平春嶽（慶永）が政事総裁職に就任したことである。二人とも、かつて安政五～六年には、井伊大老と対立し、隠居謹慎に処せられていた人物だった。この他にも、かつて井伊に排斥されていた人物が、一斉に政界復帰を果たすのである。政界での薩摩の株は急上昇し、反対に長州の航海遠略策は一気に精彩を失ってしまった。

さらに八月、久光は目的を達して京都へ引き上げる途中、横浜郊外の生麦村（横浜市鶴見区）で、行列を横切ったイギリス商人を殺傷するという事件を起こした。いわゆる生麦事件である。この事件にしても、たまたま起きたものに過ぎず、久光が斬れと命じたわけでもないのだが、世間からは、夷人斬りの壮挙として喝采を浴びた。

この事件の起きる直前、長州は、それまでの航海遠略策を一転して投げ捨て、条約を破棄してでも攘夷を決行するという破約攘夷論に、藩論を大転換させてしまった。その藩論転回の中心となったのは、久坂玄瑞《くさかげんずい》をリーダーとする松陰門下のグループである。そのうえで、久坂らは公卿の三条実美《さんじょうさねとみ》らを通じて猛烈な朝廷工作を行い、ついに天皇以下の公家をも破約攘夷論に統一させてしまった。

このような情勢のもとで一斉に活気づいたのが、全国から京都あるいは江戸に出てきて、国事に奔走していた草莽たちである。彼らはほぼ一様に、夷狄に対し、武力を以て「皇国」の優越性を示そうとする攘夷論の立場を取り、長州の藩論転回を歓迎して、久坂玄瑞グループと共同歩調をとった。彼らの代表は、久留米の神職真木和泉《まきいずみ》や筑前浪士平野次郎（国臣《くにおみ》）、それに土佐勤王党の武市瑞山《たけちずいざん》などである。五郎兵衛にはたらきかけてきた肥後の松田重助も、その一員に連なっている。

図3　湯浅五郎兵衛肩印
（京都大学附属図書館蔵／南丹市日吉町郷土資料館写真提供）
文久2年（1862）頃、倒幕挙兵のため、松田重助から渡されたものと伝えられる。

これらの勢力の後押しを受けて、十一月には三条実美・姉小路《あねがこうじ》公知《きんさと》が攘夷督促の勅使として江戸に下り、将軍家茂《いえもち》に対し、速やかに攘夷を決定し、大名に布告すべしとする勅書を授けた。家茂はこれを奉承し、詳細については翌年早々に上洛して申し上げる、と回答したのである。

文久三年（一八六三）三月、十四代将軍徳川家茂は、老中水野忠精《ただきよ》・同板倉勝静《かつきよ》らを従え、三千の兵力を率いて上洛した。将軍上洛は、三代家光が寛永年間に行って以来、実に二百三十年振りである。家茂は三月七日、参内し、孝明天皇と会見した。天皇と将軍の会見も、いうまでもなく二百三十年間、なかったことである。

そのうえで四月二十日、将軍は、五月十日をもって攘夷実行の期限とすることを布告した。かくて攘夷論は最盛期を迎えたのである。

しかし、この攘夷期限に関する通達は、内容の解釈にあいまいな部分を残していた。つまり、将軍布達は、この期限を以て、通商条約をいったん中止して横浜港以下を閉鎖するため、外国側との交渉を開始する期日と位置付けていた。そのため、外国艦への攻撃も、来襲した場合の反撃に限るとしていたのである。

しかし、攘夷論を標榜するグループは、あくまでもこれを、近海を通航し、又は入港しようとする外国艦すべてへの攻撃命令と受け止めた。いわゆる無二念（迷うことなく）打ち払いである。実際に、攘夷論の急先鋒である長州は、五月十日たまたま自領の下関海峡を通りかかったアメリカ商船を砲撃し、攘夷戦の火ぶたを切った。続いてフランス艦をも砲撃したため、六月初めには、戦備を整えたフランス軍艦から手痛い報復攻撃を受けることになる。

天皇は、これら長州の攘夷行動を称賛し、「叡感斜めならず」（天皇は御機嫌うるわしい）との勅書を授けて、無二念打ち払いの正しさを確認した。このような意味で、天皇・将軍それぞれの通達は、内容が大きく食い違い、「政令二途」と呼ばれる混乱状態が出現するのである。

諸国の草莽たちは、いうまでもなく後者の立場をとった。そして、さらに進んで、徳川将軍制度を廃止し、天皇親政の体制を生み出そうという構想まで現れるようになった。つまり、「政令二途」を天皇側で統一してしまおうという狙いである。大名家臣の立場にある士分は、もともと自分が仕える主君の命令に従うのが筋だが、本来そのルートから外れ、主君を持たない草莽は、自由な行動が取りやすいのである。

文久年間に起きた草莽の挙兵は、このような政治状況を背景としたものであった。代表的な事件が八月の天誅組《てんちゅうぐみ》の大和挙兵である。そして、湯浅五郎兵衛も、程度はともあれ、この事件に関与していくのである。

計画の首謀者は、土佐浪士吉村寅太郎、三河刈谷脱藩の松本奎堂《けいどう》、備前岡山脱藩の藤本鉄石《てっせき》、河内の元僧侶で国学者伴林光平《ともばやしみつひら》らであった。彼らは、元議奏の有力公卿、中山忠能《ただやす》の七男、中山忠光《ただみつ》を首領にかつぎ、大和五條の徳川家代官所を襲撃する計画を立てていた。五條代官領を接収して、この地域を禁裏御料にしようとしたのである。ちなみに当時の五條は、大和から吉野川・紀ノ川を経て紀州和歌山に至る流通の拠点だった。

その当時、五郎兵衛はどうしていたのだろうか。『船井郡世木《せぎ》村誌』(大正五年〈一九一六〉刊)の伝えるところによれば、五郎兵衛は、すでに文久二年四月、久光率兵上京のころから、肥後の松田重助を通じて、長州攘夷論のリーダー、久坂玄瑞・来原良蔵《くりはらりょうぞう》らともつながりを持ち、時至れば出陣との手筈を整えていたが、その動きを、園部領主の譜代大名、小出《こいで》家当局に探知され、五月には早くも捕縛、投獄されていた。しかし九月、「特赦《とくしゃ》」により出獄すると、すぐに京都に戻り、以前にもまして、諸国の草莽・浪士と結び、活発な活動を展開するようになった。天誅組と直接の関わりを持つ人物だけを挙げれば、河内富田林《とんだばやし》の大庄屋水郡善之祐《にごりぜんのすけ》・大和の草莽平岡《ひらおか》鳩平《きゅうへい》（のち北畠治房《きたばたけはるふさ》）らの名が知られる。続いて『船井郡世木村誌』は、次のように記す（カッコ内は青山による）。

　文久三年六月下旬、五郎兵衛自宅に在る時、吉村寅太郎、宮部五郎（鼎蔵《ていぞう》）の両人来訪し、語るに中村侍従《じじゅう》（前侍従中山忠光の誤記）を主唱とし大和に義兵を挙ぐることを以てす、因て（五郎兵衛は）同意を表し、三名同道、直に上京し古高俊太郎方へ到り、同志数十名と会して、議を整え（後略）

この記事によると、五郎兵衛は、大和挙兵計画にかなり早い時期から関わっていたようである。ただし、実際の挙兵勢力の中核は、吉村配下の土佐浪士勢力だった。なお、彼らは「天」「誅」を合言葉にしたため、周囲からは「天誅組」と呼ばれるようになる。

この間に、天皇側では、八月十三日、「攘夷御祈願のため、大和に行幸、神武帝山陵、春日社等御拝《ぎょはい》、しばらく御逗留、御親征軍議あらせられ」という、いわゆる大和行幸の詔が発せられた。中山忠光・吉村寅太郎以下、約四十八人の勢力は、この大和行幸の先駆けという名分を得て、八月十五日には京都を発した。一行は淀川を船で下り、いったん大坂湾に出て行方をカムフラージュしながら堺港に上陸、富田林（大阪府富田林市）の水郡邸で軍装を整え、大和五條をめざした。このとき上陸した船の、とも綱を繋いだと伝えられる楡《にれ》の木（繋船《けいせん》の楡）が、いまも旧堺港の一角に残されている。

しかし、五郎兵衛は、この一行に加わっていなかった。いったん自宅に戻って、出陣の準備を整えていたところに、大和の敗報が飛び込んできたのだという。

大和五條（奈良県五條市）では、八月十七日午後四時ころ、代官所襲撃が決行されていた。武装した吉村以下が乱入、ほとんど問答無用で代官鈴木源内《すずきげんない》ら数名を殺傷し、代官所を乗っ取って天朝直支配を宣言したのである。代官所は、もともと行政のための事務所だから、数十名の武装兵に襲われては、ひとたまりもなかった。鈴木源内の墓は現在、五條市役所の裏手、市営霊園の奥まった辺りに苔むしている。

このあと、吉村たちは「御政府」の看板を掲げ、村々の庄屋を集めて、年貢半減などを触れていたが、そこへ京都から、政変の報がもたらされた。京都では、過激派公卿として大和行幸計画などを推進していた三条実美グループが失脚し、その後ろ盾であった長州系の攘夷論勢力もすべて追放されてしまった、というのである。いわゆる八月十八日の政変であり、攘夷論勢力の跳梁《ちょうりょう》を見かねた京都守護職会津松平家と薩摩島津家が計画の中心となり、公家内部の秩序混乱を憂慮した天皇が決断を下して実行されたものである。当然ながら、大和行幸もただちに中止されてしまった。

こうなると、中山・吉村以下の天誅組は、二階に上がってハシゴを外されたも同然の状態になってしまった。その後の方針をどうするかで、筑前の平野次郎（国臣《くにおみ》）らも交えて軍議が開かれた。軍議は大いにもめたが、結局のところ、十津川郷にたてこもろう、ということになった。平野は、これに加わらず、但馬生野での挙兵を計画して大和から去って行った。五郎兵衛にもたらされた「敗報」とは、この前後の情勢急変のことを指したものであろう。

十津川郷（奈良県吉野郡十津川村）は五條から西熊野街道を南へ十余里、紀伊半島中央部のけわしい山岳地帯である。歌人でもある伴林光平が、「雲を踏み嵐を攀《よ》じて深熊野《みくまの》の果て無き山の果てても見しかな」と詠んだ、この一帯は、十四世紀の南北朝内乱のころ、南朝方（後醍醐帝方）に御味方したとの伝承を持ち、五百年間「勤王」の由緒を誇る土地柄である。そこに住む郷士たちも、草莽として天皇方について活動することにやぶさかではない。むしろ、畿内にあっても「草莽之臣」の本場を以て、自他ともに許すような場所だった。

吉村らは十津川郷士の協力を得て、郷内にたてこもり、京都守護職の命で押し寄せた、紀伊徳川・彦根の井伊・大和郡山の柳沢・大和高取の植村・伊勢の藤堂など、諸大名の追討勢を迎え撃ち、各所で激戦を繰り広げた。ところが、追討勢が兵糧攻めに転じると、十津川郷士たちが音《ね》を上げた。丹波の山中にもよく似た、谷あいの山肌に張り付くような十津川の集落では水田耕作がほとんどできない。産業は、主に林業。それに河川漁業・獣猟などである。主食の米は主として紀州から移入されていたが、それをストップされてしまえば、たちまち飯米に事欠くありさまなのである。

十津川郷士の首領株、上平主税《かみだいらちから》は恥を忍んで、天誅組に郷内からの立ち退きを申し入れた。天誅組もこれを受け入れ、中山忠光は解散を宣言し、銘々思うところへ落ち延びるようにと申し渡した。

しかし、郷からの出口に当たる街道筋はすべて封鎖されている。意を決した中山・藤本・吉村らの首脳部は、東熊野街道を北上、九月二十四日夜、その出口にあたる鷲家口《わしかぐち》（奈良県吉野郡東吉野村）で、陣を敷いて待ちうける井伊家・藤堂家の軍勢に最後の切り込みを敢行した。そのほとんどは討ち死にしたが、中山とその護衛数人は厳重な囲みを突破し、さらに奈良盆地を通り抜け、ついには大坂中之島の長州屋敷に逃げ込んだ。まさに奇跡的な脱出行であった。討ち死にした吉村寅太郎らは、村内明《みよう》治谷《じだに》の墓地にていねいに葬られた。現在では、地元の顕彰団体の手によって、彼らが討ち死にした場所の一ヵ所ごとに、記念標柱が建てられている。

図4　「天誅組志士林豹吉郎先生戦死之地」標柱
林豹吉郎は切り込み隊の先鋒となって討死にしたという（東吉野村小川）。

但馬生野の変

天誅組とならぶ、この時期の草莽による挙兵事件のもう一方が但馬生野《たじまいくの》の変である。五郎兵衛は、この事件にも計画段階で関わりを持ったといわれるが、参加はしなかった。

この事件の首謀者は、長州の河上弥市《かわかみやいち》・筑前の平野次郎である。河上はこの年六月、下関で攘夷戦争に備えて結成された奇兵隊の第二代総督（初代は高杉晋作）だったが、その地位をなげうって、生野にやって来た。首領として公卿の澤宣嘉《さわのぶよし》を仰いでいる。澤は、三条実美グループの一人で、八月十八日政変により京都から長州へ落ち延びた「七卿落ち」のメンバーだったが、彼も挙兵に加わるため、脱走してきたのであった。

図5　北垣國道銅像
疏水のほとりに建つ北垣國道の銅像（京都市左京区聖護院蓮華蔵町
関西電力・夷川発電所）。

とりあえずの目的は、生野の徳川家代官所を襲撃し、付近一帯を天朝御料にしようというもので、大和五條の場合と大差ない。参加者は、実に広く全国各地から集まって、さながら草莽混成集団の様相を呈したようだが、後世《こうせい》に名を残したのは、河上・平野のほか、薩摩の美玉三平《みたまさんぺい》・筑前秋月の戸原《とはら》卯橘《うきつ》・但馬の北垣晋太郎らであった。ちなみに晋太郎は、のち明治十四年（一八八一）、第三代京都府知事になり、琵琶湖疏水工事を完成させたことで知られる北垣國道《くにみち》その人である。

挙兵そのものはあっけなく終わる。彼らが集結を完了したのは、十月十日ころだが、ちょうどその頃、呼応すべき筈であった天誅組が、すでに壊滅したとの情報が入った。このまま、計画どおり挙兵するか、それともいったん中止して模様を見るかで意見が分かれたが、決行しようという強硬論が大勢を占めた。

挙兵勢は十月十二日未明、代官所に侵入し、代官不在に乗じてあっさり施設を占拠したが、出石《いずし》仙石家・姫路酒井家の軍勢の追討を受け、首領澤宣嘉は十四日までに解散を宣言してしまった。混成部隊というのは、見方を変えれば烏合《うごう》の衆だから、統一がとれなかったのであろう。十四日以降、参加した草莽たちは、それぞれに小集団を組んで、生野から脱出を図った。澤や北垣らは逃げおおせたが、河上・美玉らは討ち死にした。天誅組ほどの華々しい戦歴を残すこともなく、彼らのほとんどはあっけなく消え去ったのである。

このような経過だけを見れば、取り立てて論ずるほどのことは、何もないようにすら思える。しかし、農民出身の草莽の政治活動という点に注目すると、この生野の変には、五郎兵衛の活動とも共通する、興味深い特徴がある。それは、但馬の村役人層が積極的に参加し、さらには背景として数年前から地元での「農兵取り立て」の動きがあることだった。人物としての代表格は、但馬国養父《やぶ》郡高田村の大庄屋中島太郎兵衛である。

この点について、『銀山新話』の語るところを聞いてみよう。この書物は、著者不明ながら、生野の変の実情に詳しい者の著述であり、事件後、さほど時間を経ないうちに書かれたと思われる(『生野義挙と其同志』に所収される原文を、読み下しに改めた。カッコ内は青山による注)。著者について、誤断を恐れずに推測しておけば、但馬の在村知識人で、挙兵に反対する立場に立つ者ではなかろうか。

全体この騒動の発端、太郎兵衛・(本多)素行《そこう》、両人なり。太郎兵衛弟黒田与市《よいち》、五、七年前より、京師《けいし》に居住致し、正義に加わりおり候にて、正義の方へ色々の義を申し入れ、応仁の頃、南朝と足利家動乱の節(南北朝の内乱)、但馬の兵、朝廷へ御味方申し上げ候国柄ゆえ、今もってその志し、農民に至るまでこれ有りなどと申し立て、浪士をあざむき、但馬国へ誘引し、所々にかくまい置き、また旧家有徳の者には正義浪士の仲間に引き入れ、既にそのために牢舎逐電《ろうしゃちくでん》の者少なからず、諸民を惑わし、一国の騒動に及び候ことは両人の貪欲《どんよく》より起こる、誠に大罪の国賊なり

ここでは、事件の張本人は、中島太郎兵衛とその実弟黒田与市(与一郎)、さらに本多素行という者だとしている。彼らは数年前から、京都の「正義の方」、つまり公家などを含む尊王攘夷論者と交わり、但馬の持つ勤王の由緒を語って自分たちの仲間に引き入れ、さらには農民をも組

織化（農兵）しようとしていたが、ついにこの度の騒動を引き起こした。全く私利私欲に由来するものだというのである。

太郎兵衛らに対する『銀山新話』の評価が全面的に正しいかどうかは、即断できないが、事実として、彼らが但馬の地域をあげて国事にかかわろうとしていたのは確かだろう。その太郎兵衛とは、どのような人物だったのか。少し、その経歴を追ってみよう。

但馬国養父郡高田村の大庄屋、中島家に生まれた太郎兵衛（一八二五～一八六三）は、「高太《たかた》郎《ろう》」の名で近郷に知られていた。少年のころには竹田町諏訪神社の神職宮本池臣《いけおみ》に師事、天保十四年（一八四三）、十九歳のとき、伊勢に赴いて、著名な国学者足代弘訓《あじろひろのり》に入門して国学を学んだ。ある日、弘訓は太郎兵衛に向かい、「方今我が邦の形勢、ほとんど（中国の）宋末のごとし、有志の士、努力せざるべけんや」と語った。これに対して太郎兵衛は、腕をなでながら、「吾れ必ず一死以て国恩に報いん」と答え、さっそく刀剣数十振りと、旗に用いる白絹を買い求めたという。

このエピソードには、かなり後年の誇張が加わっていると思われるが、草莽たちが、どのような空気のなかで国事に参加しようとしたか、少なくともその雰囲気だけは、よく伝えていると言えそうである。

やがて文久三年（一八六三）正月、ちょうど三十九歳の壮年を迎えたとき、攘夷の季節が訪れた。時こそ至れりと奮い立った太郎兵衛は、後顧《こうこ》の憂いを断つため妻を離縁し、農兵を徴募し、彼らを訓練しながら機会に備えた。その太郎兵衛と、諸国の攘夷論グループを結び付けた人物が、近江の出身で虚無僧《こむそう》をしていた本多素行だったという。大和での挙兵計画を知らされた太郎兵衛は、おおいに賛同し、軍資金の援助にも真っ先に応じると、さらに地元但馬での挙兵を企てたのであった。

しかし、太郎兵衛たちの最期は悲惨だった。挙兵が失敗に終わり、参加した人々が散り散りになって去って行くとき、太郎兵衛は、弟黒田与一郎・美玉三平・筑前の堀六郎の四人連れで播磨《はりま》方面へ逃れようとした。十月十四日の夕刻、播磨国宍粟《しそう》郡木ノ谷という集落を通りかかった際、捜索の山狩りにあたっていた農民たちに囲まれて銃撃され、太郎兵衛は重傷を負い、与一郎の介錯で自刃するのである。美玉も重傷でその夜に死亡。与一郎は捕縛され、生野代官に引き渡された。その場から逃げおおせたのは、堀六郎ただひとり。太郎兵衛らが銃弾を浴びている、ちょうど同じころ、別の場所では河上弥市らが自刃していた。こうして生野勢も天誅組と同じく、壊滅したのである。両事件ともに参加しなかった五郎兵衛は、おかげで命を永らえたと言えるかもしれない。

草莽のゆくえ――明治以降の顕彰――

冒頭の部分で述べたように、草莽のうち、生き延びて明治の世に栄達を遂げたのは、ほんの一部である。その大部分は、いま見たように、草深い山中で、あるいは獄舎のなかで非業の最期を迎え、または五郎兵衛のように、残りの生涯を世に出ることなくひっそりと終えた。だからと言って、彼らの活動が無駄だったわけではあるまい。社会の最も奥底の部分で、世の中を揺り動かして行くのは、いつの時代でも無名の人々の平凡な営みである。天誅組も、生野挙兵も、おそらくは、そうした普通の人々の普通の行動が、日常の枠組から勇み足のように、ついはみ出してしまったもののように思える。

ただ、明治になってできあがった国家は、彼らを良い意味でも、悪い意味でも、放ってはおかなかった。すなわち、彼らの行動を一つの基準によって価値づけ、現にある国家がそうした人々の尊い犠牲のうえに成り立つものであり、したがって、それをしっかりと守り続けて行かねばならないのだ、ということを主張しようとした。

そのための一つの有力な手段が位階の追贈（贈位）である。つまり、亡くなった人々の事績を宮内省で調査し、とくに維新に功労ありと認定された者に、「正四位」や「従五位」など、功績に応じて序列づけられた位階を、恩典として授けるのである。時期としては、大日本帝国憲法発布（明治二十二年・一八八九）が一つの契機となるため、明治二〇〜三〇年代が多い。
試みに、今まで登場した草莽のうち、贈位された人名を列挙してみよう。
贈正四位　高山彦九郎・蒲生君平・林子平・有馬新七・吉田松陰・久坂玄瑞・真木和泉・平野国臣・武市瑞山・吉村寅太郎・宮部鼎蔵
贈従四位　松田重助・松本奎堂・藤本鉄石・伴林光平・来原良蔵・河上弥市・中島太郎兵衛・美玉三平・戸原卯橘
贈正五位　古高俊太郎・水郡善之祐・黒田与一郎・堀六郎・本多小太郎（素行）
贈従五位　湯浅五郎兵衛（大正四年・一九一五追贈）・宮本池臣

図6　従五位湯浅征一郎宗成墓
（南丹市日吉町郷土資料館写真提供）
五郎兵衛はのちに征一郎と改名。大正10年（1921）、三男の達三によって建立された。

こうして見ると、登場人物のほとんどが、没後に「有位者」になったかのように見える。しかし、実態はむしろ逆で、贈位されたからこそ、何らかの形で事績が現代にまで伝えられ、叙述が可能になったと見るべきである。名前や正体すら知られないまま、文字通り、草むす屍《かばね》となった人物のほうがはるかに多かったに違いない。

最後に、贈位をめぐる一つのエピソードを掲げて締めくくりとしたい。明治三十五年（一九〇二）の頃、吉仲直吉《よしなかなおきち》という人物が、薩摩出身の枢密顧問官子爵海江田信義《かえだのぶよし》のもとを訪れた。用件は赤報隊士への恩典について、なんとか取りはからって欲しいという請願であった。赤報隊は戊辰戦争の際、官軍草莽隊として活動しながら、「偽官軍」の汚名を着せられて隊長相楽総三《さがらそうぞう》以下が処刑された部隊。吉仲はその生き残りである。同様の請願は、子爵大原重朝《おおはらしげとも》にも達していた。大原は赤報隊の盟主、綾小路俊実《あやのこうじとしざね》の実弟にあたる。大原は、海江田に手紙を送り、陸軍省庶務課長と手続きについて打ち合わせたことを述べ、海江田からは陸軍大臣寺内正毅《てらうちまさたけ》へ「なにとぞ御申し談じ下され」たいことを懇願していた。相楽の名誉回復が実現し、正五位が追贈されたのは、それから実に二十六年後、昭和三年（一九二八）十一月のことであった。

【参考文献】

青山忠正『幕末維新――奔流の時代――』（文英堂、一九九六年）
澤宣一・望月茂『生野義挙と其同志』（一九三三年初刊、マツノ書店、二〇〇二年復刻）
高木俊輔『明治維新草莽運動史』（勁草書房、一九七四年）
田尻佐編『贈位諸賢伝』上下（近藤出版社、一九二七年初刊、一九七五年増補版）
谷口　哲『ひよし昔ばなし』（日本出版、一九八六年）

広瀬　豊『吉田松陰の研究』（正篇一九三〇年・続篇一九三二年初刊、マツノ書店、一九八九年復刻）
佛教大学近代書簡研究会編『元勲・近代諸家書簡集成』（思文閣出版、二〇〇四年）
吉見良三『天誅組紀行』（人文書院、一九九三年）

■初出一覧■

明治維新史という冒険　『AERA　Mook　幕末学のみかた。』（朝日新聞社、一九九八年四月）

I　維新の足跡―フィールドノートより―

維新史を歩こう（書き下ろし）

京都の町並みのなかに

大阪のビルの陰に息づく

関西近郊に足を伸ばして

以上『大阪新聞』連載「維新の舞台・関西」（一九九七年三月～九八年一一月・全七十七回より抄録）

江華島の砲台―韓国―　『佛教大学総合研究所報』一五号（一九九八年一二月）

II　兵士と戦い

戊辰戦争と諸隊　『別冊歴史読本三六　幕末維新三百藩諸隊始末』（新人物往来社、一九九九年一二月）

馬関攘夷戦争　『別冊歴史読本一五　動乱の長州と人物群像』（同右、二〇〇五年七月）

奇兵隊と四境戦争（同前所収）

ある奇兵隊士の処刑　『歴史読本特別増刊六六四号　江戸三百藩犯科帳』（同右、一九九六年四月）

Ⅲ　人と生きざま

吉田松陰―やさしい教え魔―　『月刊歴史街道』七月号（ＰＨＰ研究所、二〇〇二年七月）

岩瀬忠震―辣腕外交官の憤死―　『歴史読本』一二月号（新人物往来社、一九九三年一二月）

伴林光平と「南山踏雲録」　『佛教大学総合研究所報』一三号（佛教大学総合研究所、一九九七年一二月）

坂本龍馬と文久・元治年間の政局（原題「文久・元治年間の政局と龍馬」）
『龍馬の翔けた時代』（編集京都国立博物館、発行京都新聞社、二〇〇五年七月）

龍馬は「暗殺」されたのか　『れきし』九二号（ＮＨＫ学園、二〇〇五年一二月）

Ⅳ　変動する政局

岩国と薩摩―水面下の薩長交渉―
『佛教大学総合研究所報』一一号（一九九六年一一月）

薩長武力挙兵の勇断　『季刊アーガマ』一四五号（阿含宗出版社、一九九八年五月）

長州の密使　『佛教大学報』四六号（一九九六年九月）

政権奉還と王政復古
『歴史群像シリーズ七四　幕末大全　下巻　維新回天と戊辰戦争』（学習研究社、二〇〇四年五月）

御一新と明治太政官制　（同前所収）

草莽のゆくえ（原題「草莽の明治維新―志士と攘夷論」）
『湯浅五郎兵衛と幕末維新』（南丹市日吉町郷土資料館、二〇〇五年三月）

あとがき

本書は、一九九六年から二〇〇五年にかけ、ちょうど世紀をまたぐ十年間に、各種の雑誌や新聞あるいは博物館の図録など、様々な媒体に書いた文章をまとめて、一冊に編んだものである。執筆の動機やきっかけは、まちまちで、その時々の編集側の依頼に基づいたものだから、内容的には重複するところもある。それらを、大きな括りでⅠからⅣまで、四つのブロックに分けて収めた。バラバラのように見えた個々の文章が、そうすることによって一定のまとまりを持つようになる。重複箇所を削るような調整は、用語の統一などを含め、できる限り気を配って手を入れたが、論旨の展開のうえから、やむを得ず同じような記述を繰り返す結果になった部分もある。本書の成り立ちを思って、ご理解を願っておきたい。

過去に発表した文章とはいえ、その収録のための編集作業をしていると、思わぬ副産物が生まれるものである。たとえば、Ⅰ「維新史を歩こう」の元にしたのは新聞連載だが、ただの史蹟ガイドブックでは内容に乏しいし、文章だけで伝えられることには限りがある。そこで、文章とともに自分で撮影した写真を組み合わせて、フォトストーリーのような作品に仕立てられないかと構想してみた。うまくいったかどうか——。

専門的な事柄では、Ⅳに収めた「薩長武力挙兵の勇断」に引いた、慶応三年（一八六七）八月六日付の品川弥二郎宛伊藤博文書簡の伝存に関わる問題がある。この書簡は薩土盟約の締結に対する長州側の受け止め方を示す意味で、たいへん興味深い内容を持つものだが、私はこの史料をもっぱら山口県文書館蔵毛利家文庫所収「年度別書翰集」の写本で見てきた。ところが、今回の作業で『平成十六年度京都大学附属図書館公開企画展』図録を見ていて、同図書館の旧尊攘堂資料中に、その原本があることを知った。品川宛の書簡なのだから、品川のコレクションである尊攘堂資料に残るのは考えてみれば当然だし、その資料群はこれまで機会あるごとに、爪の中が埃で真っ黒になるほどいじくり回してきたのに、灯台下暗しの類で、さっぱり気づかなかった。本書にその写真版を収めたのは、そのような意味での感慨もこもっている。そのほか金戒光明寺に会津墓地の写真を撮りに行ったとき、まったく偶然に信州上田の赤松小三郎の墓を見つけたことなど、あげればきりがない。

ともあれ、右の事例は、ほんの一部だが、一冊の書物を制作するのは、手間のかかる苦労と共に新たな発見や思わぬ出会いという余禄が付いて回る、刺激に満ちた仕事である。今回の仕事でも、図版の選定や校正などでは、青山登美子がいつもと同じように一緒に作業にあたってくれた。幸いなことに、この数年、ほぼ年に一冊というペースで、そのような仕事をする機会に恵まれてきたし、今後も同様の事態が続きそうである。

本書を鷹陵文化叢書の一冊として刊行するにあたって、佛教大学通信教育部総務部長松島吉和氏から強いお勧めをいただいた。また思文閣出版編集主任の立入明子氏には煩瑣な編集実務を担当していただいた。初出論稿の転載や、資料写真の掲載を許可してくださった関係機関各位とあわせ、末筆ながら厚くお礼申し上げる。

なお、本書は佛教大学から許された二〇〇六年度長期一般研修による成果の一部である。

二〇〇八年一月

著　者

⦿著者略歴⦿

青山　忠正（あおやま　ただまさ）

1950年東京生まれ
1983年東北大学大学院文学研究科国史学専攻博士課程単位取得
東北大学助手，大阪商業大学助教授を経て，
現在，佛教大学文学部教授・博士（文学・東北大学）

【主要編著書】
『幕末維新―奔流の時代―』（文英堂，1996年）
『明治維新と国家形成』（吉川弘文館，2000年）
『明治維新の言語と史料』（清文堂，2006年）
『高杉晋作と奇兵隊』（吉川弘文館，2007年）
『定本 奇兵隊日記』全５巻（共編）（マツノ書店，1998年）
『宮津市立前尾記念文庫所蔵　元勲・近代諸家書簡集成』
（共編）（思文閣出版，2004年）

明治《めいじ》維新史《いしんし》という冒険《ぼうけん》　佛教大学鷹陵文化叢書18

2008(平成20)年３月20日　発行

定価：本体2,400円(税別)

著　者　青山忠正
発行者　佛教大学通信教育部長 原　清治
発行所　佛教大学通信教育部
603-8301 京都市北区紫野北花ノ坊町96
電話 075－491－0239(代表)
制作発売　株式会社思文閣出版
606-8203 京都市左京区田中関田町2-7
電話 075－751－1781(代表)

印刷製本　株式会社図書印刷同朋舎

ISBN978-4-7842-1394-8　C1021